LA GNOSE,
UNE ET MULTIPLE

Du même auteur

Essais

Dictionnaire initiatique, Belfond, 1970 (épuisé).
Le Diable et la Possession démoniaque, Belfond, 1975.
Manual-dictionario de esoterismo, Edit. Roca, Mexico, 1975.
Le Diable et la Possession démoniaque, Press-Pocket, Paris, 1977.

Poèmes

Implosions, Edit. Caractères, 1980.

A PARAITRE

Dictionnaire initiatique, édit. revue et augmentée, (Jean-Cyrille Godefroy éditeur).

HERVÉ - MASSON

LA GNOSE, UNE ET MULTIPLE

EDITIONS DU ROCHER
28, rue Comte-Félix-Gastaldi - Monaco

Le violet favorise la méditation et la concentration. Symbole de l'équilibre, cette couleur essentielle en Alchimie est particulièrement adaptée à la lecture d'ouvrages de fond. Aussi la collection « Gnose », à la recherche de la vérité, se devait-elle d'être imprimée en violet.

La loi du 11 mars 1957 n'autorisant, aux termes des alinéas 2 et 3 de l'article 41, d'une part, que les « copies ou reproductions strictement réservées à l'usage privé du copiste et non destinées à une utilisation collective » et, d'autre part, que les analyses et les courtes citations dans un but d'exemple et d'illustrations, « toute représentation ou reproduction intégrale ou partielle, faite sans le consentement de l'auteur ou de ses ayants droit ou ayants cause, est illicite » (alinéa premier de l'article 40).

Cette représentation ou reproduction, par quelque procédé que ce soit, constituerait donc une contrefaçon sanctionné par les articles 425 et suivants du Code pénal.

© Editions du Rocher, 1982
ISBN 2-268-00146-6

A Michèle et Raymond Mathieu à qui je dois tant...

AVANT-PROPOS [1]

Après plusieurs siècles de silence et d'oubli, la Gnose et son expression la plus connue, le Gnosticisme méditerranéen connaissent un regain d'intérêt. Les spécialistes et les historiens des religions multiplient les études et les ouvrages qui leur sont consacrés et s'efforcent d'analyser et d'éclairer ces antiques et complexes doctrines. Déjà au siècle dernier Matter avait écrit une *Histoire Critique du Gnosticisme* (1828). Certains hérésiologues de l'époque considérèrent cet ouvrage, non pas tant comme une œuvre objective, mais comme une apologie de l'hérésie gnostique [2]. Cette *Histoire Critique* de Matter avait surtout pour but de proposer une sorte de syncrétisme entre la Gnose proprement dite, la Kabbale hébraïque, les tra-

---

1. Le lecteur trouvera en fin de volume un lexique récapitulatif des termes techniques employés par l'auteur (*Note de l'Editeur*).
2. *Cf.* par exemple Abbé T.-H. Guyot : *Dictionnaire Universel des Hérésies* ; Putois-Cretté, Paris, 1860.

ditions iraniennes et indiennes. Archevêque Titulaire de Nisibe, Evêque Résidentiel de Port-Louis (Ile Maurice), Mgr Léon Meurin (1825-1895), orientaliste distingué lui-même, ayant séjourné longtemps en Inde, semble avoir été très fortement influencé par les recherches de Matter et... par les révélations farfelues de Léo Taxil sur la Maçonnerie au XIXe siècle [1]. A son tour, Mgr Meurin prit pour tâche de signaler et de dénoncer les liens qui existent entre le Gnosticisme et les traditions orientales ; il les étendit à la Franc-Maçonnerie « synagogue de Satan », ce qui eut pour effet de jeter le doute sur le sérieux de ses recherches sur le plan purement historique et doctrinal. Les planches qui accompagnent son livre sont néanmoins fort explicites, notamment en ce qui concerne les « trois mondes ».

Au XXe siècle, les recherches se font plus nombreuses, entre les deux guerres et après la dernière guerre notamment. On citera le *Poimandrès* de Reitzenstein (1904), les études de H.C. Puech (*Où en est le Problème du Gnosticisme, La Gnose et le Temps*, etc.), d'Eugène de Faye (*Gnostiques et Gnosticisme*) et les excellents ouvrages de Hans Leisegang (*La Gnose*, traduit de l'allemand 1951) et de Jean Doresse (*Les Livres Secrets des Gnostiques d'Egypte*) analyses très documentées à qui j'ai beaucoup emprunté.

La Gnose, ou plutôt le Gnosticisme historique, naquit sans doute en Samarie (Syrie) précise H.C. Puech [2]. Les Esséniens, qui ne furent pas à proprement parler des gnostiques mais dont la doctrine du Bien et du Mal restait très proche du courant gnostique, vivaient en Palestine un siècle déjà avant Jésus-

---

1. Mgr Meurin est l'auteur d'un gros volume de 556 pages : *La Franc-maçonnerie Synagogue de Satan*; Victor Retaux, édit. Paris, 1893 ; on lui doit d'autres brochures : *Dieu et Brahma, Zoroastre et le Christ, L'Espace et l'Immensité* ainsi que d'autres études.
2. H.C. Puech : *Où en est le Problème*, op. cit.

Christ. En tout cas, Simon le Magicien était de Giffa, en Samarie ; Ménandre et Satornil étaient aussi de Syrie. Ce n'est que vers le début du IIe siècle que l'on signale l'apparition de gnostiques en Egypte où vivront et enseigneront (au moins pour un temps) Basilide, Valentin, etc. Ensuite l'hérésie gagne une vaste partie de l'Empire Romain ; Marcion est expulsé de Rome en 144, Marcos et ses disciples étendent leurs activités de l'Asie Mineure jusqu'en Gaule [1]. Il semble que l'ombre dans laquelle se perd ensuite la Gnose (vers le VIe-VIIe siècle ?) soit due à l'expansion du Manichéisme qui apparut dès la deuxième moitié du IIIe siècle. Cette dernière hérésie, véritable religion organisée qui faillit faire trébucher l'Eglise de Rome, constitua une sorte de « fin de la Gnose » destinée à se confondre avec elle. Le Manichéisme en tant que tel se fondit à son tour dans d'autres sectes : pauliciens, bogomiles, cathares, etc.

Les sectes et les docteurs gnostiques qui essaimèrent tout autour du Bassin méditerranéen en ces débuts de l'ère chrétienne n'ont guère laissé de traces authentiques. On les connaît surtout par leurs détracteurs, les Pères de l'Eglise et les hérésiologues chrétiens. L'impartialité de ces derniers peut ainsi être mise en doute, quoique les rares documents d'origine gnostique retrouvés jusqu'ici viennent confirmer leurs descriptions, sinon leurs critiques acerbes et leurs sarcasmes. Parmi les textes des Pères on citera les *Philosophoumena* ou l'*Elenchos* du pseudo-Hippolyte de Rome, le *Syntagma* de Justin (vers 140) ; les dénonciations très étoffées de saint Irénée de Lyon (*la Gnose au nom menteur démasquée et renversée, Aversus Haereses*, entre 180-185) ; un ouvrage perdu d'Hégésippe, cité par Eusèbe (mort en 339) dans son *Histoire Ecclésiastique* ; le *Contre Celse* d'Origène et les

---

1. Jean Doresse : *Les Livres Secrets*, et *op. cit.*

œuvres de saint Epiphane (mort en 403) dont le *Panarion*. Enfin le Syrien Bar Konaï consacra de son côté une étude à la Gnose.

Les représentants autorisés de l'Ecole grecque d'Alexandrie, Plotin et Porphyre en tête, dénoncèrent de leur côté les « extravagances » de la Gnose. A ces sources extérieures, il convient maintenant d'ajouter d'authentiques et trop rares manuscrits gnostiques découverts ensuite. Il s'agit d'écrits en langue copte dont le plus célèbre fut longtemps celui connu sous le nom de *Pistis Sophia*. Il date vraisemblablement du Ve siècle. Outre la *Pistis Sophia* proprement dite, le manuscrit contient les *Livres de Jeou*, plus exactement intitulés : *Une partie des Livres du Sauveur*. Ce manuscrit fut acquis par le British Museum et traduit pour la première fois en 1851[1]. On aura occasion de le citer au cours de ce livre.

Le *Codex* de Bruce, acheté par cet Ecossais en 1769 peut être divisé en deux parties : les deux livres de la première artie intitulés *Le Grand Traité selon le Mystère* présentent des analogies avec les *Livres de Jeou*. L'autre partie du manuscrit est tronquée et n'a pu jusqu'à présent être mise en ordre. Ces livres semblent avoir été rédigés par des membres de la secte des Séthiens.

Un autre manuscrit, perdu aujourd'hui, connu sous le nom de *Codex Berolinensis 8502* contenait un *Livre secret de Jean* qui correspondait exactement à la notice qu'Irénée consacre aux Barbélognostiques. Il contenait également un *Evangile de Marie*, une *Sophia de Jésus-Christ* et des *Actes de Pierre*. Enfin d'autres fragments moins importants ont été retrouvés en Egypte.

Les découvertes successives de ces manuscrits semblent désormais devoir être éclipsées par celle d'une

---

1. H. Leisegang, *La Gnose*, en donne un résumé très complet et en fait l'analyse.

vaste « bibliothèque » gnostique mise au jour à Khénoboskion, en Egypte, et étudiée systématiquement par MM. Jean Doresse et Togo Mina. Ces manuscrits qui datent du IIIe-IVe siècles sont au nombre de quarante-neuf, ce qui en fait le plus volumineux ensemble de textes gnostiques retrouvés à ce jour. Nous en citerons quelques passages tels qu'ils ont été traduits et commentés par M. Jean Doresse [1].

Quant au présent livre, il ne saurait prétendre être une nouvelle présentation ou une exégèse de la Gnose. D'autres que moi, plus savants, plus compétents, ont consacré à ce problème des ouvrages aussi exhaustifs que possible dans la mesure des connaissances disponibles à ce jour. Ils l'ont fait infiniment mieux que je n'aurais jamais pu espérer le faire. Je pense notamment et de nouveau à MM. Puech, Doresse et Leisegang, pour ne citer que ceux-là.

J'ai seulement voulu replacer la Gnose et le Gnosticisme historique dans leur contexte traditionnel gréco-oriental. J'ai cherché surtout à souligner les analogies, sinon les liens historiques impossibles à prouver, avec la grande Tradition orientale des pays voisins de la Syrie et de l'Egypte, sans pour autant céder à la tentation d'un syncrétisme aussi facile que fastidieux et ridicule. Mon propos est d'essayer de démontrer que la Gnose comme les grandes religions de l'Inde, de l'Iran et du Moyen-Orient antique, si elles conservent chacune leur originalité propre, s'abreuvent à la même source traditionnelle. Qu'elles sont comme les branches d'un même arbre plus ancien.

La vieille doctrine des « trois mondes » en est une illustration exemplaire. Entre notre univers terrestre, matériel, et le monde céleste invisible et inconnu se place nécessairement un monde intermédiaire. Lui

---

1. Jean Doresse : *Les Livres Secrets des Gnostiques d'Egypte*, Paris, 1958.

aussi invisible, ce monde intermédiaire est fait de matière plus subtile que le nôtre, moins éthérée que le monde céleste. Par extension, à moins que ce ne soit, en fait, l'essentiel de la spéculation (car l'anthropomorphisme reste qu'on le veuille ou non la clef de toutes les religions) entre l'esprit (*pneuma, noûs*) et le corps mû par l'âme « animale », « *hylique* » et quasi matérielle, s'interpose la *psyché*, cette âme psychique intermédiaire des gnostiques. Existant ainsi dans l'homme, ces « trois mondes » sont aussi étendus à tout l'univers matériel, cosmique (et *astral*) et hypercosmique. A vrai dire la doctrine est commune à presque toutes les traditions et ne se limite pas seulement à celles de l'Orient et de la Gnose. Ces dernières n'ont fait que la rendre plus explicite.

Enfin, pour terminer, j'ai cru intéressant de signaler les prolongements de la pensée gnostique à travers les personnages mythiques et légendaires auxquels on l'associe, tels saint Thomas, le Prêtre Jean, etc. Dans le même ordre d'idée, il m'a semblé utile de montrer que ce courant de pensée n'est pas mort, qu'il s'est sans cesse manifesté (sous d'autres noms) au cours des siècles, qu'il existe toujours et se manifeste parfois jusque chez des penseurs contemporains comme, par exemple, le R.P. Teilhard de Chardin dont la conception gnostique de l'évolution de la vie et de la pensée n'est plus guère à démontrer. Il ne restait qu'à l'énoncer.

Si le Gnosticisme, avec ses théologiens et ses sectaires, a été un moment de l'Histoire, s'il se carre dans une période historique donnée et facile à circonscrire, la Gnose pure et simple reste une manière de penser, une approche particulière de la connaissance d'un monde qui est le nôtre, intimement, mais qui nous déborde de toute part. Que la méthode soit juste ou non, qu'elle repose sur des bases réelles ou imaginaires, cela importe peu. Ce qui compte, c'est la démarche en elle-même, c'est l'extraordinaire richesse de la pensée humaine dans sa quête de l'absolu, essayant de le découvrir et de le cerner au prix d'images et de mythes fantastiques. C'est encore cette projection de la condition humaine dans le cosmos et dans un hypercosmos que seule l'intuition peut s'approprier et qui par là même n'en est que plus malléable et insaisissable.

Le comble de l'intérêt est atteint quand, au fil de la froide recherche historique, on est confronté avec le faisceau de similitudes et d'analogies qui relient cette quête de l'inconnu à travers cultures et continents. Pour ma part, c'est à ce titre surtout que la Gnose et ses prolongements m'ont toujours fasciné.

PREMIÈRE PARTIE

LE GNOSTICISME
MEDITERRANEEN
ET SES RAMIFICATIONS

I

LA GNOSE DANS LA TRADITION UNIVERSELLE

Pour l'historien des religions, cela ne fait pas de doute : la pensée gnostique est tributaire d'influences venues d'Orient, adaptées, repensées, aménagées en quelque sorte dans le creuset de l'hellénisme triomphant qui précède et suit immédiatement les débuts de l'ère chrétienne. Avant Rome, la Grèce avait été en contact étroit avec les civilisations orientales aussi lointaines que celles de l'Iran ou même de l'Inde. Le grec était devenu la langue prioritaire des philosophes et des penseurs des pays riverains du bassin méditerranéen oriental. Et la conquête romaine n'y avait rien changé.

Si l'on ose s'exprimer ainsi, il était de tradition que l'hellénisme en tant que système de pensée métaphysique accordât une large hospitalité aux religions venues d'ailleurs. Les mythes, les légendes, les croyances étrangères à la Grèce étaient rapidement assimilées et hellénisées. Elles se transformaient en « idées ». Les dieux importés d'Orient trouvaient leur place dans les spéculations des philosophes. Ils servaient à meubler de curieuses hiérarchies d'éons ou d'esprits éternels et jouaient un rôle dans les descriptions théogoniques et cosmogoniques en vogue à l'époque. Cela a été vrai pour les mythes et les croyances d'Asie Mineure, d'Egypte ou de Babylone, pour le dieu unique des Juifs aussi, *Iahve* ayant ainsi été assimilé à la « Raison du Monde » des stoïciens. L'antique et mystérieux dieu impersonnel de l'Inde védique, *Brahman*, trouvera sa place dans l'amalgame ; il sera le *Bythos* (l'Abîme) de Valentin ou encore le « *Dieu qui n'est pas* » de Basilide, tous deux des doctrinaires écoutés de la Gnose historique. D'Iran on ramènera le concept devenu classique de l'opposition dualiste du Bien et du Mal. Cette idée clé du gnosticisme trouvera son aboutissement dans le Manichéisme et les descriptions de la lutte à mort que se livrent les forces du Bien et du Mal risqueront bien de faire oublier l'existence du dieu éternel et absolument transcendant.

On verra plus loin le parallélisme, sinon la parenté, qui existe entre la vision védantique de la manifestation et la cosmogonie gnostique. Sans doute le Vedanta exprime un mode de pensée plus pur, plus clair que les approximations et les explications délirantes des diverses sectes gnostiques, mais, peut-on dire, la « géométrie » du processus logique est sensiblement analogue. Enfin les *éons* gnostiques présentés en couples mâle et femelle ne sont pas sans rappeler la conception hindouiste des *shaktis*, parèdres féminins des dieux.

Mais on pourra multiplier les comparaisons et les exemples d'analogies apparentes, on ne résoudra pas pour autant le problème des origines historiques de la Gnose et du Gnosticisme méditerranéen. Les ressemblances existent dans les termes parfois, pas toujours dans le fond. La Gnose, pure doctrine de la Chute et de la présence quasi accidentelle de parcelles de la

Lumière divine dans le monde (immanence) est antérieure aux sectes gnostiques qui firent leur apparition autour des débuts de l'ère chrétienne. Il semble qu'elle a inspiré directement les « religions de mystères » de l'antiquité, l'Orphisme notamment. Zagreus-Dionysos, fils de Zeus et de Perséphone, porteur de la Lumière divine, est dévoré par les Titans. Ces derniers sont frappés par la foudre envoyée par Zeus furieux et périssent carbonisés ; mais l'étincelle divine demeure présente dans leurs cendres et anime la création ultérieure. Voilà qui est typique de la conception gnostique de la Chute et de l'immanence divine dans le monde créé par un Démiurge directement engendré par un des éons émanés du Plérôme divin. C'est dans le mythe immémorial qu'on retrouve la vraie Gnose. Elle ne se définit ni par un code, ni par un corps de doctrine rigide. Le Gnosticisme historique s'en est profondément inspiré tout en la repensant selon les critères en vogue dans la région à cette époque de grand brassage religieux et culturel.

Tout se passe comme si le Gnosticisme (les sectes du bassin méditerranéen et leurs théologiens historiques) n'avait fait que puiser à une source plus ancienne, plus universelle et commune à toutes les sectes. Mais sans doute convenait-il de l'adapter aux idées monothéistes de l'ère nouvelle et qui battaient en brèche le polythéisme mythologique gréco-romain. Sans doute aussi, leur vision de l'au-delà, leurs cosmogonies compliquées, leur anthropologie, les pères des églises gnostiques l'empruntèrent en partie (à des nuances près, en y imprimant leur propre marque, leurs investigations et leurs supputations personnelles) aux doctrines plus ou moins hellénisées et elles aussi en vogue de l'Orient proche. Mais, dans leur originalité, ces doctrines elles-mêmes comme d'ailleurs les spéculations et les intuitions personnelles des théologiens gnostiques ressortissent à une Tradition — d'autres diront une Révélation — plus ancienne, universelle.

Cette grande Tradition s'exprime surtout au moyen de mythes et de symboles qui sont aussi vieux que le monde. Elle constitue la « connaissance » intuitive qui sous-tend la plupart des grandes religions ; et même si ces dernières l'ont plus ou moins défigurée en l'adaptant à des besoins cultuels, elles n'en demeurent pas moins les dépositaires. C'est à l'initié, au mystique et dans le cas qui nous occupe, c'était au « gnostique » à l'y redécouvrir dans sa pureté originelle.

Partie intégrante de cette Tradition universelle, la Gnose non historique contient et embrasse le Gnosticisme ultérieur, ses sectes et ses doctrines.

Le mot grec « *gnosis* », connaissance, se situe à l'opposé du mot « *pistis* », foi. Connaître pour croire, non plus croire pour connaître, telle sera la démarche avouée du gnostique ou, au sens plus étendu du terme, du théosophe. En fait, la Gnose (et le Gnosticisme) avec ses rites initiatiques, ses méthodes d'extase provoquée par le moyen de la méditation prânique [1] se confond absolument avec le véritable ésotérisme.

Mais que s'agit-il de connaître ? *Mi* et *Ma*, qui et quoi ? s'interroge la Kabbale hébraïque. Celui qui aura fait le tour de ces deux questions et aura trouvé l'unique réponse, celui-là accédera aux délices du *Pardès* (Jardin, paradis). Qui ? Mais tout naturellement l'Homme et Dieu ensuite. Quoi ? la relation qui existe entre les deux termes de la première interrogation. Et, partant, l'existence du monde dans lequel nous vivons et dont nous sommes partie intégrante, c'est-à-dire la connaissance de tout le déroulement théogonique et cosmogonique de l'univers pour aboutir enfin

---

1. Méditation prânique : méthode de méditation dirigée et disciplinée au rythme du *prâna*, c'est-à-dire au rythme de la respiration conçue comme absorption et résorption de la lumière éthérée.

à une explication plausible du microcosme (l'Homme) image réduite du macrocosme (le monde).

La démarche est analogue pour l'adepte du *Jnana-Yoga* de l'hindouisme (le mot sanscrit « *jnana* » est d'ailleurs l'équivalent de la « *gnosis* » grecque, connaissance). L'ascèse dure longtemps durant laquelle le sage découvre d'abord ce qu'il n'est pas : ni son corps physique, ni son enveloppe éthérée, ni son *ego*, ni sa conscience, ni même *jivatmâ*, l'âme individuelle. Il n'est rien, il échappe peu à peu à toutes les illusions, à toutes les conditions de la manifestation intérieure ou extérieure, à toutes les embûches de *Maya*. Au terme de la méditation (qui dure des années) le *jnanin* découvre enfin, non pas intellectuellement, mais bien intimement et spirituellement, qu'il n'a aucune sorte d'existence réelle individuelle, qu'il n'est rien d'autre que le Soi universel indifférencié, l'*Atmâ*.

Comme le *Jnana*, la Gnose qui se veut connaissance est avant tout interrogation. Dans sa réalité profonde cette recherche est nettement phénoménologique : l'homme ressent sa solitude, phénomène isolé parmi d'autres phénomènes qu'il ne perçoit qu'à travers les limites de ses propres sens. Qu'il ne parvient à s'expliquer et à se décrire qu'au moyen de son intellect limité. Il y a quelque part un pourquoi et un comment qui lui échappent et qu'il s'efforce de cerner. Au fil de sa méditation, lui, homme individuel, tend à reconstituer l'Homme archétype dans son principe et sa finalité. Ce sont sans doute les réponses adéquates obtenues au cours de cette « queste » intérieure qui trament, siècles après siècles, le tissu originel de la Révélation et de la Tradition. Ces réponses inspirées sont celles des fondateurs de religions, des prophètes et des adeptes reliés entre eux comme les maillons de l'antique et vaste chaîne des cercles initiatiques.

Bien entendu, les réponses ou, disons le mot, les révélations ne sont pas toujours exactement les mêmes.

Elles varient avec le génie propre de l'adepte et surtout elles portent la marque originale des aires culturelles et religieuses, géographiques et historiques différentes au sein desquelles elles se sont produites. Mais force est de constater que jamais elles ne se contredisent absolument et qu'en définitive elles se partagent de remarquables analogies. Tout au plus peut-on dire que les dissimilitudes apparentes ne signifient pas des divergences de fond mais expriment plutôt des différences d'accentuation et d'éclairage. Selon les aires culturelles et les aspirations collectives des peuples en cause l'accent est mis sur tel ou tel autre aspect du problème fondamental de l'Homme et de son devenir dans cet univers hostile. Tel semble être le fondement de la Révélation et de la Tradition primordiales. Les analogies, les ressemblances, parfois les similitudes éclatantes ne constituent pas un miracle. Elles n'ont rien d'étonnant. C'est tout simplement que l'homme dans sa spécificité d'homme ne pouvait et ne peut donner que les mêmes réponses aux mêmes problèmes pourvu que les paliers atteints dans la recherche spirituelle soient identiques. L'unité tellement vantée de la Révélation ne prouve en dernière analyse que l'unité évidente de la condition humaine.

La Révélation dont il est question ici est constante, comme on peut l'imaginer. Elle est le fait de l'Homme depuis son apparition sur la terre. Elle se continuera tant qu'il y aura des hommes. C'est pourquoi on peut affirmer qu'elle est antérieure (et postérieure) à toutes les révélations isolées des prophètes et des fondateurs historiques des religions. Les religions « révélées » (Judaïsme, Christianisme, Islam ou encore Brahmanisme inspiré des enseignements des légendaires *rishis*, (les « voyants » auteurs du Véda) tirent leur authenticité relative et leur foudroyante force d'expansion du fait même qu'elles manifestent une certaine adéquation avec la Révélation primordiale, qu'elles se situent dans le cadre exclusif de cette Tradition générale dont les origines se perdent dans la nuit des temps et qui se perpétuera jusqu'à la fin des temps. Inspirés et « voyants », leurs fondateurs se tinrent dans le droit fil de la Tradition. Les ajouts et les manques ultérieurs doivent être attribués aux successeurs de ces fondateurs, eux-mêmes souvent inspirés et adeptes mais qui, s'adressant non plus à une poignée de disciples mais aux masses, se mirent en devoir « d'enseigner les nations ». Il fallait faire passer le message, le dispenser à la foule des profanes et, pour y parvenir, on en conserva l'essentiel et on l'adapta aux besoins immédiats des masses catéchisées. Il appartient aux adeptes et aux initiés de l'ésotérisme traditionnel de retrouver le fil conducteur qui par-delà l'exotérisme religieux relie les religions entre elles et les replace dans le cadre de la Révélation primitive. C'est le rôle que s'étaient assignés les docteurs du Gnosticisme historique. Ils y parvinrent avec plus ou moins de bonheur, tombant, hélas, souvent eux-mêmes dans le piège du dogmatisme rigide.

Cependant, comme on l'a souligné plus haut, il existe des éclairages différents de cette Révélation primitive. La Gnose constitue un de ces éclairages. On peut parler à juste titre d'un courant de pensée gnostique, dans le sens large du mot, c'est-à-dire coiffant les doctrines et les spéculations parfois naïves des sectes gnostiques historiques des débuts de l'ère chrétienne.

Tout au long des chapitres de cet ouvrage on s'efforcera de re-situer dans leur contexte traditionnel les rêves et les supputations délirantes du Gnosticisme historique, de souligner aussi à chaque fois que cela sera utile leurs analogies avec d'autres doctrines étrangères au courant gnostique. Ces analogies et ces parallèles démontrent que, loin d'avoir été le fruit ridicule d'une aberration collective de fanatiques pétris d'orgueil et de vices, le Gnosticisme plonge ses racines dans une vision du monde souvent commune à l'ensemble des grandes religions. La haine manifestée par ses grands détracteurs chrétiens de la littérature patristique est significative à cet égard. Non pas simple hérésie, mais doctrine ésotérique, parfois hermétique, se développant à l'intérieur même du monde chrétien, il y avait de quoi faire trembler et exaspérer les Pères de l'Eglise.

II

LE COURANT DE PENSÉE GNOSTIQUE

On peut supposer que la vision gnostique du monde et de ses rapports avec la divinité repose sur l'exigence de la transcendance absolue de Dieu confrontée avec sa nécessaire immanence dans la créature. Et une fois cette immanence acceptée, sur le problème du Bien et du Mal. Les deux points de vue sont liés et ressortissent, pour le gnostique, à la même problématique. Dieu étant posé, toutes les perfections lui étant attribuées, comment se fait-il que cet univers sur lequel il est censé régner soit si notoirement imparfait ? Pourquoi la guerre, pourquoi la maladie, pourquoi la méchanceté, la tyrannie ? Comment ce Dieu absolu, bon, parfait, omniscient et tout puissant aurait-il pu créer un monde mauvais ? La réponse saute aux yeux : *Dieu n'a pas créé ce monde.* C'est quelqu'un d'autre, puissant lui aussi mais limité dans sa perfection et par sa méconnaissance « *du principe et de la fin* », qui est l'auteur de cette création. C'est un simple Démiurge. Un être intermédiaire entre la pure divinité et l'homme. Ce qui par ailleurs (et c'est dans la logique de la spéculation) caractérise le démiurge, c'est son ignorance : il ne possède pas la Gnose et, on l'a dit, « il ignore et le principe et la fin ». Cette expression, on la retrouvera partout, y compris chez les Mandéens, une secte qui existe encore de nos jours. Le Démiurge commence par ignorer l'existence du vrai Dieu ; en fait pendant longtemps il se croira lui-même Dieu. Il sera détrompé par l'éon femelle qui l'aura engendré « sans semence » ou bien encore (Basilide) par son Fils qui lui révélera l'Evangile descendu en terre.

Si ce sont les gnostiques historiques du bassin méditerranéen qui ont rendu familière l'image du Démiurge, ce dernier n'en existait pas moins dans les traditions plus anciennes. Sous d'autres traits parfois, mais dans une fonction à peu près analogue. C'est le créateur gestuel, le modeleur du chaos originel. Mais pour créer, pour donner vie, il est contraint de faire appel (directement ou sans le savoir) à Dieu, l'Esprit de vie. Pour animer le monde des Ténèbres il faut y infuser la Lumière. Cette Lumière, le Démiurge la porte en lui comme fils de l'éon coupable, émanation divine, qui l'a engendré — ou bien encore c'est la divinité prise de pitié pour ce monde informe qui, par le moyen de l'éon, répand sur le monde sa « rosée de lumière ». Et voilà le gnostique obligé de faire face de nouveau au problème de l'immanence divine dans ce monde mauvais. Il l'expliquera d'une manière dramatique. Le récit de la Chute qu'on lira plus loin est celui d'un véritable cataclysme.

Le Gnosticisme a peut-être emprunté l'idée d'un Démiurge créateur aux doctrines platoniciennes et néo-platoniciennes, encore que, comme nous l'avons déjà dit, cette notion existait dans d'autres traditions, en Egypte notamment. La vision pessimiste des sectateurs et des penseurs gnostiques en fit un être hybride, quelquefois détestable, presque toujours ridicule. Dans un chapitre ultérieur, spécialement consacré à la tradition démiurgique, on s'attachera à cerner le visage, la fonction et pour ainsi dire la génération de cet être intermédiaire entre les deux mondes céleste et terrestre. S'il emprunte souvent une forme animale toute symbolique et mythique, celle du Lièvre notamment, il n'en est pas moins considéré comme une entité bénéfique dans la plupart des traditions tandis que pour les gnostiques il est toujours tenu pour responsable (volontaire ou non) de tous les malheurs du monde.

Mais d'où vient ce Démiurge ? Qui l'a créé ? Si c'est Dieu, ce dernier aurait fabriqué un être imparfait, ce que la Gnose ne peut concéder. Il ne peut pas non plus exister par lui-même car il aurait ainsi les mêmes attributs que Dieu, l'être incréé et existant par soi-même de toute éternité. Alors, on le concevra comme un « accident ». Comme quelque chose que Dieu n'a pas voulu et dont il n'est pas directement responsable. Le Démiurge sera décrit comme le produit d'une Chute. Quelque part dans le cercle céleste (le Plérôme ou la Plénitude) se sera produit soit une révolte, soit une erreur qui déterminera la chute d'une parcelle de la puissance divine (un des éons émanés directement de Dieu) dans le chaos informe de la matière. Quant à la contradiction apparente d'une matière éternelle et incréée parallèle à l'Esprit lui aussi éternel et incréé, elle ne semble pas avoir présenté de problème. On est loin de la conception hindoue d'un monde relatif, vivant mais ne tirant son existence que de la pensée de *Brahman* pour qui cette « illusion » n'est que sa « *lilâ* », son jeu.

Les deux prochains chapitres seront consacrés à une étude comparative des deux notions de Chute et de Démiurge dans les différentes sectes et dans la pensée gnostique en général, mais d'ores et déjà on doit souligner que ces deux notions constituent la clé de la Gnose, comme du Gnosticisme. La Chute en particulier reste la grande affaire car c'est elle qui va déterminer tout le reste. Un rapide survol de cette authentique aventure théo-cosmogonique nous aidera à mieux comprendre ce qui va suivre. On compte parfois deux Chutes successives dans certaines traditions : une Chute « pré-mondaine » intérieure au cercle céleste, une « révolte des anges », par exemple ; la Chute de l'Homme (Adam) vient ensuite, elle est une conséquence indirecte et non nécessaire de la première. C'est la Faute originelle. Tel est le cas dans le Christianisme, l'Islam et le Judaïsme, encore que dans ces deux dernières traditions la révolte des anges se produit après la création de l'Homme. En effet, Satan (ou quel que soit son nom dans le Judaïsme tardif) tout comme l'Eblis musulman refusent de se prosterner devant l'Homme et sont chassés du cercle des anges.

Dans le cas du Gnosticisme, la Chute est conçue autrement ; elle implique directement le processus cosmogonique et la création du monde. C'est généralement l'orgueil ou la curiosité d'un éon, c'est-à-dire d'une émanation divine, qui provoque la débâcle. L'éon désireux de connaître le Père sans passer par l'intermédiaire du Fils, éon premier né, se lance à l'aventure et échappe au Plérôme céleste. Il tombe dans le chaos de la matière. Ensuite d'innombrables péripéties se produisent en cascade jusqu'à l'apparition du Démiurge que l'éon solitaire se hâte « d'engendrer sans semence ». Le Démiurge à son tour organise la matière et crée le monde qu'il finit par animer grâce à la parcelle de lumière divine que lui a transmise sa mère, l'éon coupable. Cet éon coupable, celui qui par sa curiosité, son orgueil ou, pourquoi pas, son amour du Père a suscité le grand déséquilibre dont va naître le Démiurge et son monde mauvais, est dans la majorité des cas désigné par le nom de *Sophia*, la Sagesse.

Le symbolisme ici est évident : en refusant les limites, en transgressant l'ordre des hiérarchies fixé par la Gnose, la Sagesse elle-même se mue en folie.

Mais en réalité, les choses sont plus compliquées que cela. Un autre éon, Christ, a été envoyé pour reconduire Sophia dans le Plérôme et ce n'est pas tout à fait la Sophia céleste qui engendre le Démiurge, c'est bien plutôt son aspect cosmique qu'elle a laissé dans le monde, cet être tout d'abord informe, *Achamoth* ou *Sophia-Prounikos* (la lascive) que Jésus est venu « consoler » et qu'il a rétabli qui serait l'authentique mère du Démiurge. C'est cette Sophia cosmique qui reproche sans cesse à son fils son ignorance et son orgueil. On verra les détails plus loin. Mais tous ces détails, tous ces intermédiaires ne font que servir d'écran entre Dieu transcendant et parfait et notre monde imparfait. Dieu doit à tout prix rester à l'abri de toute corruption.

La Chute apparaît comme un processus mécanique destiné à déclencher une cosmogonie. Processus mécanique, elle ne peut être stoppée, elle s'accomplit, inexorable, dès lors que l'équilibre parfait qui existait auparavant a été rompu. L'étincelle de lumière tombée dans la matière, emprisonnée dans la matière, poursuit son élan dynamique et détermine la vie. Sous les auspices du Démiurge, quelquefois à son insu et quitte à provoquer sa jalousie et sa colère quand l'initiative lui échappe (c'est le cas pour l'Homme), le monde du chaos s'organise et devient cet univers imparfait que nous connaissons. C'est le monde du Mélange (*Mixis*). Mélange de spiritualité et de matérialité. Mais soit par la possession de la Gnose, soit par la vertu de l'Evangile descendu en terre (Basilide), soit pour des raisons moins claires, les composantes de ce mélange varient d'un homme à un autre. Le dosage de spiritualité et de matérialité n'est pas constant d'un individu à l'autre. On classera ainsi les hommes en *pneumatiques* (spiritualisés, de *pneuma* = esprit) appelés au Salut et destinés à la fin des temps à entrer dans le cercle céleste où ils deviendront « les épouses des anges » ; en êtres *hyliques* (matériels) qui « mourront comme des hommes » et en êtres *psychiques*, intermédiaires entre les deux autres cas, car « possédant une âme ». La frénésie des définitions et des spéculations distinguera aussi des « *tripneumatoï* », les « triplement-spiritualisés » et des *hypertripneumatoï*, des êtres encore au-dessus des premiers. Ce sont les anges, les génies et les éons.

Mais la Chute existe et nous en sommes partie intégrante. Pour y échapper et retrouver notre pure nature spirituelle, il nous faut découvrir les voies du Salut. De nombreux moyens seront proposés. D'abord, à tout seigneur tout honneur, il convient de posséder la Gnose, la vraie, pas celle du voisin. Cette recherche de la vraie Gnose déterminera l'éclosion d'écoles rivales, chacune diffusant sa version de la Chute, ses descriptions du Démiurge et ses méthodes de Salut. On découvrait la Gnose par étapes, au cours de cérémonies rituelles et par le moyen de rites initiatiques plus ou moins empruntés aux « religions de mystères » de la Grèce antique et de l'Egypte. Toute une quincaillerie de talismans était en usage, dont le fameux ABRASAX des basilidiens. Dans certains cercles de curieuses offrandes étaient présentées, comme par exemple celle de sperme humain et de sang menstruel. Des avortements étaient pratiqués et les fœtus offerts à *Barbelo*, autre nom de Sophia-Prounikos. En effet, la procréation contribuant à perpétuer l'emprisonnement de l'étincelle divine dans la matière, il convenait de la condamner et d'en destiner symboliquement les signes visibles à la divinité. Chez les Manichéens, gnostiques tardifs et résolument dualistes, il aurait même existé une certaine eucharistie obscène sous les espèces d'une figure *semine humano conspersam*, comme l'écrit, pudique et indigné, l'Abbé T.-H. Guyot en son *Diction-*

naire Universel des Hérésies [1]. Quoi qu'il en ait été de ces débordements, l'essentiel du Salut demeurait l'étude de la Gnose et son approfondissement au moyen de rites initiatiques dont on ne sait d'ailleurs pas grand-chose.

Toutefois la sexualité et la volupté restent toujours présentes dans la pensée gnostique. L'éontologie, clé de voûte de la théogonie proposée par des docteurs comme Valentin, par exemple, s'exprime en terme de couples ou *syzygies* qui engendraient à leur tour d'autres couples. Les « consolations » prodiguées par Jésus à Sophia-Achamoth sont lourdes de conséquences : le Démiurge en saura quelque chose ! Souvent enfin l'éon dernier-né du Plérôme, un éon femelle se lamente de n'être point en droit d'engendrer à son tour et, sitôt projeté dans le monde extérieur, s'empresse de donner naissance à un être difforme parce que « conçu sans semence mâle ». Le nom de *Prounikos* attribué parfois à la Sophia cosmique signifie purement et simplement : la lascive. C'est d'ailleurs son rôle car, au moyen de sa beauté retrouvée, elle se charge de séduire les hommes afin de leur soustraire cette semence humaine porteuse de l'étincelle de vie dont il s'agit de stopper la prolifération et qu'il faut réintégrer dans le Plérôme. Les sectes gnostiques orientales enseignaient de leur côté qu'après avoir engendré Ialdabaoth-Sebaoth (le démon à tête d'âne ou de lion, le méchant dieu des Juifs) la Mère Céleste, *Barbelo* s'était repentie. Ils en donnaient pour preuve la pratique qu'elle avait de dépouiller par la volupté les Archontes du monde inférieur de parcelles de lumière. Barbelo et Prounikos sont en fait une seule et même personne. Quant aux hommes et aux archontes, ils n'avaient qu'à se bien tenir.

---

1. Abbé T.-H. Guyot : *Dictionnaire Universel des Hérésies, des Erreurs et des Schismes*, Paris, 1860.

Ce qu'ils ne firent pas toujours ! Pour sa part, Simon le Magicien, un contemporain des apôtres, avait pour compagne une Hélène ou Séléné (la Lune) qu'il avait connue dans un bordel de Tyr. C'était « la brebis perdue » qu'il avait délivrée car elle était la « Première Pensée » de son esprit, la Mère de toutes choses. C'est à travers elle que les anges avaient été engendrés. C'était la même Hélène qui avait été à l'origine de la guerre de Troie ; ensuite, d'incarnations en incarnations, elle avait eu pour tâche de séduire les hommes jusqu'à sa rencontre avec Simon. Mais Simon n'est pas un cas isolé ; le gnostique Dosithée avait lui aussi son Hélène-Séléné. L'histoire du Gnosticisme méditerranéen fourmille d'érotisme et de lubricité — ce qui fit d'ailleurs le triomphe facile de ses détracteurs, les Pères de l'Eglise romaine en train de jeter les bases d'un pouvoir religieux jamais encore égalé.

Mais si on rejette dans l'ombre les folies lubriques des sectateurs, il n'en demeure pas moins vrai que l'érotisme sacré tient une place essentielle dans la Tradition et que sur ce point encore le Gnosticisme ne s'en éloigne pas. On ne doit jamais perdre de vue, en effet, que ce qu'on appelle la Révélation, la connaissance universelle à partir de laquelle s'est établie cette Tradition, est un produit de la pensée humaine pour « spiritualisée » qu'elle ait pu être. Les problèmes essentiels de la condition humaine y trouvent leur juste place, quitte à être sublimés et en quelque sorte sacralisés. Soumis à cet éclairage on comprend que l'apparition du monde visible comme celle, saisie intuitivement, du monde invisible ne sauraient être attribuées à une création *ex nihilo*, abstraite. Elles seront comprises plus facilement, concrètement, comme le fruit d'une génération, un principe mâle actif fécondant toujours un principe femelle passif. On retrouve la même conception dans le Vedanta hindou où l'homme n'apparaît qu'après la fécondation de la Mère

Eternelle (*Prakriti*) par l'Homme Universel (*Purusha*).

Une autre caractéristique traditionnelle du courant gnostique consiste dans la symbolique astrologique dont les doctrinaires firent grand usage. L'ascension du *pneumatoï*, de l'élu spiritualisé sur la voie de la réintégration de la lumière passe par la Lune, les planètes et le ciel des étoiles fixes. Le corps devenu aérien se mue en corps éthéré dès qu'il atteint la région des étoiles. C'est au niveau de Saturne, la plus éloignée des planètes, qu'intervient la coupure entre le monde supérieur céleste et le monde inférieur. Le Démiurge et ses Archontes siègent dans l'Hebdomade, c'est-à-dire la région des sept planètes. L'espace qui s'étend entre la voûte céleste et nous est peuplé d'esprits et d'archontes à la surveillance de qui l'initié devra échapper dans sa remontée vers le monde de la Lumière. Des idées analogues avaient été professées par les Pythagoriciens ; elles étaient en outre répandues dans tout l'Orient.

Il en est de même pour les méthodes de spéculation par la voie allégorique et pour les supputations à partir de la science des nombres et de leurs correspondances alphabétiques. Certains alphabets (grec, hébreu, etc.) présentent cette particularité qu'à chaque lettre correspond un nombre bien défini. En additionnant les nombres correspondant à chacune des lettres d'un mot donné ou d'un nom, on obtient un chiffre total qui caractérise le vocable en question. De là à assimiler deux mots totalisant le même nombre il n'y a qu'un pas. Non seulement le pas est franchi allégrement mais on y a ajouté encore bien d'autres méthodes de calcul, isolant les parties d'un mot ou d'un nom, enlevant selon les besoins du moment une lettre ou même une syllabe entière. C'est ainsi, pour ne citer qu'un exemple, qu'en grec les lettres du mot sacré ABRASAX totalisent 365. ABRASAX sera donc le « dieu qui règne sur les 365 génies cosmiques » qui à leur tour, dominent à tour de rôle sur les 365 jours de l'année. Mais en outre la valeur numérique 365 est aussi celle du légendaire dieu Mithra, MIETRAS en grec, les deux dieux devront donc être considérés comme au moins les deux visages d'un seul et même personnage. Comme par ailleurs Mithra et Abrasax sont tous les deux des dieux solaires, on aura la preuve que la méthode de calcul était bien la bonne ! Ces méthodes de numération sont encore pratiquées de nos jours, par les kabbalistes notamment qui en ont fait une véritable science connue sous le nom de *guematria*.

On reviendra plus loin sur les détails de ces différents éléments de la pensée gnostique. Des variantes existent avec les sectes et les doctrinaires. Ce qu'il y a de certain en tout cas, c'est que le Gnosticisme historique se situe bien dans le cadre d'une Tradition qui le déborde, d'une Gnose plus vaste. Par leurs ajouts, leurs essais de rationalisation, leur féroce appétit de syncrétisme et leurs emprunts à d'autres courants de pensée les doctrinaires et les sectataires ont certes déformé quelque peu cette Gnose originelle. Ils l'ont déformée comme d'ailleurs toute religion, toute institutionalisation de la pensée abstraite n'aboutissent qu'à ternir celle-ci. L'intuition, dès lors qu'elle est codifiée et vulgarisée, s'éloigne nécessairement du foyer pur qui l'alimentait. Esotérisme et exotérisme traitent en réalité d'un seul et même problème. Le premier utilise la langue subtile du mythe et du symbole ; le deuxième s'efforce d'enfermer dans des formules dogmatiques des intuitions par ailleurs indicibles ou tout au moins dépourvues de contour précis. C'est le rôle des religions de limiter ainsi, arbitrairement, le pur envol de la pensée humaine. Les gnostiques méditerranéens n'ont pas failli à la tâche. Il n'en demeure pas moins qu'à travers leurs enjolivements, voire leurs aberrations, on retrouve aisément les traces de la Gnose et de son éclairage particulier.

III

LE DRAME DE LA CHUTE

Comme on l'a laissé entendre, l'essentiel de la spéculation gnostique peut se résumer en une simple considération dialectique, celle de l'opposition dynamique entre deux idées-forces inextricablement liées, l'apparente antinomie entre transcendance et immanence divines. Dieu transcende absolument le monde mais, paradoxalement, il y est présent et le soutient ; bref, il est immanent dans ce monde — dans l'homme singulièrement. Dans toutes les grandes traditions, Dieu est conçu comme l'UN sans second, absolu, il est l'infini sans attribut qui ne saurait être « ni ceci, ni cela ». Cet absolu n'a évidemment ni forme, ni contour, ni limite qui permettent de le définir. La mystique gnostique partage farouchement cette conviction.

Pourtant le monde existe avec ses limitations dans l'espace et dans le temps, nul ne peut le nier. Les doctrines les plus monistes ne sauraient contester cette existence d'un univers de la quantité et de la limite. On le décrira comme illusoire, comme relatif, mais on ne parviendra pas à l'ignorer et à l'escamoter.

Cet univers quantitatif serait-il donc la limite du Dieu absolu et illimité ? Même s'il était intérieur à Dieu, ce monde constituerait encore une barrière, une frontière sur quoi viendrait buter la notion d'infinitude. Pris dans un sens littéral, le concept du *fini* s'oppose absolument à celui d'*infini*, le premier limitant le second. Fini et limité dans l'espace et le temps, le monde « créé » creuse une faille dans l'universelle intuition d'un être infini. Et encore une fois personne ne peut nier l'existence du monde, qu'il soit « créé » ou « incréé ». Il est là. Quelque chose limite donc l'illimité, l'infini ? L'unité divine, totalement une et absolue, se heurte-t-elle ainsi à un monde de la quantité et du multiple ? Comment concilier la pure intuition et la palpable réalité ? Faut-il diviniser la nature comme le font les panthéistes ou bien nier tout simplement l'existence de Dieu infini ? Mystiques et métaphysiciens ne s'y sont pas résignés. Ils ont eu recours à la notion de « *transcendance* ». Dieu infini est au-delà des limitations et du multiple, il les transcende absolument. Bornes, frontières et barrières ne le concernent pas ; elles sont relatives, existent pour ainsi dire entre elles-mêmes. Elles sont dépourvues d'*être* véritable, car Dieu seul possède l'*être*.

Mais alors pourquoi le monde ? Et surtout comment le monde ? puisque Dieu seul existe par soi-même, seul il est Vie. L'explication est simple : soit par un geste délibéré de sa bonté, soit par « accident » (la Chute) Dieu, tout en le transcendant, est présent au et dans le monde. Il l'anime et le soutient. C'est la notion d'*immanence*. La Cause Première, Dieu est en quelque sorte l'unique réalité absolue. Seul il détient l'être. C'est l'Essence sans dualité. Toutefois cet Etre, cette Essence unique ne peut être saisi, ni se saisir soi-même, sinon par un double mouvement :

comme Etre immuable se réfléchissant dans son éternel devenir. Dieu à ce point de vue est l'essence unique et commune d'une nature duelle. Il est à la fois *être* et *existence*. Dans son *être* il est la pure non-dualité ; par ses manifestations (le monde ou la « création ») il agit à l'intérieur de sa nature duelle, anime son existence et assume son éternel devenir. En ce sens on peut dire que la toute première et éternelle « création » de Dieu est Dieu même. Cette auto-création, la Gnose, on le verra, la ressentira comme Emanation. Transcendant et immuable, la divisité se dédouble pour ainsi dire et apparaît comme immanente dans une série d'attributs émanés qui finiront par se muer en principe naturant du monde jusque-là informe et seulement potentiel.

Il faut dès maintenant signaler cette intuition typiquement gnostique d'un monde matériel, sorte de Chaos primordial, pré-existant et qui attend du souffle divin sa mise en œuvre. Dieu + le monde matériel. C'est par ce caractère résolument dualiste de sa vision que la Gnose se distingue des grandes traditions monistes, celle de l'Inde par exemple. Pour ces dernières c'est à notre intellect et à notre sens aberrant de la mesure qu'il faut imputer l'erreur qui nous fait croire à un monde second, limitatif du premier. « On peut logiquement, mais non réellement séparer la totalité finie de sa source infinie », selon la belle formule de A.K. Coomarasawmy [1]. *Logiquement, mais non réellement*, ni la nature, ni l'homme individuel en tant que tels ne sont Dieu, ce qui ferait du monde une pure illusion comme ont voulu l'enseigner certaines écoles contemporaines qui prétendent s'inspirer du Vedânta. Le monde manifesté participe seulement, par immanence, de l'essence divine, l'unique Essence.

---

1. A.K. Coomarasawmy : *Hindouisme et Bouddhisme*, Paris.

Cela signifie clairement que si le monde manifesté ne possède pas une essence distincte, il n'en jouit pas moins d'une existence personnelle. Une existence qui lui est propre mais qui n'est absolument réelle que vue sous l'angle de l'ensemble dynamique de la manifestation conçue comme un attribut totalisant de la divinité tournée vers l'extérieur. Le monde alors apparaît comme la Parole de Dieu, son Logos. Les composantes multiples et innombrables de cette Parole, les choses et les individus n'y trouvent qu'une existence relative. Que la Parole se taise, le monde disparaît.

Mais la Parole est divine et à ce titre elle est infiniment riche. Elle s'exprime harmonieusement à partir de théogonies et de cosmogonies que décrivent les textes des livres sacrés des grandes religions traditionnelles. Pour l'Inde védique, *Brahman*, le *tât* inaccessible dépourvu d'attributs « prononça une parole » et se mua en Dieu trine : *Brahmâ*[1], *Visnou* et *Shiva*. Une spéculation ultérieure fera de cette émanation divine *Purusha*, l'Homme Céleste, *Prakriti*, la Mère Eternelle, et *Avatâra*, la manifestation. Pour ce faire, *Brahman* émana les eaux primordiales ou la « mer de lait » sur lesquelles il déposa un œuf d'or. Cet œuf contenait *Brahmâ* et tous les dieux qu'il créa par la suite. Une autre idée répandue est celle du démembrement du dieu émané. C'est à partir du sacrifice de *Brahmâ-Prajapati* (le « seigneur des êtres créés ») ou encore de l'Homme primordial (*PURUSHA*) et du dépècement du dieu qu'apparaît le monde des créatures différenciées. Ce démembrement possède un caractère sacrificiel. Il doit être répété symboliquement par le prêtre, le rite du sacrifice assurant ainsi la continuité du monde manifesté.

---

1. *Brahman* est le dieu indéterminé, *neutre* par opposition à *Brahmâ* qui en est l'expression personnalisée.

En Egypte, tout procède de *NW* (*Noun*) qui, par le truchement d'*Atoum-Râ*, sa première émanation, génère l'*Ennéade* (les neuf émanations suivantes). C'est par la voix (le Verbe) que Râ manifeste les dieux de l'Ennéade. A en croire certains mythes, c'est cette Ennéade dans sa totalité qui est responsable de la création ultérieure. Plus tardivement on attribuera au dépècement d'Osiris, découpé en quatorze morceaux par son frère Seth, l'origine du monde. Avec l'aide de leur fils *Horus*, l'épouse du Dieu, *Isis* parvient à réunir treize des pièces du puzzle divin, mais la quatorzième, le phallus est tombé dans le Nil et a été dévoré par les poissons. C'est à partir de ce symbole de vie tombé ainsi dans la matière que le monde s'anime.

Cette intrusion d'une certaine notion de violence dans le processus harmonieux de la naissance du monde nous ramène indirectement à la doctrine gnostique de la Chute. Pour la Gnose la création du monde n'est pas l'aboutissement normal d'émanations divines successives. Dieu dans sa transcendance y demeure étranger. La création est au contraire un accident regrettable, pour dire le moins. C'est une véritable catastrophe. Une Chute, comme le mot l'exprime parfaitement. Et à aucun moment cette création n'est présentée comme nécessaire, ni même comme le fruit d'un sacrifice volontairement consenti. Aux yeux du penseur gnostique, le monde divin, Dieu et ses émanations, était suffisant en soi et ne nécessitait pas une cosmogonie complémentaire. Cette dernière est la conséquence malheureuse d'un déséquilibre au sein de la plénitude divine. Et ce déséquilibre apparaît comme une erreur qu'il convient de réparer.

Cette idée sera partagée d'une façon mitigée par le Judaïsme tardif et par le Christianisme. Au péché adamique, dans lequel le cercle divin n'est pas impliqué, on superposera une « Chute des anges », une précipitation des esprits rebelles dans les abysses infernaux à partir de quoi ils viendront empoisonner la bonne création, œuvre de Dieu. Adam était destiné à en être le parachèvement ; il a succombé à la tentation que lui offrait une autre créature de Dieu, le serpent, plus tardivement Satan, il a « pourri » ainsi la parfaite création de Dieu. Mais ni le Judaïsme, ni le Christianisme, ni, plus tard, l'Islam ne voient dans les anges rebelles ou encore dans Adam des prolongements directs ou indirects de la divinité. Dieu, dans sa bonté et par sa toute-puissance leur confère la vie. Il peut la reprendre quand il veut ; la Lumière divine n'est nullement emprisonnée dans les Ténèbres de la matière ; elle n'y est présente que par un acte volontaire de la charité divine. Ni Adam, ni Satan ne créent le monde, c'est bien Dieu qui en est l'auteur. Adam se contente de « nommer » les choses et les êtres que Dieu a créés. Satan y sème le désordre. C'est tout.

Il n'en va pas de même pour le gnostique. Pour ce dernier, Dieu subit une sorte de contrainte. Il n'a pas voulu ce monde mauvais et, si dans sa générosité il lui a insufflé la vie, il en est devenu pour ainsi dire l'otage jusqu'à la fin des temps. Le but de la Gnose et des rites gnostiques est en fin de compte de libérer la lumière divine prisonnière de la matière.

L'Esprit est Lumière et toute perfection, la Matière est Ténèbre et toute méchanceté. Lumière et Ténèbre existent parallèlement, indépendantes l'une de l'autre. C'est ce fruste dualisme qui entraîne la vision profondément pessimiste que le gnostique a du monde. Pour l'Inde védique comme pour Israël, le Christianisme ou l'Islam, Dieu tire le monde du vide. La création se produit *ex nihilo*. C'est à partir de rien que la divinité suscite les eaux et la terre, les sépare ensuite, fabrique enfin toutes les choses créées, y compris l'homme. La matière n'est pas forcément mauvaise puisqu'elle est œuvre divine. Quant aux ténèbres, le Véda est péremptoire : « A l'origine les ténèbres étaient cachées par les ténèbres, cet univers n'était qu'onde indistincte. Alors (...) l'Un prit naissance, recouvert de vacuité » (*Rig-Véda*, X). Le *Brahman* indéterminé lui-même n'était que ténèbres. Il se confondait avec le Non-Etre et le Néant.

Aux yeux du gnostique, parallèle au Dieu insondable, indéterminé, « éternellement éternel », existe une matière co-éternelle quoiqu'elle soit pur Chaos, Ténèbre, informe et sans vie. Ce monde du chaos et de la matière éternelle est l'anti-type du monde divin. Il en est comme le pôle opposé. Dieu ayant été paré de toutes les perfections, possédant la toute-puissance, l'omniscience, la bonté infinie, etc., la matière apparaîtra nécessairement comme son contraire : elle sera mauvaise, totalement stupide, morticole. Tant que Dieu la transcende sans compromission, elle demeure inerte, sans vie. C'est à partir de l'instant où la divinité devient immanente dans la nature que celle-ci prend forme et vie.

Le Propatôr, le pré-Père, indéterminé et impersonnel n'avait pas besoin de la matière pour se manifester et se complaire dans son image. Il a commencé en effet par émaner de sa seule substance les *éons* de son *Plérôme* (sa Plénitude) et le cercle céleste était ainsi immatériel et parfait. Certes, ce n'était pas là une création à proprement parler mais bien plutôt une projection de l'Un impersonnel dans le cycle de la manifestation. Tout aurait pu, aurait dû en rester là s'il n'y avait eu la chute d'une de ses hypostases dans le monde mauvais de la matière. Une partie de la Lumière divine, celle-là même que porte en elle l'hypostase coupable, sera dorénavant dispersée dans la matière, mêlée inextricablement à elle. Elle l'organisera par le truchement du Démiurge qu'elle aura ainsi suscité, elle insufflera la vie aux créatures imparfaites que ce dernier aura façonnées et qu'il n'aurait pu animer par ses seuls moyens. Une parcelle de la

Lumière sera de cette manière prisonnière dans le monde jusqu'à ce que, par la Gnose, elle ait été complètement réintégrée dans le Plérôme. Ensuite ce sera la fin du monde, la non-Gnose, l'*Agnosia* et le retour de la matière éternelle à l'état de chaos et de ténèbres.

Mais en attendant cette lointaine échéance le monde du mélange (*mixis*) existe bel et bien. Il est le fruit d'une catastrophe, d'une Chute caractérisée qui, à partir d'une faille dans le déroulement harmonieux d'une théogonie parvenue à son terme, bascule et donne le branle à tout le processus cosmogonique ultérieur. Dieu ne crée pas, c'est là l'important : la création, bâtarde et mauvaise, se fait au contraire dans son dos, si on peut s'exprimer ainsi, et s'il est immanent dans ce monde c'est pour ainsi dire par contrainte.

C'est en vain qu'on essaiera de découvrir à quelle tradition plus ancienne la Gnose a emprunté sa propre doctrine de la Chute. Sans doute la Chute primordiale existe dans d'autres doctrines mais toujours sous une forme différente, plus nuancée en tout cas. Qu'il y ait eu des influences, voire des emprunts, c'est certain. Mais encore une fois nulle part on ne rencontre de modèle indiscutable. Ce sera toujours au syncrétisme grec, absorbant et adaptant les idées religieuses de l'Orient qu'il faudra revenir. Et plus sûrement encore aux religions de mystères, et à l'orphisme et aux enseignements ésotériques des Pythagoriciens.

On a été tenté parfois de comparer le « monde du mélange » (*mixis*) gnostique à la création « *gêtê* » de l'Iran pré-islamique. Certes, ces gnostiques singuliers que furent les Manichéens empruntèrent beaucoup aux enseignements des doctrinaires zoroastriens. Leur archidémon, le terrible « roi des Ténèbres » est un proche parent, une caricature d'Ahriman. Mais avant eux les grands docteurs de la Gnose classique, Basilide, Valentin, Satornil, d'autres avaient enseigné l'existence d'une matière éternelle mauvaise et ténébreuse. Certains avaient eux aussi cru à l'existence d'un Esprit des Ténèbres ennemi du monde de la Lumière. Cette notion d'un univers primordial bipolaire Lumière-Ténèbres est ancienne et en quelque sorte universelle.

Nulle part par contre Dieu n'est étranger à la création. S'il ne crée pas directement, il suscite volontairement un Démiurge. Il reste le maître incontesté de ce monde. Pour en revenir à l'Iran, la création « *gêtê* » est l'œuvre voulue du Dieu bon, Ormazd qui tend ainsi un piège à Ahriman. Esprit des Ténèbres, destiné après douze mille ans à être vaincu et détruit par Ormazd, Ahriman souille la création, il n'y participe pas. Il refuse expressément de « l'exalter et de l'assister ». Il n'est pas un démiurge et Ormazd demeure à la fois le créateur et le maître de sa création « *gêtê* ».

Par contre, plus proche de la spéculation gnostique, la Kabbale hébraïque apporte une explication plus nuancée de la création. Dieu impersonnel, l'Ancien des Jours (*Atthik Yomin*) est inconnaissable. Il ne peut être ni conçu, ni imaginé par l'homme et à ce titre il demeure l'éternel *Aïn Soph* (l'Infini), cette sorte de néant primordial et dépersonnalisé. Cependant à l'origine se produit une espèce de « retrait », la Zimzum (prononcer Tsimtsoum) par lequel s'explique l'Emanation ultérieure. Pour laisser place à la création, Dieu se retire et laisse un espace découvert à partir duquel se manifeste le point lumineux, la concentration de Lumière divine par quoi débute la manifestation. La contraction du *Zimzum* semble s'opposer en apparence à toute possibilité d'émanation. Mais Dieu en se retirant laisse un « résidu » (*reshimou*) de sa Lumière ; et dans cet espace resté découvert la puissance divine revient sous forme d'expansion créatrice. A partir de ce premier mouvement l'infinitude de Dieu se manifeste par le moyen de l'Homme céleste (l'*Adam*

Kadmon) revêtu des dix attributs divins ou, pour employer la terminologie devenue classique, des dix *Sephiroth*. Cet Homme primordial qui est l'*Adam Kadmon* est analogue au Logos des gnostiques. C'est le Fils, l'éon Premier Né [1].

Pour le *Zohar* (livre attribué à *Rabbi Simeon bar Yochaï*, IIe siècle après J.-C., mais écrit au XIIe siècle de notre ère), la première manifestation cosmologique a donc été l'étincelle divine aparue dans l'espace laissé libre par la rétraction du *Zimzum*. Cette Lumière est en relation avec le Verbe et nous cache la nature réelle de l'Ancien des Jours. C'est « Cela » (*Eleh*). Mais il semble que le monde actuel ait été précédé par d'autres mondes imparfaits et déchus auxquels l'Ecriture fait allusion en parlant du sort réservé aux rois d'Edom. Toutefois, pour certains grands kabbalistes ultérieurs, comme Luria par exemple, la chute des rois d'Edom est en relation avec la « brisure des vases » (*Chevirat ha Kelim*), c'est-à-dire avec le déséquilibre qui s'est instauré dans le dynamisme de la création où tantôt la Rigueur, tantôt la Miséricorde dominent.

Le *Zimzum* serait caractérisé dans une première phase par l'*exil* de Dieu au plus profond de lui-même ; mais dans sa deuxième phase, celle qui est marquée par l'expansion de la Lumière divine dans l'espace laissé à découvert par le retrait, l'apparition d'*Adam-Kadmon* est le début d'une tragédie. En effet, même quand la Lumière qu'il répand n'est qu'un résidu (*reshimou*), que ce résidu est tamisé par le corps mystique d'*Adam-Kadmon*, Dieu demeure trop puissant pour être contenu dans les limites de la manifestation. L'irruption de la Lumière dans les *Sephiroth* déferle par les yeux, par la bouche, le nez et les oreilles d'*Adam-Kadmon*. Sous l'effet du déferlement de la

---

1. *Cf.* : Hervé-Masson : *Dictionnaire Initiatique*, Belfond, Paris, 1970.

Lumière chaque *sephira* devient un point isolé. Cette phase correspond au monde du *Tohu*. Les rois d'Edom qui apparurent dans ce temps pré-génétique ne purent survivre, car à l'époque du *Tohu* seule la Rigueur était manifestée. Dans l'intention de Dieu la Lumière devait être contenue dans des « vases » (*kelim*) mais seuls les « vases » des trois lumières supérieures résistèrent, les autres se brisèrent sous le choc. D'ailleurs ces lumières n'étaient pas pures et contenaient des « écorces » (*kelipoth*). Mais si par la brisure des vases les écorces ont été tamisées et le mal séparé du bien, la Lumière elle-même s'est échappée en tout sens et certaines de ces étincelles de lumière divine se sont de nouveau mélangées au mal, à la matière. Celle-ci en a été renforcée. On voit la parenté avec le Gnosticisme classique. Mais il convient de signaler que la Kabbale, du moins la Kabbale écrite, est bien postérieure aux sectes gnostiques du début de l'ère chrétienne. Par bien d'autres aspects d'ailleurs la Kabbale peut être considérée comme une Gnose hébraïque comme on essaiera de le démontrer plus loin.

Toutefois les comparaisons restent toujours fragiles et on est obligé de convenir que la description que donne la Gnose historique de la Chute et de ses conséquences lui demeure propre. Dans cette optique le courant de pensée gnostique peut et doit être considéré comme un éclairage particulier et autonome de la grande Tradition. Le problème pour le penseur gnostique reste de conserver à Dieu sa pure transcendance, de le hisser le plus possible hors du champ de bataille que constitue ce monde imparfait.

On a ébauché dans les pages précédentes l'idée générale que se faisaient les gnostiques méditerranéens de la Chute. On en analysera maintenant les détails tels qu'ils furent proposés par les différentes grandes tendances rivales.

En dépit de son constant souci de s'aligner sur le

Christianisme à qui elle emprunte son vocabulaire et son apparence extérieure, la Gnose reste païenne. Sa vraie filiation est pythagoricienne et orphique. C'est au sein de la Gnose historique qu'on découvre les descriptions les plus complètes et les plus extravagantes de la Chute originelle.

Indéterminé, inaccessible et insaisissable par définition, existe avant toute chose l'Etre Suprême. C'est le Dieu sans nom, le *Propatôr* ou l'*Abîme*. Ce « *Dieu qui n'est pas* » (Basilide) possède néanmoins une vie non pas personnelle mais universelle. L'analogie est frappante avec le *Brahman* incréé des Hindous et plus encore avec l'*Aïn-Soph* hébraïque.

Principe de tout ce qui est, cette substance primordiale, neutre et indivise, ne crée pas. Elle tire d'elle-même ce qui demeurait enfermé dans son sein de toute éternité, à l'état impersonnel. Elle *émane* le Plérôme (sa Plénitude manifestée), le monde supérieur des pures intelligences. En effet, cette puissance infinie toujours pareille à elle-même, stable et immuable par rapport à elle-même, est dotée d'une force centrifuge par laquelle elle est indirectement manifestée. C'est la *Dynamis* de Simon le Magicien et nul nom ne lui convient mieux. Cette *Dynamis* est un « feu inengendré, la Puissance infinie et le Principe de tout ». C'est, dit Simon, la puissance de l'*hestos*, de « *celui qui se tient debout, s'est tenu debout et se tiendra debout* ». Précisons bien : la *puissance* de l'*hestos*, non pas l'*hestos* lui-même qui apparaît après dans l'ordre métaphysique. « Au commencement, révèle la doctrine de Valentin, l'*Autopatôr* embrassait en lui-même le Tout, qui reposait en lui sans conscience. » L'Homme Primordial, l'*Anthropos* n'est émané qu'ensuite. Toujours le Dieu suprême reste masqué, insaisissable, totalement transcendant. Il émet une « semence », son *Sperma* à partir de quoi apparaissent ses Filialités, son fils consubstantiel, son *houmou-*

sios, le *Saint-Pneuma* (Saint-Esprit) ensuite et enfin le monde inférieur (Basilide). Ainsi toujours placé au-dessus de celui qui « crée » (le Démiurge) existe un Principe supérieur transcendant et immuable : le mystérieux « Dieu qui n'est pas », l'Abîme, le Propatôr. « Ne mens pas, reproche l'éon *Sophia* à son fils *Ialdabaoth* (le Démiurge), il y a au-dessus de toi le Père de tout, le Premier Homme et l'Homme fils de l'Homme. »

Ainsi Dieu, le Dieu absolument infini est Néant. Nous n'avons et nous n'aurons jamais affaire à lui. Tout ce que nous pouvons connaître de lui, par la Gnose salvatrice, ce sont ses émanations. Au sein du Plérôme, ces émanations sont ses *éons*, c'est-à-dire à la fois des « intelligences » et des « âges » ou des « ères », dans le sens où on serait en droit de dire que le Christ est l'éon de l'ère chrétienne. Mais ces émanations successives et en quelque sorte hiérarchisées, elles sont toutefois co-existantes et consubstantielles. Les éons ne sont pas des « dieux » ; ils sont des *personnes hypostatiques* demeurant dans l'unité du Père. Aucun d'eux n'est Dieu absolu, mais tous ensemble constituent le Plérôme divin et Dieu est chacun d'eux dans une sorte de personnification.

On l'a souligné plus haut, l'éontologie s'exprime ordinairement par couples ou *syzygies*. Chaque éon est accompagné par son parèdre féminin. Chaque *syzygie* engendre une *syzygie* décroissante. Les éons forment donc des couples, l'éon mâle étant distinct de l'éon femelle. Il semble cependant que le *Propatôr*, puis l'*Anthropos* (quelquefois le Démiurge lui-même) soient considérés comme des êtres androgynes. On retrouve ici encore, voilée, l'inépuisable géométrie de la Croix : traversant de part en part les plans horizontaux des diverses *syzygies*, des cieux et du monde, un trait vertical commence avec le Père, passe par le Fils, l'Homme et le Fils de l'Homme, et joint le monde d'en bas à celui d'en haut. « Celui qui se tient debout », l'*hestos* est androgyne.

Le chiffre des éons varie avec les penseurs et les doctrines ; il repose en fait sur la théorie des nombres adoptée par telle ou telle secte. Certaines de ces dernières semblent avoir été fort peu préoccupées d'éontologie systématique. Pour Simon le Magicien, par exemple, chaque couple d'éons était composé d'un *principe* et de l'*acte* qui lui fait écho : l'Esprit (*Noûs*) est accompagné de la Pensée (*Epinoïa*) ; la Voix (*Phonê*) a pour compagne le Nom (*Onoma*) ; la Raison (Logismos) par la Réflexion (*Enthymêsis*). Mais *Noûs* et *Epinoïa* sont aussi Ciel et Terre, Dieu-Père et Déesse-Mère. *Phonê* et *Onoma* sont le Soleil et la Lune ; *Logismos* et *Enthymêsis*, l'Air et l'Eau. Toutefois un septième principe apparaît comme le véritable éon, le Premier-Né, l'image du *Père-Noûs*, c'est l'*hestos*, c'est-à-dire Simon lui-même dont l'épouse est Hélène, une expression de l'*Ennoïa* incarnée. Le Soleil et l'Air correspondent verticalement à Simon, tandis que la Terre, la Lune et l'Eau sont en relation avec Hélène. Il semble que pour Simon, ce sont les anges qui sont à l'origine de la Chute. C'est Hélène qui a formé tout ce qui existe, car elle est la Pensée de Dieu. C'est ainsi qu'elle a créé les anges, mais ces derniers, « humiliés du rôle de simples agents et de la dépendance où ils étaient d'*Ennoïa*, voulurent se faire passer pour des dieux suprêmes ; ils la retinrent captive et, après l'avoir outragée, l'enfermèrent dans le corps d'une femme, sous la loi d'une transmigration continuelle ». Simon, éon-Premier-Né du Père s'est incarné pour délivrer Hélène et sauver le monde de la domination des anges rebelles. La notion de Chute est ici assez rudimentaire et tout à la gloire du Magicien.

De *Bythos* (l'Abîme) des Ophites émane une « tétrade » (quatre personnes) relativement simple composée d'*Ennoïa-Charis*, sa Pensée, du Premier

Homme et le prototype du second Homme, de *Pneuma-Zoê*, la « Mère de la Vie », *Christos* et *Sophia-Achamoth*, le Sauveur et le Principe de la création (*Sophia* est la mère du Démiurge *Ialdabaoth* et de six autres « archontes »). Sophia est tombée dans la matière et a engendré sans semence Ialdabaoth et, indirectement, ce monde mauvais. Par contre, dans le système valentinien, le même *Bythos* remplit son Plérôme de pas moins de trente éons originels auxquels la Chute viendra en ajouter d'autres. Dans l'immensité indéfinie et éternelle, l'*Autopatôr-Bythos*, le profond abîme sans racines, reposait aux côtés de sa *Pensée* (*Ennoïa*) ou de sa Grâce (*Charis*) ou encore de son Silence (*Sigê*). Cela dura une infinité de siècles, puis le Père suprême féconda la muette Sigê et engendra un Fils *que les initiés ont justement appelé Anthropos* (*Homme*) *parce qu'il est l'antitype de l'Inengendré pré-existant.* *Sigê* ensuite donna naissance à *Alêtheia* (la Vérité). Ensuite, toujours au moyen d'unions, apparut la Tétrade androgyne et pneumatique, antithèse de la Tétrade pré-existant. La première est composée d'*Anthropos*, d'*Ekklêsia*, *Logos* et *Zoê*, c'est d'elle que sortiront ultérieurement la Dodécade (12 éons), et la Décade (10 éons). La Tétrade pré-existante comprend *Bythos*, *Sigê*, *Pneuma* (l'Esprit) ou *Pater* et *Alêtheia*. Les deux Tétrades réunies constituent l'Ogdoade (8 émanations) originelle [1].

Sous l'influence dynamique de la Tétrade pré-existante, les éons de la deuxième Tétrade engendrent à leur tour. *Anthropos et Ekklêsia* sont responsables de la Dodécade, tandis que *Zoê* et *Logos* produisent la Décade. Dans le chapitre consacré à la doctrine de Valentin on donnera le détail des trente éons qui for-

---

[1]. Les pages qui précèdent, comme beaucoup de celles qui vont suivre sont empruntées à mon propre *Dictionnaire Initiatique*, Belfond édit., Paris 1970. (Nouvelle édition : Jean Cyrille Godefroy, 1982).

ment ainsi le Plérôme. Ce dernier en tout cas était toute harmonie, l'Ogdoade correspondant au ciel des étoiles fixes et aux sept cieux planétaires de l'Antiquité, la Triacontade (les 30 éons réunis) représentait les trente jours du mois. Au point de vue numérique, les Tétrades ne sont pas sans rappeler la Tetraktys pythagoricienne, c'est-à-dire le retour à l'unité, car, numériquement $4 = 1$ $(1 + 2 + 3 + 4 = 10 = 1 + 0 = 1)$. Il y a donc en fin de compte un *Autopatôr*, le Père (la Tétrade supérieure) et un *Anthropos*, le Fils (la Tétrade inférieure). Monde de l'harmonie des nombres, de la juste distribution des idées et des forces astrologiques, le Plérôme était la perfection même et se suffisait à lui-même. Mais vint la Chute.

C'est l'ardeur de l'éon *Sophia, la dernière-née* des éons, qui en est la cause. Animée du désir ardent de contempler le Père face à face, sans l'intermédiaire du Fils, *Sophia* s'élance avec impétuosité en direction de la *Tétraktys* pré-existante. Mais, emportée par son élan, elle sort des limites du Plérôme et risque ainsi de se perdre et de se résorber dans la matière universelle. Seule dans l'espace sans frontières, elle engendre un fœtus informe, à l'image qu'elle se faisait du Père suprême ; c'est Achamoth qui n'est qu'une autre forme d'elle-même. Après bien des péripéties, *Sophia*, pure Sagesse, réintègre le Plérôme et le *Premier-Né*, pris de pitié, tire de sa substance un nouveau couple : le *Christ* et *LA Sainte-Esprit*, chargés de rétablir l'ordre dans le Plérôme. De cette harmonie restaurée jaillit alors *Jésus*, le Sauveur, le Verbe, l'expression de tout le Plérôme réconcilié. Celui enfin à qui Dieu a donné les anges pour ministres.

Mais le drame de la Chute n'a pas été réparé pour autant. Sous sa forme cosmique, *Sophia-Achamoth* est restée dans le monde, informe et monstrueuse. Jésus descend vers elle avec ses anges. Il la console et la conforte, il la rétablit dans sa beauté originelle, mais il n'a pas le pouvoir de la ramener dans le Plérôme quand il la quitte. Alors *Sophia-Achamoth* se lamente, sourit parfois au souvenir de son amour pour Jésus. Ses larmes ont donné naissance à l'élément humide (et au monde infernal), son sourire a fait jaillir la lumière. Enfin, fécondée par la contemplation du Sauveur et de ses anges, elle donne naissance au Démiurge qui organise le monde du chaos et façonne l'univers.

Mais ce Démiurge, cet *Apatôr*, ce Roi est orgueilleux et foncièrement ignorant et il fabrique le monde à son image. Cependant, à son insu, il porte en lui l'étincelle de lumière divine transmise par la filiation de sa mère *Achamoth* et à son tour la transmet à sa propre création. Ainsi une partie de la Lumière est prisonnière dans le monde, ce qui est intolérable aux yeux du gnostique authentique. Cette « semence pneumatique » porte aussi le nom d'*Ekklêsia* (l'Eglise) mais elle est l'antitype de l'*Ekklêsia* supérieure qui est dans le Plérôme. Quant à *Sophia-Achamoth*, repentie et réconciliée, elle n'en est pas moins condamnée à rester dans le monde jusqu'à la fin des temps. Pour certains sectaires elle est cette *Prounikos*, la « Lascive » qui soustrait aux hommes la semence lumineuse qu'ils portent en eux. En résumé, la Chute de *Sophia* a été cause de désordre ; elle est à l'origine de ce monde imparfait et non nécessaire qui constitue une sorte de défi à l'harmonie primitive du Plérôme divin.

Le « Dieu qui n'est pas » de Basilide (IIe siècle) émet au moyen de sa semence, son *Sperma*, trois « Filialités ». La première reste à côté de Dieu, c'est le Fils ; la deuxième échappe à la Chute en utilisant les ailes du *Saint-Pneuma*, ce Pneuma, cet Esprit-Saint est remonté en direction du Fils et siège dans le cercle hypercosmique, au-dessus du monde des étoiles et de la voûte céleste. La troisième Filialité, pour sa part, est tombée dans la matière. C'est elle qui accomplit la Chute proprement dite. De la rencontre des deux semences, celle de la Filialité et celle de la nature éternelle sont nés successivement les deux démiurges, le Grand Archonte de l'Ogdoade et l'Archonte de l'Hebdomade.

Dans le cas des Manichéens, on doit davantage parler de guerre ouverte que de chute. Cette dernière est le produit d'un véritable rapt de la Lumière par les Ténèbres. Deux principes, deux mondes co-éternels existaient, séparés l'un de l'autre, sans mélange. Le Dieu Bon régnait sans partage sur le Royaume de la Lumière, tandis que l'Archidémon, le Grand Archonte du Mal vivait avec ses archontes, ses démons et leurs compagnes au sein des Ténèbres. Les démons du monde des Ténèbres ignoraient l'existence du royaume de la Lumière jusqu'au moment où, occupés sans cesse à se faire une guerre sans merci, ils parvinrent à ses limites et le découvrirent. Ils furent tout de suite pris du désir de le conquérir et se lancèrent à l'assaut. Sa pure essence ne lui permettant pas d'affronter les forces des Ténèbres, le Dieu bon émana une « Mère de la Vie » qu'il porta sur les limites des cieux ; la Mère à son tour produisit le Premier Homme et le dota de la vertu des cinq « éléments purs », l'air, le vent, la lumière, l'eau et le feu. Mais la bataille fut rude et l'Homme risquait de succomber quand Dieu envoya l'Esprit Vivant qui parvint à le tirer des griffes des Ténèbres. Mais une partie de la substance lumineuse (« les cinq éléments purs ») resta engagée dans la matière. Elle forme la part spirituelle de notre monde du mélange. Il s'agissait pour le Premier Homme et pour l'Esprit Vivant de libérer cette substance lumineuse. Ils formèrent alors le Soleil et la Lune où l'Homme Primordial s'est réfugié. Il se tenait ainsi prêt à porter secours aux âmes restées en bas. C'est dans le but de riposter à cette menace que les démons fabriquèrent Adam, puis Eve. En livrant la descendance d'Adam à la volupté, le Grand Archonte des Ténèbres et toute « la gent archontique », les démons et les démones se sont assurés le plus sûr moyen de conserver dans le monde la parcelle de Lumière qu'ils ont réussi à s'approprier.

Pour en terminer avec ces divers récits de la Chute telle que la décrivirent les gnostiques, on retiendra enfin la description qu'en fait, plus de mille ans plus tard, Jacob Boehme, le « cordonnier de Gorlitz ». Ce dernier, né en 1575 à Gorlitz, en Silésie, où il exerça ensuite le métier de cordonnier, n'en fut pas moins celui dont on peut dire qu'il rétablit le Gnosticisme dans la pure Gnose. Pour complexe et difficile à saisir qu'elle soit, sa vision du rapport entre Dieu et le monde est sans doute la plus juste et la plus percutante. Un chapitre lui sera consacré à la fin de cet ouvrage mais d'ores et déjà on se risquera à résumer sa conception de la Chute.

Co-éternelle mais procédant ontologiquement de la « *Déité* » (l'*Ungrund*), la *Nature Eternelle* dont l'image parfaite et la réalisatrice hypercosmique est la *Vierge Sophia*, est manifestée et animée par la Volonté de la *Sainte Trinité*. Cette Trinité se traduit ainsi : le Père est l'actualisation de la volonté jusque-là potentielle de la Déité ; le Fils exprime cette volonté éprise du désir de se connaître soi-même et le Saint-Esprit réalise l'union de ces deux aspects de la volonté divine. Le Père représente en outre la *Rigueur* et le *Feu* tandis que le Fils domine sur l'*Amour* et la *Lumière*. Le Saint-Esprit pour sa part assure l'harmonie entre le *Feu* et la *Lumière*, entre la *Rigueur* et l'*Amour*. C'est sur ces bases qu'au début la Nature Eternelle était manifestée. Elle ignorait le Bien comme le Mal, était toute harmonie, la Rigueur et l'Amour s'équilibrant parfaitement.

Dans ce cercle primordial de la première « création » sont apparus tout d'abord les anges et le monde angélique. Les anges concentraient en eux les deux principes opposés du *Feu* et de la *Lumière*. Mais « séparés de Dieu », ils jouissaient de leur libre arbitre.

A l'origine ces anges avaient « un roc », c'était Lucifer, le premier d'entre eux. Mais, profitant de leur libre arbitre, Lucifer et d'autres anges rebelles choisirent une voie égocentrique. Comme l'écrit Louis Claude de Saint-Martin, « ils se concentrèrent dans leur propre présence » et furent précipités hors du cercle céleste. Ce fut la première Chute. Ce fut aussi et surtout une terrible catastrophe hypercosmique. Le « *Feu obscur* » échappa à l'emprise de la Lumière et de l'Amour. Le principe ténébreux passa de l'état potentiel à l'état actif. A la place du « Royaume de Lumière » que Dieu avait souhaité, apparut un monde ténébreux, informe et vide. Aucun rachat futur n'était à envisager puisque les anges, ne possédant pas de corps, ne pouvaient se reproduire. Ils ne pouvaient non plus être anéantis car ils procèdent de la *Nature Eternelle*.

C'est pourquoi la Sagesse divine (*Sophia*) dut faire intervenir une deuxième création, chargée de rectifier et de restaurer l'harmonie originelle. Ce fut celle d'Adam. Cette « création » est marquée par l'apparition du Temps proprement dit dans le monde car elle doit se terminer avec la restauration finale de l'état angélique primordial. Adam fut créé parfait et androgyne mais, hélas ! tenté par Lucifer et ses troupes, il succomba à la tentation. Lui aussi s'est « concentré dans sa présence » et a libéré de nouveau les principes du feu, des ténèbres et de la mort.

Jacob Boehme eut (et possède encore) de nombreux disciples en Europe. En France notamment, avec Martinez de Pasqually et Louis Claude de Saint-Martin — qui traduisit les livres du « cordonnier de Görlitz ». *Le Crocodile,* ouvrage dû au « Philosophe

Inconnu », comme se faisait appeler Saint-Martin, constitue en réalité un récit symbolique et actualisé de la Chute.

Les quelques descriptions de la Chute résumées plus haut expriment en tout cas une certaine unité de pensée. Tous les docteurs, toutes les sectes et jusqu'aux théosophes modernes ont traité la « création » et l'apparition du monde sensible comme un drame authentique, une sorte de blessure infligée au cercle parfait du monde céleste. Dieu conserve son absolue transcendance en laissant le soin — ou plutôt la tâche ingrate — à des intermédiaires de provoquer la manifestation sensible hors de son univers invariable, purement spirituel et abstrait. L'immanence divine dans la nature, sans quoi la vie ne saurait exister, est perçue justement comme une chute ou un rapt, une déchéance. Ce monde est imparfait, mais encore une fois Dieu ne l'a pas voulu ainsi. Il n'est ni coupable, ni directement concerné. Notre univers a pour origine un cataclysme et la « vie est le cancer généralisé de ce monde », comme me le disait récemment un de mes vieux amis surréalistes.

IV

LE DÉMIURGE ET LA CRÉATION DU MONDE

Métaphysiquement, théologie, cosmologie et anthropologie sont des notions étroitement imbriquées les unes dans les autres. Chacun de ces termes conduit nécessairement aux deux autres. Ce sont en effet des processus de manifestation dont les uns déterminent inéluctablement les suivants. C'est ainsi que, comme on l'a dit et redit, du point de vue de la Gnose, la Chute engendre le Démiurge et la création du monde. Ni Dieu, ni tout à fait le Logos (le Verbe) ne créent le monde ; c'est à un ou plusieurs démiurges qu'incombe cette tâche ingrate. Mais le démiurge ou les démiurges ne sont pas une invention de la Gnose ; c'est une notion très ancienne qu'on retrouve dans la plupart des grandes traditions religieuses. Enfin, si pour la grande majorité des gnostiques, le Démiurge est un être pervers, jaloux de la puissance de Dieu (quand il la connaît, car il est ignorant et ne sait rien « du principe et de la fin »), il n'en est pas toujours de même ailleurs. Parfois il peut apparaître comme un émissaire de Dieu, voire son compagnon, d'autres fois il est Dieu même. Avant de décrire le Démiurge gnostique, il a semblé utile de rappeler comment d'autres l'ont imaginé, des millénaires quelquefois avant les sectaires méditerranéens.

Il convient de préciser d'entrée de jeu que le Démiurge traditionnel n'est pas obligatoirement un être intermédiaire entre la divinité et le monde manifesté. Dans l'ancienne littérature grecque le démiurge était un artisan, un fabricant libre, un modeleur. C'est Platon qui utilisa ensuite le terme pour désigner le dieu créateur du monde. En fait, le Démiurge dans le sens vaste du mot est tout simplement le facteur de la création. A ce titre, le Dieu des Juifs, comme celui des Chrétiens ou n'importe quel autre dieu créateur est un démiurge. Quand il n'est pas la pure « déité » impersonnelle, il peut en émaner directement et lui être consubstantiel. Il peut encore être son propre créateur comme le Démiurge autogène de l'Egypte pharaonnique. Mais, bien entendu, il peut aussi être une créature et un intermédiaire tel que le décrivent la Gnose ou d'autres traditions plus anciennes ou en tout cas qui n'ont aucun lien connu avec le courant de pensée gnostique. C'est ainsi qu'on le découvre jusqu'en Amérique ou en Extrême-Orient sous l'aspect d'un émissaire divin en général à forme animale : tortue, lièvre, renard, etc. On s'en tiendra ici aux mythes de la création démiurgique dans les aires culturelles à partir desquelles s'amorça la pensée gnostique : l'Egypte et l'Orient voisin.

La cosmogonie égyptienne est complexe. Tout particulièrement en ce qui concerne le Démiurge créateur. Solaires, Héliopolis, Hermopolis ou Thèbes s'opposent à Memphis, chtonienne. Le facteur du monde est soit le Soleil, *Atoum* ou *Amon-Râ*, soit la Terre avec Ptah. Deux thèmes cependant demeurent communs. Le premier reconnaît qu'antérieure à toute création existait l'Eau primordiale, l'Océan sans limite, *Noun*. Mais *Noun* est passif et ce sont *Râ* ou *Ptah* qui assurent la création. Le deuxième thème commun consiste à concevoir le Démiurge, qu'il soit solaire ou chtonien, comme « *autogène* ». « Salut à toi, *Atoum !* Salut à toi *Khépri* (l'Existant) qui est venu de lui-même à l'existence ! » Un texte en l'honneur de *Ptah* dit expressément du dieu : « ô corps qui a modelé son propre corps (...) tu n'as pas de mère qui t'enfante, toi qui es ton propre *Khnoum* (le dieu potier) ». De ces Démiurges autogènes émanent d'autres divinités, Ennéade ou Ogdoade selon les points de vue théologiques. Ces dieux apportent leur contribution à la création du monde. On a noté plus haut le rôle démiurgique que les religions de mystères égyptiens, tardives et moins « officielles », prêtaient à Osiris. Ce dernier est aussi le Grand Lièvre *Un-Nefer* dont l'épouse est la divine hase *Unt*. Le Lièvre est assis dans la Lune.

Quoi qu'il en soit de ces différentes personnifications du facteur du monde, elles sont toutes bénéfiques. Sous certains aspects, le Démiurge égyptien est parfois comparable au Verbe des spéculations ultérieures. N'est-il pas le « Grand Jargonneur » d'Hermopolis qui « jette des cris rauques » ou encore « l'Oie Criailleuse » du Nil ? C'est par la voix que *Râ* manifeste les dieux de l'Ennéade. Attribut personnalisé, la voix est *Thot* (le futur Hermès). Un papyrus précise que « *Thot* est " le cœur qui pense " et *Horus* " la langue qui traduit " ». Le rôle attribué ici au Verbe est manifeste.

De Sumer à Babylone, les dieux créateurs de la Mésopotamie sont tantôt *Enlil*, tantôt *Enki* ou d'autres ; toutefois leur rôle et le processus même de la création ne sont pas clairs. Le plus prestigieux de ces dieux, celui dont on comprend mieux l'action, reste *Mardouk*. Les eaux primordiales qui partout précèdent toute espèce de manifestation sont divisées en deux courants : la masse des eaux douces sur quoi règne le dieu *Apsou* et le grand Océan sous la domination de la déesse *Tiamat* (qui est aussi préposée aux enfers). C'est de l'Océan que sortent toutes les créatures ultérieures. Mais les dieux secondaires, coupables de lubricité, risquent d'être exterminés par *Apsou*. Ils se révoltent avec l'aide de *Tiamat* qui tire de l'Océan des monstres polymorphes destinés à leur prêter assistance. Ils sont vaincus cependant par le deuxième dieu des eaux, *Ea* (le Seigneur de Sagesse), lequel a pris la place d'Apsou destiné à disparaître. Pour assurer sa victoire, *Ea* a suscité son fils *Mardouk* à qui il laisse le rôle dominant. A l'issue de la bataille, les dieux rebelles sont réhabilités à l'exception d'un seul d'entre eux, *Kingou* que *Mardouk* a décidé d'immoler. Avec le sang de *Kingou Mardouk* et *Ea* créent l'homme dans les veines duquel coule ainsi le sang d'un dieu.

Plus tard les gnostiques, à leur tour, verront dans l'homme l'héritier direct d'un démiurge plus ou moins maléfique mais détenteur quand même d'une parcelle de la Lumière divine.

Le thème de la faute originelle semble avoir été commun à tous les peuples sémitiques ; on le retrouve chez les Hittites et les Hourites, de Ninive à la côte méditerranéenne. Il convient en outre de signaler qu'*Ea* n'est autre qu'*Enlil* ou encore cet *El* mystérieux des Cananéens — le même *El-Elyon* par le nom duquel Melchisedek bénit Abraham (Gen, XIV, 19). Comme *Ea* issu du double courant des eaux, le dieu cananéen réside « au point de jonction des deux fleuves ». Quant au rapport entre *El* et *Iahve* hébraïque, il est connu. Avec *Eloah, Shaddai, El*, le « très haut », est un des noms de Dieu que l'on trouve communément dans le récit biblique. Mais la ressemblance ne se limite pas à une simple homonymie, elle va plus loin. L'*El* cananéen produit par sa voix *Ba'al* que les prophètes juifs vitupéreront et dont ils fustigeront les adorateurs. Ce *Ba'al* est le dieu de l'orage et de la fertilité. Cependant que lit-on dans Job (XL, 9) ? Reprochant à Job de ne pas tenir compte de sa puissance, *Iahve* s'exclame : « Il te faudrait un bras comme celui d'*El* (c'est-à-dire lui-même *Iahve*), et que de *ta voix*, comme lui, tu fasses le *tonnerre*. »

Mais Israël ne connaît de Dieu que Dieu, l'unique Iahve aux noms multiples. C'est à lui seul que sera attribué la création tout entière. Démiurge formidable, il sépare les eaux primordiales et en fait le ciel et la terre, il crée en sept jours tout ce qui existe, des astres aux végétaux, des animaux aquatiques aux animaux terrestres, et pour finir fabrique l'Homme à partir de l'humus de la terre. Le serpent qui va ensuite tenter Adam et Eve est une créature de *Iahve* : « or le serpent était le plus rusé de tous les animaux des champs que fit le Seigneur Dieu (Gen, III, 1) ».

Adam, néanmoins, joue au début un rôle démiurgique limité, car, après l'avoir créé, Dieu le charge de « nommer » les « animaux de la lande et tous les oiseaux du ciel ». « Il les conduisit devant l'Homme pour voir comment il les appellerait : quelque appellation que leur donnerait l'Homme à chacun, elle serait son nom » (Gen, II, 19). Or « nommer » dans l'ancienne tradition sémitique équivaut à « animer ». Enfin, dans le récit du Déluge, Noé à son tour accomplira une tâche démiurgique en assurant la conservation des espèces animales et de sa propre génération. Toutefois tout cela s'accomplit dans le cadre rigoureux de la volonté divine et il n'est nulle part question de « création ». Cette dernière demeure l'apanage unique du seul *Iahve*.

Les premiers apôtres et les Pères de l'Eglise des débuts de l'ère chrétienne ne changeront rien au dogme monothéiste de la création selon Israël. Dieu et Dieu seul est le créateur. Sans doute, sensibles aux spéculations émanatistes en grande faveur à l'époque, ils feront de ce Dieu unique un « Dieu en trois personnes », et ce dogme de la Sainte Trinité ne manque pas d'un petit relent gnostique. Mais cela ne change rien à l'acte démiurgique du Père « créateur du ciel et de la terre ».

On ne reviendra pas sur le mythe iranien de la double création *mênok* et *gêtê* auquel on a fait allusion plus haut. On rappellera seulement que les deux créations sont l'œuvre du même dieu bon *Ormazd*. L'une était trop pure pour faire obstacle victorieusement aux entreprises du dieu du mal *Ahriman*; la création *gêtê*, celle dans laquelle nous vivons, est volontairement limitée afin qu'*Ahriman* puisse s'y introduire avec ses démons. Ahriman tue le Bovin primordial ainsi que, trente ans plus tard, le premier Homme *Gayômart*. Il souille la création d'*Ormazd*, mais à terme il sera piégé et définitivement vaincu. Il demeure qu'en tout état de cause, le démiurge iranien reste le seul dieu bon *Ormazd*.

On a vu que dans l'Inde védique c'est bien *Brahmâ*, le dieu personnalisé, qui crée, soit directement et *ex nihilo* par son souffle et sa pensée, soit par un démembrement sacrificiel sous l'aspect de *Prajapati*, le « Seigneur des êtres créés », ou de *Purusha*, l'Homme primordial. *Brahmâ* n'a pas besoin d'intermédiaire commis à la création du monde, il accomplit cette œuvre de lui-même, par ses seuls moyens.

Il ne nous reste plus qu'à accomplir une rapide incursion en Grèce avant de revenir aux spéculations gnostiques. La mythologie grecque classique ne nous raconte rien de cohérent sur la création du monde. Les dieux, les déesses, les demi-dieux et les héros légendaires se comptent par milliers. Sans doute certains d'entre eux sont à l'origine non pas de la création mais de créations particulières, mais il n'existe pas de plan d'ensemble. Le mythe de *Zagreus* et les rites orphiques dont on a parlé plus haut sont proches de la pensée gnostique ; néanmoins la naissance, la mort et la résurrection de *Zagreus* restent limités à la seule condition humaine et ne rendent pas compte de l'existence préalable du monde. Pourtant dès lors qu'on identifie *Zagreus* orphique à *Dionysos-Iacchos* des mystères d'Eleusis, le thème de la création prend de l'ampleur et apparaît plus clairement. En effet, les mystères étaient placés sous l'égide de *Cérès-Déméter* qui est une personnification de la Déesse-Mère. Le mythe de la Déesse-Mère et du « jeune dieu » est un des plus anciens récits d'origine. La déesse n'est-elle pas la « *Magna-Mater* », la « Maîtresse des Bêtes », la divinité génératrice de la Nature ? N'est-elle pas *Mâ*, la Grande Déesse des Phrygiens ? Si, en tant que Déesse-Terre, elle n'est pas à l'origine de la création dans sa totalité, elle y participe activement et y joue un rôle de tout premier plan. On sait qu'au début de l'ère chrétienne les « mystères » isiaques étaient très répandus dans le monde gréco-romain. On y reconnaissait à la déesse égyptienne *Isis*, vêtue pour ainsi dire dans les oripeaux de *Cérès-Déméter*, une fonction identique de Déesse-Mère. Les sectes gnostiques sont contemporaines de cette époque. Ce qui manquait aux « mystères », c'était cet aspect philosophique et dogmatique, ce goût pour le camouflage des idées divinisées et procédant les unes des autres, cette sorte de logomachie qui semble avoir été si chère aux docteurs et penseurs gnostiques.

Cependant, à la période mythique succéda en Grèce, vers le VIe siècle avant Jésus-Christ, la période philosophique. Thalès et Pythagore en furent les premiers pionniers. Peut-être Thalès (école ionienne) croyait-il à un principe supérieur qui de l'eau aurait tiré toutes choses ? Ses successeurs en tout cas (Anaximandre, Anaximène, Héraclite) apparaissent plus radicalement panthéistes, imaginent que chaque chose et chaque créature est en soi son propre principe. L'intelligence divine n'a aucune part dans l'évolution de la matière.

Plus tard Diogène d'Appolonie et Archelaüs, le maître de Socrate, introduiront dans le système une raison divine. Il paraît certain que l'école ionienne ait doté Dieu d'une personnalité distincte ; mais quant à en faire le créateur volontaire et conscient du monde, il n'en fut pas question.

Pour l'école d'Elée, en Grande Grèce, la formule est lapidaire : « *ex nihilo, nihil fit* » de, rien, rien ne se produit. Donc le monde a toujours existé. Parménide, puis Zénon d'Elée penchant pour l'unité absolue de Dieu et ne conçoivent pas le monde en dehors de lui sinon comme purement relatif et n'ayant qu'une existence phénoménale.

Pour leur part les pythagoriciens de l'école italique (fondée à Crotone par Pythagore de Samos) concevaient l'univers sous la forme d'une matière passive animée par une intelligence qui la meut et se répand en elle au point de ne pouvoir en être séparée. Dieu, expliquait Timée de Locres, un des grands disciples de Pythagore, compose l'âme du monde de telle sorte que l'essence indivisible et l'essence divisible sont mêlées inextricablement. La *Monade* était le principe actif spirituel, la *Dyade* le principe passif susceptible de changement et la *Triade* l'univers résultant de l'union de la monade et de la dyade, c'est-à-dire de l'intelligence et de la matière. Les nombres étaient des causes en tant qu'ils apparaissent comme les archétypes sur quoi le monde est calqué. Ce sont les « Idées » de Platon.

Les gnostiques empruntèrent à Aristote et à son école la notion des deux âmes, la pneumatique et la psychique. Ils ne leur empruntèrent pas les spéculations sur la création du monde, celui d'Aristote étant immobile et existant de toute éternité à partir de « catégories » se suffisant à elles-mêmes. C'est de Platon qu'ils sont le plus proches et c'est aux écoles néo-platoniciennes qu'ils s'adressèrent pour donner une ossature logique à leurs systèmes. Le Dieu de Platon est une essence immatérielle et simple, cause première de tout ce qui existe, source de toute vie, la raison et la lumière de l'intelligence. Quant au monde dont il est la cause première, il est effectivement organisé à partir ou plutôt sur le modèle d'une série « d'Idées » que le démiurge de l'univers, pré-existant en germe dans le Chaos initial s'efforce d'exprimer sous forme de créatures. Dans le *Timée*, Platon prône clairement la notion d'éternité de la matière. Le chaos et le désordre y règnent avant que le Démiurge la décompose en corps divers. Selon l'auteur du *Timée*, la matière est la source du mal, affirmation sur quoi repose toute la pensée gnostique.

L'éclectisme de l'Ecole d'Alexandrie annonce la Gnose dont il est au moins moralement le précurseur. Non pas que les gnostiques se soient appropriés l'ensemble des supputations savantes des Alexandrins, mais parce que ces doctrines parfois très confuses sont en quelque sorte à l'origine d'une ambiance, d'une sorte de grand remuement de la quête métaphysique, de multiples remises en question. L'école d'Alexandrie reprit les enseignements de Platon, les mêlant aux apports venus d'Orient et s'efforçant d'en faire une synthèse. Plotin, Jamblique, Apulée, Porphyre et Proclus en furent les plus célèbres représentants. Selon les Alexandrins, et pour résumer, il existe un seul Dieu qui, pour manifester le monde, se mue en trois hypostases : l'*Un*, l'*Esprit* et l'*Ame*. Cette dernière, Ame Universelle, est la force génératrice et motrice du monde mais elle n'agit que par l'Esprit (ou l'Intelligence) qui contient « en un seul acte » toutes les idées. Ces deux hypostases se réconcilient dans l'unité de l'Un. Ainsi Dieu produit nécessairement et éternellement sinon il ne serait pas immuable. Le monde, issu de Dieu, est le meilleur possible ; il n'est pas le produit d'une « chute » ou d'une « faute » comme chez les gnostiques. En tout cas, ici encore c'est Dieu, serait-il en trois personnes, qui fait office de démiurge.

Ce voyage autour du bassin oriental de la Méditerranée et jusqu'aux confins de la Syrie, de la Palestine et de l'Iran n'apporte aucune indication précise sur les sources directes de la pensée gnostique. S'il est certain que les doctrinaires et les sectaires empruntèrent des idées, voire parfois des descriptions pessimistes du monde que leur conception rigide d'un monde mauvais demeure originale. Il est probable que les idées qui avaient cours à ce sujet étaient vivantes dans la conscience populaire de l'époque et n'avaient pas encore reçu le sceau de doctrines philosophiques plus ou moins clairement élaborées. Contemporains des docteurs gnostiques, les Pères de l'Eglise chrétienne eux-mêmes ne définirent leurs dogmes qu'à tâtons et dans le droit fil d'un courant de pensée très proche de celui du gnosticisme.

Parmi les nouvelles idées-forces de ces débuts de notre ère, on en retiendra trois principales : Tout d'abord celle de l'unité de Dieu s'exprimant au moyen de ses hypostases en nombre variable, mais dont les prioritaires restent le Père, le Fils et l'Esprit. La deuxième idée est contenue dans le rôle pré-éminent attribué au Fils assimilé au Logos (le Verbe) et, par extension, au Christ (en grec *krystos* = l'oint), le Messie attendu, chargé d'assurer le salut des âmes (ct d'apporter la Gnose et les Evangiles). Enfin, troisième point, la notion de Chute ou de Faute originelles. Pour ce qui est de la création en particulier, saint Jean, le plus « gnostique » des évangélistes, prend soin de préciser « qu'au *commencement était le Logos (Verbe) et le Logos était en Dieu et le Logos était Dieu (...) Tout par Lui a été fait* »... (Jean I, 1-3). Dieu crée le monde sous son aspect de Logos, c'est-à-dire de Fils. Pour ce qui est de la Chute et de la lutte entre la Lumière et les Ténèbres, mythe très répandu à l'époque, avec la présence des Esséniens en Palestine notamment, Jean, encore lui, en fait l'extraordinaire récit dans son Apocalypse. On oublie trop souvent cette parenté originelle entre le gnosticisme historique et ce qui allait devenir la toute puissante Eglise chrétienne.

Pour nous en tenir à la seule spéculation gnostique en ce qui concerne plus particulièrement la création du monde, il est certain qu'elle est liée à la pensée néo-grecque de l'époque, telle surtout qu'elle s'exprime à travers l'éclectisme alexandrin. Avec, bien entendu, des influences originaires de l'Orient proche. Le courant de pensée alexandrin se heurte cependant à la conception gnostique, on pourrait dire à la constatation que ce monde logiquement nécessaire est néanmoins imparfait, sinon tout simplement mauvais. La Gnose va s'efforcer de concilier cette contradiction. Pour y parvenir les doctrinaires feront intervenir les plus anciens mythes de l'Egypte, de l'Assyrie ou de la Chaldée. Ils y puiseront des « preuves » à leurs propres assertions.

Le monde est nécessaire, il est le fruit de l'union de l'Esprit et de la Matière. Les deux pôles s'attirent éternellement et fondent l'univers. Cependant, quoique fécondée par l'Esprit, la matière ne peut donner naissance à un monde organisé sans l'opération d'un troisième terme : le Logos. C'est le Logos qui puise dans le Père le plan du monde, c'est lui qui l'insuffle ensuite dans le Chaos primordial toujours en gestation. Il se présente ainsi comme le lien indispensable entre le Ciel et la Terre. Il est le grand serpent qui se mord la queue, « *l'Ouroboros* », le « *en to Pan* », le maître du cycle éternel du devenir. Pour les Séthiens, il est aussi le *Pneuma*, le véritable Esprit. Une sorte de trinité primordiale semble ainsi se préciser : le Ciel, c'est-à-dire l'Esprit, la Terre ou la Matière qui est le Corps et le Logos, l'Ame, *Spiritus*, *Corpus* et *Anima Mundi*. Jusque-là tout est simple et procède d'une approche métaphysique défendable. En gros, le Logos serait donc le bon démiurge auteur de ce monde.

Pourtant les choses se gâtent quand il s'agit de définir la Matière, le Chaos primordial. Ce Chaos préexistant, c'est l'Océan, non pas nos cinq océans terrestres, mais le grand océan cosmique et illimité qui entoure le monde, à partir duquel émerge le monde ; c'est Kronos de la mythologie grecque, l'inorganisé primordial, le désordre fondamental. L'Océan, l'Eau sont symbole de corruption et de mort. Par conséquent toute la création qui en sort est marquée du signe et de la tendance à la destruction et au mal. Au Logos supérieur, Fils du Père, sera opposé un Logos inférieur.

Adorateurs du serpent-Logos (*ophis* = serpent), les Ophites pensaient que le Tout se compose du Père, du Fils et de la Matière. Chacun de ces trois principes renferme en lui d'innombrables puissances. « Entre le Père et la Matière, prend place le Fils-Logos, le Serpent qui se meut éternellement vers le Père immobile et la Matière mue ; tantôt il se tourne vers le Père et en prend dans sa propre personne les puissances ; puis après les avoir prises il se tourne vers la Matière et, à cette matière, qui est sans qualité, ni forme, le Fils imprime les idées dont il a précédemment reçu du Père le caractère » (Hippolyte, *Elenchos* [1]). Ainsi le Logos se dédouble en deux « actes » opposés. Fils du Père et Logos supérieur, il puise dans les puissances du Père, mais quand il applique ces idées à la Matière il se place sous la puissance de l'Archonte de ce monde, le Démiurge imparfait. Et la Matière est impure, d'elle ne peut émaner que quelque chose d'impur.

Selon les Séthiens, « quand la Lumière et le *Pneuma* eurent été reçus dans la matière chaotique, impure, source de corruption, le serpent, le vent des ténèbres,

---

1. Cette citation et celles qui suivent sont empruntées au livre de H. Leisegang, *La Gnose*, Payot, Paris.

le *Premier-né des eaux* y pénétra et elle engendra l'homme, et la matrice impure n'aime ni ne connaît d'autre forme » (Hipp., *Elenchos*). Il est évident que le serpent dont il est question ici, le Premier-né des eaux, est une puissance opposée au Serpent-Logos supérieur. « Le Logos d'en haut, issu de la lumière étant semblable au serpent, il la trompa par cette ressemblance et pénétra dans la matière impure pour rompre les liens qui enserraient l'Esprit parfait qui avait été engendré par le Premier-né des eaux, le serpent (d'en bas), le vent, la bête dans la matière impure. Telle est la forme d'esclave ; telle est la nécessité qui oblige le Logos de Dieu à descendre dans le sein d'une vierge (Hipp., *Elenchos*). Il y a deux serpents, deux Logos, le supérieur et l'inférieur, le céleste et le terrestre.

Le Logos-serpent inférieur (si on peut encore l'appeler Logos) est l'Archonte de ce monde, le Démiurge abominable qui, en opposition avec le Logos céleste, puise dans les « puissances » du Chaos toujours en gestation les formes de ce monde mauvais. L'Esprit (le Pneuma) attiré par la Matière l'a fécondée et de cette façon un peu de la Lumière divine est restée enfermée dans ce monde. C'est au Logos supérieur de s'efforcer de la récupérer et ce sera le processus du salut et de réintégration annoncé par le Logos fait homme, le Christ. Mais Ialdabaoth — ou quel que soit le nom de l'Archonte de ce monde — ne se laisse pas faire. Le combat est permanent entre les deux puissances.

L'Archonte du monde du Chaos ne cesse de tirer des créatures de la Matière-Mère qui a reçu l'imprégnation de l'Esprit lequel, selon les visionnaires, peut être *La Sainte-Esprit* ou encore *Sophia-Prounikos* comme on l'a vu plus haut. Cet Esprit fécondateur est une « rosée de lumière » dont les rayons sont captés par la Matière comme dans un processus de panspermie universel. Le Démiurge, Archonte de ce monde, pour sa part accomplit son œuvre avec l'aide d'autres puissances démiurgiques comme les astres qui fixent notre destin, scellent notre devenir et nous oppriment. Il peut être aidé encore par d'autres archontes d'un rang inférieur et qui se partagent la tâche. Issues du Chaos, toutes ces puissances utilisent la perpétuelle germination qui caractérise la Matière fécondée par le « sperma » céleste ; ils la façonnent à leur gré et selon leurs mauvais penchants et leur ignorance de la réalité supérieure qui repose dans le cercle céleste et que seul connaît le Logos supérieur. En général on les couvre d'opprobre. Le Démiurge de ce monde est *Ialdabaoth*, le « méchant dieu des juifs », il est pourvu d'une tête d'âne, mais dans son orgueilleuse ignorance se prend pour Dieu même. Il est *Sabaoth*, le « dieu des armées ». Il sera l'archidémon des Manichéens, le grand Archonte des Ténèbres entouré de « sa gent archontique » dont cinq archontes principaux : L'Archonte du Feu, l'Archonte de la Fumée, l'Archonte du (mauvais) vent, l'Archonte de l'eau et l'Archonte de la Ténèbre. Ils sont sans cesse en guerre entre eux et sont si stupides qu'ils ne peuvent s'exprimer qu'en clignant des yeux.

Sans doute tous les doctrinaires ne partagent pas unanimement cette opinion pessimiste sur le Démiurge de ce monde. Valentin comme Basilide le placent au-dessus de la légion des mauvais esprits qui hantent le cosmos. Résultat de l'union de Jésus et de *Sophia-Achamoth* vers qui le Seigneur était descendu avec ses anges, le Démiurge de Valentin n'est qu'ignorant. Ainsi qu'on l'a dit plus haut, quand Jésus et ses anges eurent regagné le Plérôme, laissant *Achamoth* solitaire, celle-ci sourit à leur souvenir et de ce sourire jaillit la lumière visible ; puis, se désolant, elle pleura et de ses larmes sortit l'élément humide ; enfin son angoisse détermina la matière compacte. C'est le Démiurge, son fils, qui de ces éléments fabriqua les corps célestes et terrestres, les plantes, les animaux et enfin l'homme qui toutefois restait matériel et animal dans cette première création. C'est *Sophia-Achamoth* qui le dota d'une âme. Pour leur part les deux Grands Archontes de Basilide, instruits par leurs Fils respectifs, faciliteront la tâche de salut et de réintégration entreprise par Jésus et annoncée dans les Evangiles descendus en terre. Ils se partagent les 365 cieux d'*Abrasax* et c'est le premier ange du 365e ciel qui a formé le monde des sens et de la matière, en s'inspirant à son insu du modèle que le Logos lui proposait.

Comme tous leurs contemporains, les gnostiques étaient anxieux de comprendre le mystère de la distribution et du mouvement des astres. Leur cosmogonie débute par la création ou tout au moins la mise en place des constellations, des étoiles fixes et des planètes autour de ce qui à l'époque passait pour le centre du monde visible : la Terre. La correspondance entre les données astrologiques du temps et l'homme reste constante. La région supérieure, celle qui sépare la plénitude supra-céleste du cosmos inférieur est limitée par les étoiles fixes, elle correspond au côté droit de l'homme ; le ciel inférieur, celui de l'Hebdomade, est occupé par les planètes qui correspondent au côté gauche, ces astres se mouvant vers la gauche. Entre la Lune et la Terre, on trouve le royaume des démons et dans l'espace stellaire qui s'étend de la Lune aux fixes s'agitent d'innombrables entités archontiques ou angéliques. Un authentique document gnostique, en langue copte, la *Pistis-Sophia*, énumère avec complaisance la liste de ces habitants des régions stellaires.

Pour en revenir à l'homme qui est, en fait et tout naturellement, le souci majeur des gnostiques, il est le fruit du désir de la Terre-Mère fascinée par l'image de l'Homme céleste, de l'Adamas supérieur. C'est pourquoi le Démiurge ou les archontes de ce monde l'ont fabriqué du limon de la terre. On verra plus loin comment les différentes écoles ont décrit cette création. Simple monstre, incapable de se tenir debout, rampant sans force sur le sol, cet Adam terrestre fut pris en pitié par l'Esprit de Dieu qui décida de lui infuser une âme. C'est ainsi que l'homme possède deux âmes : une âme animale, *psyche*, principe de la vie sensitive comme en ont tous les animaux ; une âme spirituelle qui lui vient de Dieu, *pneuma* ou *noûs*. Notre corps porte le sceau de l'Archonte de ce monde, notre esprit reflète la puissance divine. Jésus lui-même, le Logos supérieur incarné, tout en étant Fils du Père était soumis aux lois de l'Archonte quand il vint accomplir sa mission parmi les hommes. L'homme par le fait reste l'exemple typique de ce monde du mélange dans lequel la Lumière demeure prisonnière de la matière.

Au-delà du sentiment d'un univers foncièrement mauvais, ce qui frappe dans la notion gnostique de la création, c'est une vision dédoublée de l'acte démiurgique : la création est double, œuvre à la fois de l'Esprit fécondant, parfait et intelligent, et de la matière chaotique, corrompue et ignorante. L'Esprit féconde le Chaos, la « matrice ». Ce Chaos produit le monde visible (et invisible des Archontes et des démons) ; le Logos, Fils du Père transcendant, sert de lien entre le « sperma » et la matrice, mais il doit sans cesse affronter l'Archonte-Démiurge inférieur, véritable initiateur de l'univers. Le bon et le mauvais, la Lumière et la Ténèbre, s'emmêlent, se nouent (et se dénouent dans l'œuvre du Salut) et se combattent sans qu'on puisse parler d'un véritable processus dialectique, cela ne débouchant pas sur l'apparition d'une situation nouvelle. Même pas sur une synthèse. Cela est d'ailleurs promis à la destruction par la réintégration finale de la Lumière dispersée dans la Matière.

Pour en terminer avec l'anthropologie gnostique, on peut la concevoir comme une sorte de mouvement de reflets, l'image de l'Homme Primordial, l'*Arkanthropos* ou l'*Anthropos* se répercutant de la sphère hypercosmique à la sphère terrestre par la vertu du Logos. Cet *Anthropos* n'est pas véritablement un homme au sens littéral du mot : c'est une entité spirituelle, universelle et mythique. L'archétype d'un archétype. Il est l'*Adamas* et pour ainsi dire la connaissance que Dieu a de soi-même, sa « conscience », son *ego*. Dans ce sens il contient en lui le modèle parfait de tout l'univers dont le centre est naturellement l'homme, l'anthropologie demeurant la préoccupation majeure de toutes les métaphysiques et de toutes les spéculations religieuses.

Mais l'*Anthropos* est de toute évidence le « Fils premier-né », « l'Homme » dont le Logos tire sa puissance en tant que « Fils de l'Homme ». L'Adam terrestre a été fait à son image et à sa ressemblance par le Démiurge ou par les Archontes éblouis par « l'image éclatante venue de la Puissance Suprême », comme dit Satornil. N'ayant pu retenir cette image, ils ont fabriqué un être incomplet, rampant, pitoyable, « incapable de se tenir debout ». « Mais, dit encore Satornil, *" la Vertu d'en haut eut pitié de cet Adam terrestre, parce qu'il avait été fait à sa ressemblance : elle lui envoya une étincelle de vie, qui lui permit de vivre et de se dresser "*. » Ainsi par la vertu de l'image obtient-on les trois termes chers aux gnostiques : un Homme, un Fils d'Homme et l'homme terrestre. Ce dernier, Adam, quoique fait à la ressemblance des deux termes supérieurs, est néanmoins impur et imparfait car il est issu de la matière corrompue et corruptrice. Cependant il n'en est pas moins un reflet de l'Homme primordial, le microcosme terrestre de ce macrocosme de l'univers. Le fil n'est pas rompu.

Et cela reste dans le cadre de l'antique Tradition. Ce qui est en bas est comme ce qui est en haut, l'homme est un raccourci du Cosmos et de l'hyper-

Cosmos, une « image de Dieu ». Un reflet de l'âme universelle. Cette dernière, l'*Atmâ* védique qui se confond avec le *Brahman* absolu, se reflète, selon le Vedanta, dans *Buddhi*, premier palier de la manifestation humaine à la suite de l'union de *Purusha* (l'Homme primordial) avec *Prakriti* (la Nature-Mère universelle). *Jivatmâ*, l'âme individuelle, n'est à son tour qu'un reflet évanescent et illusoire de *Buddhi*. Certes, le Vedanta est postérieur, du moins quant à sa codification, au gnosticisme historique. Il aurait été rédigé entre les VIe et VIIIe siècles de notre ère (?). Mais il représente la « fin du Véda », « l'investigation ultérieure » (*uttara Mîmâmsâ*). C'est en remontant de palier en palier (ou plutôt de reflet en reflet) que le sage parvient à la libération et retrouve la plénitude de l'unique *Atmâ*.

La théorie et les pratiques gnostiques du salut et de la réintégration suivent *grosso modo* un parcours identique. L'homme se dépouille par degré de ses enveloppes matérielles, puis psychiques pour atteindre dans un dernier sursaut le plan du *pneuma* et n'être plus que « lumière » au sein de la Lumière.

V

LA RÉCUPÉRATION DE LA LUMIÈRE
ET
LES VOIES DU SALUT

La Gnose n'est pas que pessimisme. Tout espoir n'y est pas banni et des voies sont proposées pour que l'homme échappe au destin maléfique impliqué par la création de ce monde mauvais. Toutes les religions d'ailleurs tirent leur raison d'être de cette perspective enivrante du salut et de la rénovation de l'âme. Le Gnosticisme n'y échappe pas et les différentes sectes se sont longuement étendues sur les procédés réputés capables d'assurer ce salut. Les rites initiatiques n'avaient pas d'autre but.

Bien entendu et comme il se doit, la possession de la Gnose reste la panacée de ces voies d'accès au salut final. Elle ouvre une perspective nouvelle par laquelle l'homme, jusque-là plongé dans les ténèbres et le désespoir, découvre, par la Connaissance, les moyens de procéder à l'épuration de l'âme prise au piège de la matière. Par la vertu de la Gnose l'homme comprend qu'il n'est pas que matière, qu'il est aussi partie intégrante de cette Lumière éternelle dans laquelle tôt ou tard il devra se réintégrer. « Connais-toi toi même » demeure le maître mot de la Gnose salvatrice. Mais il convient de connaître aussi toutes les embûches qui nous attendent dans le long parcours qui mène à la Lumière. Elles sont légion. Le Démiurge et ses Archontes montent la garde, il est nécessaire de déjouer leurs ruses et d'échapper à leur attention lors de la patiente remontée à travers les différents cieux qui font écran entre le Plérôme divin et notre univers cosmique et terrestre. C'est pourquoi nombreux ont été les sectaires qui ont cru à la nécessité d'un Sauveur — ou au moins de prophètes — destiné à révéler la nature de ces embûches et les moyens de les franchir.

Le monde invisible est habité. D'innombrables entités occupent les différents cieux superposés entre l'hypercosmos et notre monde terrestre. Un résumé plus que succinct de la *Pistis Sophia*, un document gnostique authentique, en fait la démonstration. Revenu sur la terre douze ans après son ascension, Jésus fait la nomenclature de ces entités à ses disciples. On y trouve des allusions aux 24 vieillards de l'Apocalypse, les « 24 invisibles qui sont les émanations du Grand Invisible. On y rencontre les « inengendrés » et leurs « auto-engendrés », « leurs engendrés et leurs astres, impairs, archontes, puissances ; leurs seigneurs et leurs archanges, décans, liturges », etc.

Mais Jésus n'a pas tout dit à ses disciples, il ne leur a rien enseigné sur « le lieu du Sauveur Jumeau qui est l'Enfant de l'Enfant ». Il n'a rien expliqué à propos « du lieu des trois amen », ni au sujet des « cinq parastates ».

A Marie-Madeleine et à une poignée d'élus, le Sauveur raconte son périple à travers les cercles des éons et des archontes. Il y a rencontré *Pistis Sophia*. Elle est en butte à la haine des douze éons et des archontes qui l'ont séduite et emprisonnée dans la matière.

Jésus décrit les différents mondes qui s'étendent entre la pure divinité et notre univers sublunaire. Il parle du Logos et des *Apatores*, des *hypertripneumatoï*, des *protripneumatoï* et des *tripneumatoï* qui constituent le « Premier Mystère ». Vingt-quatre mystères viennent ensuite qui sont encore au-dessus du Grand Trésor de la Lumière avec ses douze sauveurs, ses neuf gardiens des « trois portes ». Infiniment plus bas se trouve le « lieu des justes » qui est gouverné par six grands princes : *Jeû*, le Gardien de la Grande Lumière, les deux grands chefs, *Melchisedeq* et le *Grand Sabaoth*. Ensuite on atteint le cercle du grand et bon *Iao*, du *petit Iao* et du *petit bon Sabaoth* qui entourent la Vierge de Lumière. La Vierge est chargée de juger les âmes ; elle « scelle » les âmes pures, renvoie les impures dans le monde terrestre et rejette dans les ténèbres extérieures celles qui ont commis un crime.

Au-dessous de ces différentes régions du monde de la Lumière, se trouve le *Kerasmos*, « le monde du couchant » et du 13ᵉ Eon. Ici se tiennent le *Grand Invisible* ou *Propator* et *Barbelo*. Plus bas sont placés les douze Eons qui sont dans une position intermédiaire car en eux déjà la matière se mêle à la lumière. Enfin la sphère de l'*heimarménê* s'étend entre les douze Eons et le monde terrestre. Elle possède deux portes par lesquelles les âmes entrent et sortent en relation avec les solstices. La région la plus inférieure du monde invisible est constituée par les douze enfers, gardés chacun par un horrible Archonte.

C'est à travers toutes ces portes et ces cercles multiples, déjouant la garde sévère des Archontes et des Eons jaloux, que l'âme des pneumatiques doit se frayer un chemin pour remonter vers son principe lumineux. Trois baptêmes, ou plutôt trois initiations sont nécessaires pour faciliter ce grand voyage de l'âme ; ce sont les baptêmes d'eau, de feu et d'Esprit Saint [1].

---

1. Au sujet de la *Pistis Sophia* on lira avec intérêt l'analyse qu'en fait H. Leisegang, *La Gnose*, Paris, 1951. *Cf.* aussi Jean

Cet enseignement du Sauveur doit être bien compris par les élus et être ensuite diffusé par la Gnose à l'élite de ceux qui sont capables d'en saisir les profonds mystères.

Mais en général seuls les gnostiques chrétiens se réclamaient d'un Sauveur dont le rôle varie d'ailleurs avec les docteurs et les sectes ; les autres, les non-chrétiens se contentaient de faire appel à un prophète, plus ou moins directement envoyé par Dieu ou bien ayant eu le privilège de la révélation d'un ange.

Pour la majorité des gnostiques la loi mosaïque est l'œuvre du Démiurge dans sa volonté de se faire passer pour le vrai Dieu. *Iahve* n'est que le « méchant dieu des Juifs » ; il avait signé un pacte d'alliance avec Abraham et a fait dès lors de la descendance de ce dernier son « peuple élu ». Ce « dieu des Juifs » n'est autre que *Ialdabaoth*, le Démiurge à tête d'âne ou de lion. Il a pour assesseur le *méchant grand Sabaoth*, dieu des armées. Il faut donc rejeter l'Ancien Testament qui est rempli de contradictions grossières ; on doit s'en rapporter aux seuls enseignements de Jésus, réformateur de l'univers — mais bien entendu d'un Jésus revu et corrigé par les gnostiques. On notera cependant qu'il y eut des sectes judaïsantes.

Le Christ est venu parmi les hommes pour les soustraire à la domination des génies et des astres qui scellent leur destin. Assimilé au Logos, il n'est pas tout à fait le Fils de Dieu en ligne immédiate. Il le dit lui-même : Je suis le Fils de l'Homme. Quoique cela n'ait jamais été professé explicitement, on peut supposer ici la notion d'un grand Logos à trois étages : le Logos-Anthropos, fils du Père et macrocosme universel, son « fils » l'Homme, archétype en quelque sorte et assurant le lien avec le microcosme humain et ter-

---

Doresse : *Les Livres Secrets des Gnostiques d'Egypte*, Paris, 1958.

restre, le « fils de l'Homme » enfin, l'« oint », l'envoyé, le Sauveur proprement dit.

Il reste que ce dernier, le Sauveur Jésus, est une émanation de l'essence divine. IL EST le Logos car la divinité ne se divise pas. A ce titre il ne pouvait qu'avoir été un être fantastique. Son corps avait été fabriqué avec les éléments subtils de l'hypercosmos pour la mise au monde duquel Marie n'avait servi que de « canal ». Il « mangeait et buvait mais n'évacuait pas », détail croustillant. Il n'a pas souffert, n'est pas mort réellement sur la croix, tout cela n'a été qu'une apparence. Au lieu du supplice, sur le mont Calvaire, cet « éon rédempteur » a abandonné son fantôme matériel aux mains des bourreaux et est remonté vers son Père céleste. D'autres (Basilide) révélaient que c'était Simon de Cyrène qui avait pris sa place sur la croix. Cette hérésie que l'Eglise condamne sous le nom de docétisme a été commune à beaucoup des chrétiens des débuts.

Quoi qu'il en ait été de sa double nature, Jésus n'avait pas tout dit à ses disciples. Une partie de son message était resté secret, soit qu'il n'ait pas tout révélé durant sa vie humaine, soit que ses apôtres aient sciemment caché la vérité. Même saint Paul, « l'Apôtre », comme l'appellent les textes gnostiques, qui a pourtant, de son propre aveu, été ravi au 3ᵉ ciel, a conservé une partie de cet enseignement secret pour lui. On aimait à citer en effet ce texte de saint Paul : « *Je connais un homme dans le Christ qui, il y a quatorze années, fut ravi jusqu'au troisième ciel (si ce fut dans son corps, je ne le sais, si ce fut hors de son corps, je ne le sais, Dieu seul le sait) et je sais que cet homme fut enlevé dans le Paradis et qu'il a entendu des paroles ineffables qu'il n'est pas permis de révéler* » (*Seconde Epitre aux Corinthiens*, XIII, 2-4). L'Apôtre par ailleurs ne parle-t-il pas de l'éon, des âmes pneumatiques ou psychiques, termes familiers aux gnostiques ? D'autres évangélistes, des *apocryphes,* en ont dit davantage comme saint Thomas ou saint Jacques, Marie, etc., mais l'Eglise officielle a placé leur message sous le boisseau. Mais, après son ascension, Jésus est revenu parmi les hommes pour des périodes qui varient selon les sectes. Il a complété ses révélations que dorénavant les gnostiques étaient seuls à posséder.

L'essentiel de ce message comme d'ailleurs toute l'exégèse gnostique repose sur une donnée simple : l'œuvre de salut coïncide pour chacun d'entre nous avec une réelle entreprise de « *décréation* ». Il s'agit de démêler ce qui est mêlé, de libérer l'étincelle de lumière emprisonnée dans la matière ; en d'autres mots de défaire l'œuvre démiurgique, de rendre à la matière ce qui lui appartient et d'échapper ainsi à son emprise. Alors la rentrée en Dieu de toutes les âmes purifiées pourra s'accomplir et ces âmes deviendront les « épouses des anges ».

Les hommes sont divisés en trois classes selon le principe d'existence qui prédomine en eux. Les *hyliques* ou matériels, dépourvus de raison, impuissants à connaître la Gnose, vivent en automates ; ils subissent toutes les impulsions venues de la matière et mourront avec elle « comme des hommes ». Les *psychiques,* pourtant doués de raison ne peuvent guère s'élever au-dessus du monde des sens. La pure pensée leur échappe. Ils appartiennent à la sphère du Démiurge, leur seul dieu. Par contre les *pneumatiques* ou spirituels aspirent vers le vrai Dieu et triomphent de leurs passions matérielles. Ce sont les élus.

Pourtant tous les hommes doivent tendre à s'élever. Il faut rejeter les tentations de la vie matérielle et sensitive pour atteindre le plan de la vie spirituelle. D'où la nécessité de combattre les instincts charnels (ou, au contraire de leur donner libre cours sous le prétexte de mépriser la chair). Dans certains milieux gnostiques, parmi les « parfaits » et les « élus », la continence sexuelle était de rigueur et le mariage honni. Puisqu'elle engendre la dispersion de l'étincelle de vie (et de lumière) dans la matière, la procréation était réputée impie. Comme on a eu occasion de l'écrire, c'est dans cet ordre d'idées que, dans des cérémonies rituelles, certains sectaires n'hésitaient pas à offrir à la divinité du sperme humain et du sang menstruel, symboles du refus de procréation. Par contre, dans un but identique, d'autres se livraient à toutes les licences sexuelles afin de « laisser à la matière ce qui est à la matière » et de se consacrer ensuite, apaisés dans leur chair, à leur pure quête spirituelle. Mais en général les « parfaits » et les « élus » menaient une existence de stricte continence et d'ascétisme.

De son côté le Destin jouait un rôle important — sinon absolu — dans l'œuvre individuelle de la salvation des âmes. Certains adeptes naissaient « élus ». Ils appartenaient à cette catégorie mystérieuse des « *allogènes* », ces « étrangers » dont la généalogie spirituelle se rattachait, pensait-on, à celle du *Grand Seth* et de sa sœur *Noréah*. Soit que ces « *allogènes* » aient été tout simplement prédestinés par la grâce divine, soit qu'au terme de transmigrations successives d'un corps à l'autre, ils se soient entièrement et définitivement purifiés, ils étaient assurés du salut. Les rets de la matière n'avaient plus aucun effet sur eux et ils pouvaient se livrer à la copulation et à tous les excès sans pour autant ternir en aucune façon leur aura de pure spiritualité. Cela ne signifie pas qu'ils abusèrent toujours de cet état de grâce.

Cependant le Sauveur était venu briser le sceau de la Fatalité. Il avait libéré les hommes jusque-là liés par la fatalité des astres. Quiconque avait reçu le vrai baptême n'avait plus rien à craindre des oracles de l'astrologie. Tous les hommes pouvaient désormais aspirer au salut pourvu qu'ils s'en donnent les moyens. D'étapes en étapes par le jeu de la métempsycose, chacun, s'il le désire, peut atteindre le rang d'élu.

Cette purification, cette « *catharsys* », s'obtenait en principe à travers les rites et les initiations successives comme dans les « religions de mystères ». Les initiations étaient réservées néanmoins à une élite de quelques sectateurs plus doués ou mis en condition et pourvu comme le dit l'hérésiologue Hippolyte (*Philosophoumena*) « que ces mystères aient été rendus bien plausibles à leurs yeux ». Pour le gnostique Marcos, l'eucharistie était une communion du sang de « la Mère du Tout ». C'était aux femmes de l'administrer et Marcos leur avait transmis ses pouvoirs par le moyen d'un sacrement spécial où l'union mystique jouait le rôle essentiel. Cette union mystique était destinée à rappeler l'union des couples ou *syzygies* des Eons du Plérôme. « *Je veux que tu aies part à ma grâce ; car le Père du Tout voit ton ange sans cesse devant ma face. Or le lieu de ta grandeur est en moi. Nous devons devenir un. Reçois d'abord, de moi et par moi, Charis. Prépare-toi comme l'épouse qui attend son époux afin de devenir, toi, ce que je suis, moi, ce que tu es. Reçois dans ta chambre nuptiale la semence de la lumière. Reçois de moi, ton époux, fais-lui place et prends place avec lui. Voici que Charis descend en toi : ouvre la bouche et prophétise.* » C'est en ces termes que, selon saint Irénée (*Traité contre les Hérésies*) décrit cette transmission de pouvoir.

L'eucharistie ophite, pour sa part, s'accomplissait en rompant et mangeant le pain sur lequel on avait au préalable laissé évoluer un serpent apprivoisé ; ensuite les fidèles devaient déposer un baiser sur la gueule du reptile.

Profondément ancrés dans la Tradition, les gnostiques disposaient de tout un arsenal de symboles. On y retrouve, écrit Serge Hutin « l'emploi d'antiques symboles tout à fait caractéristiques comme le phallus, le labyrinthe, la coupe à laquelle doit boire quiconque veut se dépouiller de la forme servile pour se revêtir d'un vêtement céleste, le livre (*volumen*) qui convient et transmet la révélation, la baguette thaumaturgique (*virga*) appliquée par l'initiateur sur les paupières du futur myste pour dessiller les yeux de « l'homme intérieur »[1].

Ces formes symboliques sont universelles. Le serpent considéré en tant que symbole de l'infini est commun à toutes les traditions ; on le retrouve jusqu'au Mexique pré-colombien où, sous l'aspect du « serpent à plumes », il figurait évidemment le « serpent céleste », celui qui vole au-dessus de la matière. En Inde, la force *kundalini*, l'équivalent de l'étincelle de lumière, est figurée par un serpent « lové » en bas de la colonne vertébrale. Réveillé par la méditation yogique, le serpent se dresse, déroule ses anneaux et fraie sa voie dans le conduit de la *shushumma* ; il atteint et mobilise tour à tour les différents *chakras* ou centres psycho-spirituels étagés le long de la colonne vertébrale. Quand enfin la *kundalini*-serpent débouche dans le chakra du cœur (*anâhata-chakra*), l'âme s'éveille à la lumière divine et il ne reste plus qu'à gravir les deux derniers échelons de l'illumination totale qui sont le *visuddha-chakra* (gorge) et enfin l'*ajna-chakra* (région frontale). L'union avec l'*Atmâ* absolu (l'âme universelle et unique) est accomplie.

La coupe est un autre objet rituel traditionnel. Elle est le vase sacré, ce *Graal* dans lequel fut recueilli le sang du Christ en croix. Le sang dont il s'agit ici est le breuvage mystérieux qui confère la vie éternelle. Ce breuvage s'identifie par ailleurs au *soma* védique et à l'*haoma* avestique. René Guénon estime pour sa part que le vase sacré se confond avec le livre et avec le

---

1. Serge Hutin : *Les Gnostiques*, coll. « Que Sais-je », Paris, 1963.

cœur, c'est-à-dire avec le centre du monde. Ce centre correspond traditionnellement à l'Homme Universel, Christ ou tel autre personnage mythique [1]. Toutes ces représentations symboliques sont lourdes de signification, se coupent et se recoupent car le propre du symbolisme est sa malléabilité. Toutes partagent un point commun : leur universalité assortie de leur antiquité. Elles se perdent dans la nuit des temps.

Bien entendu, les talismans, figurines, médailles, camées ne manquaient pas au rendez-vous. Ils étaient destinés naturellement à protéger les âmes dans leur ascension à travers les cieux, ou encore à les aider dès cette vie à se dépouiller de leurs attaches hyliques et à se muer en entités pneumatiques. Quant aux « douaniers », mauvais esprits, génies hostiles, archontes de tout poil qui, de ciel en ciel, en gardaient jalousement les frontières, l'initié apprenait les paroles ou les assemblages de lettres qui permettaient de tromper leur vigilance. Ils disposaient d'un catalogue étendu de mots de passe qui contraignaient ces archontes et ces gardiens à leur livrer le libre passage. « Dans le premier livre de Jéoû, Jésus donne à ses disciples une formule valable, paraît-il, pour tous les postes de douane du monde invisible ; la voici, à titre de curiosité, car elle est un curieux assemblage de sons :

aaa ooo zezophazazzzaïeozaza eee iii zaieozoakhoe ooo uuu thoêzaozaez êêê zzêêzaoza khozaêkheudê tuxuaalethukh [2]. »

Abasourdis par ce fantastique charabia, les « douaniers » du ciel en restaient les bras ballants et laissaient passer l'âme de l'initié.

Comme on peut le constater, le gnostique était bien armé tant sur le plan sotériologique que sur celui de

---

1. René Guénon : *Symboles Fondamentaux de la Science Sacrée*, Paris, 1965.
2. Serge Hutin, *op. cit.*

la salvation en général. Mais le salut individuel n'est pas la fin dernière de la spéculation métaphysique ; il y a quelque chose de plus vaste, de plus essentiel qui doit bénéficier en priorité de la rédemption finale. C'est Dieu lui-même. Non pas le pur Dieu transcendant, immuable et inconnaissable et qui ne peut être souillé, mais les éléments de son Plérôme dans lequel le déséquilibre s'est introduit par la création du monde. En effet, soit par l'effet de l'infinie miséricorde divine, soit par la ruse des puissances d'en-bas, une partie de la Lumière incréée est, comme on l'a vu, prisonnière de la Matière. C'est la tâche du Logos, de *Sophia-Prounikos* ou encore du Sauveur d'éponger cette déperdition de la Lumière, de la réintégrer dans le Plérôme. Un temps viendra où toute la Lumière éparse ici-bas aura été récupérée en haut. Ce sera alors la fin du monde. Toute l'eschatologie gnostique repose sur cette donnée fondamentale.

Selon le génie particulier des sectes et des docteurs, la description de la fin des temps varie. Mais cette échéance ne se produira qu'avec la réintégration de la dernière parcelle de Lumière.

Pour les Valentiniens, le moment venu tous les pneumatiques auront eu accès au Plérôme où ils épouseront mystiquement les anges ; *Sophia-Achamoth* y sera admise aussi et rejoindra son époux Jésus. Pour sa part, le Démiurge (qui n'est pas foncièrement mauvais) montera d'un degré et prendra la place de sa mère à la tête des âmes psychiques. Le reste du monde, la Matière et ses Archontes s'embraseront et disparaîtront. La doctrine de Basilide est sensiblement la même ; la fin des temps sera marquée par *l'Agnosia,* la non-Gnose, car il n'y aura plus rien à connaître. Et c'est par la Grande Ignorance que l'équilibre retrouvé sera maintenu.

Les Manichéens de leur côté estimaient qu'à ce moment les « trois temps » seront accomplis, toutes choses rentrant dans l'ordre primitif. Les âmes des justes auront accès au Royaume de la Lumière complètement réintégrée ; le monde des Ténèbres sera la proie d'une conflagration générale qui brûlera la Terre sans la consumer. Cet incendie cosmique durera 1 468 ans ; à son terme la terre sera réduite à un état cadavéreux et autour de ce « *bôlos* » desséché les âmes non purifiées monteront la garde éternellement afin d'empêcher les forces des Ténèbres d'en sortir et d'envahir de nouveau le Royaume de la Lumière.

Les doctrines gnostiques de la salvation et surtout de la sotériologie et de l'eschatologie sont, on le comprend, fort éloignées de celles professées par les Pères de l'Eglise tout comme de celles de la grande tradition judéo-chrétienne. Pas de jugement final, pas de résurrection de la chair considérée comme impure. Quant à la doctrine de la transmigration des âmes, si elle existe plus tard — sans doute sous l'influence des milieux cathares dans le Midi de la France — dans la Kabbale hébraïque (une Gnose d'ailleurs) elle ne formait pas partie des dogmes rigides du judaïsme et elle fut toujours repoussée par l'Eglise catholique. Un fossé profond séparait ainsi les gnostiques de toute confession de leurs contemporains chrétiens orthodoxes et des tenants de l'antique judaïsme. La haine de la majorité des sectes se réclamant de la Gnose pour les Juifs est d'ailleurs caractéristique de ce fossé, tout comme l'est l'autre haine, celle des auteurs patristiques et des hérésiologues chrétiens pour les docteurs et sectaires gnostiques. De part et d'autre les critiques acerbes, les quolibets et sans doute les calomnies s'accumulaient.

En matière de salvation de l'âme, c'est à la fois plus loin et plus près, en Orient et en Grèce qu'il faut chercher pour rattacher la pensée gnostique à la grande Tradition. La purification de l'âme au moyen de réincarnations successives est une antique doctrine pythagoricienne tout comme elle appartient depuis des millénaires aux traditions religieuses de l'Inde et de la majeure partie de l'Asie Centrale. Selon les pythagoriciens, l'âme rationnelle est faite d'*éther igné*, elle vient du Ciel étoilé. Après avoir perdu leurs ailes et en proie au vertige, les âmes descendent du Ciel par la porte du Cancer qui, dans le Zodiaque, coïncide avec le solstice d'été. C'est la « Porte des Hommes ». Mais elles remontent au Ciel, après s'être purifiées, par la « Porte des Dieux » qui est sous le signe du Capricorne et du solstice d'hiver. Ces deux portes sont placées sous les auspices de Janus au double visage, Janus bi-frons.

En tombant l'âme passe par la constellation du Lion, mais c'est dans la Lune qu'elle reçoit l'influx qui lui permettra de s'unir à un corps. C'est toujours dans la Lune, qu'en remontant vers le Ciel, l'âme purifiée abandonnera son principe matériel et commencera réellement son ascension. La Lune est la « Terre éthérée », la « Terre Olympique ». C'est elle qu'on appelle « les Iles Fortunées » ou encore les « Iles des Bienheureux ». C'est également dans la Lune que siège le Sauveur des âmes des Manichéens. Mais les âmes purifiées ne font qu'y séjourner car la planète appartient au cercle de la *psyche* alors que le ciel des fixes s'apparente au *noûs* ou au *pneuma*. Les âmes qui ne sont pas suffisamment purifiées se réincarnent. C'est par la Connaissance, par l'étude des sciences sacrées, celles des nombres, de la géométrie et de l'astronomie que les âmes accomplissent leur *catharsis*, leur purification. Cependant le sage doit apprendre avant toute chose à maîtriser son corps : « habitue-toi à maîtriser ceci : ton estomac en tout premier lieu, puis le sommeil, l'instinct sexuel et la colère », recommande un livre pythagoricien tardif, les *Vers Dorés* (1er siècle de notre ère).

Si pour l'Inde védique et post-védique la matière n'est pas mauvaise en soi, pas plus que les différents plans de la manifestation, il convient quand même de s'en libérer pour atteindre l'illumination finale et la réintégration dans l'*Atmâ* universel et unique. Le monde, le corps, les différentes enveloppes subtiles du corps (les *koshas*), les dieux mêmes appartiennent à l'univers de *Maya*, au relatif et à l'illusoire. Processus de libération et du retour du relatif dans le vide de l'absolu, la méditation yogique fait appel en premier lieu aux forces vives de l'homme même. C'est un combat sans merci que l'homme se livre à lui-même, un combat qui doit se terminer par la disparition de la notion égoïste d'existence individuelle pour déboucher sur l'intuition de l'être pur et universel, le Soi qui est l'*Atmâ*.

Si le yogi peut obtenir cette libération au cours d'une courte vie, pour le commun des mortels elle exige des étapes successives qui sont autant d'incarnations. Au fils des transmigrations, l'âme parvient à se délivrer du poids de son *karma*, c'est-à-dire de l'héritage contraignant de ses vies antérieures. Mais pour l'hindouiste, comme pour le pythagoricien ou le gnostique, ces différentes incarnations sont coupées par des séjours plus ou moins longs, plus ou moins éprouvants aussi dans des lieux (ou des états) que la Tradition a fixés depuis longtemps. Il s'agit des sept cercles infernaux du *Patala* dont le maître est *Siva-Rûdra*, ou au contraire des sept cieux où siègent les dieux et les génies bienfaisants.

On soulignera enfin que l'usage des « mots de passe » si chers aux gnostiques trouve un pendant en Inde avec la pratique des « *mantrams* », mots ou groupes de mots sacrés qui sont destinés à faciliter les difficiles étapes de la méditation yogique. Ces *mantrams* sont généralement enseignés au disciple par son *guru* et correspondent à des plans initiatiques. Le recours aux mots et aux noms sacrés est d'ailleurs commun à toutes les traditions religieuses ; on en retrouve l'usage chez les Juifs et dans l'Islam avec la science des noms de Dieu, chez les chrétiens d'Orient où l'imploration *Kyrie* ou *Christe Eleison* joue un rôle primordial dans l'ascèse mystique.

Dans ce vaste domaine de la réintégration et du salut, la Gnose cette fois encore, se rattache aux plus antiques traditions tout en conservant sa coloration propre et son originalité. Ses débordements et ses exagérations ne sont à attribuer qu'à un goût trop aigu du syncrétisme religieux.

On a fait allusion à plusieurs reprises aux contacts et aux liens qui ont existé entre le Gnosticisme méditerranéen et l'Hermétisme. Jean Doresse [1] cite à ce sujet de nombreux écrits coptes découverts à Khénoboskion, en Egypte, et formant partie intégrante d'une « bibliothèque gnostique », la plus importante jamais mise à jour jusqu'à présent. Le codex VI qui, souligne Jean Doresse, fut un des plus employés (les plumes d'oiseaux qui en marquent les pages les plus lues en font foi), en contient cinq concernant les rapports étroits entre les sectaires gnostiques et l'hermétisme. Le texte n° 21 s'intitule : « *Discours authentique d'Hermès à Tat* ». « Typiquement hermétiste par son style, l'ouvrage copte contient encore, toutefois, des allusions d'allure gnostique : par exemple la création des « Archontes ». Le texte n° 23 traite pour sa part des mystères de l'Hebdomade, de l'Ogdoade et de l'Ennéade, tels que les révèle Hermès. Les révélations du texte n° 25, accompagnées de conjurations dictées par le Trismégiste, aideront les adeptes à atteindre, par degrés, l'immortalité et la connaissance de l'Ogdoade d'abord et à partir de ce seuil à parvenir à la vision de l'Ennéade.

M. Jean Doresse analyse enfin le texte n° 26 dans

---

[1]. Jean Doresse : *Les Livres Secrets des Gnostiques d'Egypte,* Paris, 1958.

lequel Hermès prophétise la ruine de l'Egypte (la fin du monde, ou plutôt d'un monde) : « ce sera la vieillesse du monde, marquée des trois sceaux que voici : Athéisme, déshonneur et déraison ». Enfin le traité en vient au jugement des âmes. Lorsque l'âme quitte le corps, la Fatalité la contraint à rencontrer un grand démon qui la juge. Après avoir précisé que cet écrit copte « correspond à une longue partie d'un authentique écrit hermétiste qui, jusqu'à présent, ne nous était parvenu que sous forme d'une adaptation latine : l'*Asclepius*, Jean Doresse insiste avec raison sur le syncrétisme qui semble avoir existé entre les doctrines gnostiques et hermétistes. D'autres auteurs, à vrai dire la plupart d'entre eux, avaient rappelé ces rapports, cette « conjonction » des deux doctrines ; les découvertes de Khénoboskion en apportant une preuve supplémentaire.

En fait, les doctrines ne peuvent que se rejoindre dès lors qu'il s'agit du salut de l'âme individuelle. Le salut, c'est avant tout le retour à l'état primitif, celui qui régnait avant l'apparition — plus ou moins nécessaire — du monde manifesté. La réintégration de la *quantité* dans la *qualité*, du multiple dans l'Un, tel est le but recherché. Dieu transcendant, c'est l'unité absolue ; immanent c'est Dieu précipité dans la diversité et le cercle du quantitatif. Le salut représente un retour aux sources ou plus précisément à la source unique : la primauté de la pure notion de transcendance.

La structure cruciforme sur laquelle peut être bâtie la spéculation mystique et métaphysique dans cet ordre d'idée en constitue la meilleure illustration visuelle. Du pur principe divin transcendant jusqu'à l'homme (et le monde) en passant par le Logos médiateur s'étend un trait vertical, une voie unique de communication. Ce trait vertical est traversé de traits horizontaux qui symbolisent le ciel hypercosmique et le Logos, le cosmos et le monde terrestre, avec au centre l'homme individuel. Par extension on peut encore proposer une dernière ligne horizontale qui figurerait le monde hylique et l'enfer. Par le trait vertical passe cette étincelle de lumière divine sans quoi rien n'existerait ; les traits horizontaux en figurent la dispersion et pour ainsi dire le blocage à des niveaux successifs. Le chemin que prend l'immanence pour s'épandre dans les mondes est le même que celui qu'elle doit adopter pour réintégrer la transcendance. Cette voie qui est la voie de la Chute originelle est simultanément celle du retour à Dieu absolu. Celle de la réintégration et du salut. Esclave du destin, l'homme sait qu'il doit mourir. Il n'est né que pour cela. Sa volonté, ses plus angoissantes aspirations viennent se briser sur cette loi de nature. Il n'y a qu'un moyen d'échapper à cette fatalité, c'est en quelque sorte de la nier, de rebrousser chemin et de renverser ainsi le cours du processus.

La mort est une condition de la vie. Pas de vie sans mort. Pas de lumière sans ténèbre. Et la lumière luit dans les ténèbres ; il convient d'aller l'y chercher. C'est en plongeant dans le trou béant de la mort qu'on retrouvera le chemin de la vie éternelle. Pour l'initié, comme pour le mystique, c'est en mourant à soi-même, en défaisant les liens ridicules de cette existence individuelle limitée et égoïste qu'on accédera à la vraie vie, celle de l'éternelle présence en Dieu transcendant. Tous les rites initiatiques exaltent cette plongée rédemptrice dans la mort. Les initiations gnostiques n'y échappèrent pas.

Le reste, le périple de l'âme dans son ascension en direction des régions célestes, les obstacles, les « postes de douane » constituent des symboles sans doute, mais aussi possèdent une certaine part de réalité pour quiconque fait l'expérience de la plongée dans le labyrinthe de sa vie intérieure et de la remontée, plus difficile encore, vers la transfiguration d'une vie nouvelle. Menée sérieusement, vécue pleinement, l'épreuve est significative et illuminatrice quant à la description qu'en ont faite les vrais adeptes. Elle n'est d'ailleurs pas sans danger pour ceux qui ne s'y sont pas sérieusement préparés. Car, en réalité, ces deux mouvements, celui de la chute dans le chaos de la mort initiatique et celui ensuite de l'ascension vers la Lumière coïncident avec un glissement rapide du plan restreint du conscient quotidien dans celui de l'inconscient aussi bien individuel que collectif — et Dieu sait les rencontres qu'on y fait ! Ce qui naguère pouvait apparaître comme de la superstition est aujourd'hui attesté par les plus doctes tenants de la psychologie des profondeurs. Pourquoi ces terribles face à face ne constitueraient-ils pas une part essentielle de la « révélation » ?

La part *psychique* justement, celle de l'*heimarménê* et des cieux intermédiaires où règnent archontes, démons et génies. Le volet supérieur de la « révélation pneumatique appartiendrait, quant à lui, au pur intellect et à une autre sorte d'illumination. Par le truchement du Vedanta, l'Inde, toujours elle, faisant la glose du vocable sacré *AUM* explique que la première lettre de ce mot correspond à l'état de veille, que la seconde représente l'état de rêve où l'âme vagabonde dans les plaines immenses de l'éther (*akasa*) inférieur et de la *psyche*, tandis que la dernière lettre coïncide avec le sommeil profond et le retour à l'absolu. Sans vouloir faire du facile syncrétisme, ni même proposer dans ce cas particulier quelque emprunt improbable de la Gnose aux doctrines hindoues, on ne peut qu'être frappé par cette analogie d'ailleurs universelle et significative de la doctrine des trois mondes hylique, psychique et pneumatique.

Ces trois mondes ne font que symboliser les trois états de l'âme ; c'est ce qu'il importe de comprendre.

VI

DU MICROCOSME AU MACROCOSME :
LES TROIS MONDES

Les doctrines ésotériques et les religions qui professent l'existence d'une étroite correspondance entre l'homme et le cosmos, entre l'humain et le divin sont unanimes : l'homme est un raccourci du cosmos et de l'hypercosmos. Fait à l'image de Dieu, il en est le reflet. *« Il est vray sans mensonge, certain et très véritable, que ce qui est en bas est comme ce qui est en haut et ce qui est en haut est comme ce qui est en bas, pour perpétuer le miracle d'une chose. »* C'est en ces termes que la Table d'Emeraude attribuée à Hermès Trismégiste entreprend d'affirmer, sinon d'expliquer, les mystères du Télesme. Cette vieille notion de la relation macrocosme-microcosme est bien connue. Elle est aussi antique que géographiquement universelle.

Dans la hiérarchie de la pensée traditionnelle, le cosmos procède du divin (insaisissable et hypercosmique) et tout naturellement l'homme procède à son tour du cosmos. Un seul et même schéma préside à ces différents plans de manifestation ; il n'est simplement qu'inversé d'un plan au plan immédiatement au-dessous, comme le serait un visage dans un miroir. A ce titre on pourrait dire que le cosmos étant une inversion parfaite de l'hypercosmos, l'homme par contre, reflet inversé à son tour du cosmos, présenterait cette caractéristique d'être l'image *redressée* cette fois de l'hypercosmos et du divin. Image que chacun s'entend néanmoins à décrire comme relative, imparfaite et obscurcie en tout cas. Jusque-là, point de difficulté majeure, la structure est toute simple : un hypermacrocosme est situé tout en haut ; de lui procède un cosmos-macrocosme, lequel se reflète à son tour dans son image microcosmique, celui de l'homme terrestre. Un Homme Céleste, un Homme Cosmique, un Homme Terrestre, la boucle est bouclée. Et en tout état de cause, l'orthodoxie traditionnelle est respectée.

Mais si dans le profond de la pensée humaine, si dans les secrètes motivations inconscientes de la spéculation entrait un processus inverse ? Si, en réalité, ce n'était pas l'homme qui était conçu comme fait à l'image de Dieu, mais, bien au contraire, Dieu même qui était imaginé à la ressemblance de l'homme ? Bref, si le facteur anthropomorphique jouait le rôle essentiel dans cette antique doctrine du macrocosme-microcosme ? « Hérésie ? » Antitraditionnelle, cette proposition ? Peut-être, mais l'anthropomorphisme qu'implique la doctrine est patent et ne peut être passé sous silence. Le vieil adage du « connais-toi toi-même » est explicite à ce sujet. Si je ne peux « connaître » le monde extérieur dans toute son étendue psychique et spirituelle qu'en me connaissant moi-même, c'est clairement que je ne peux le concevoir autrement que comme un prolongement de moi-même. Un prolongement à l'infini, bien sûr. C'est en ce sens que l'on est en droit de dire que, intellectuellement et moralement au moins, le *macrocosme procède du microcosme*, Dieu de l'homme. Du moins cela est vrai quant à la

« connaissance », quant à la Gnose dans le sens large du mot. C'est là un constat de fait qui n'a rien de péjoratif. Peut-être Dieu existe-t-il en dehors de nous et dans une autre dimension ; dans ce cas il échappe à notre compréhension. Mais quand nous pensons Dieu, que nous le voulions ou non, nous le pensons comme une sorte d'hyper-moi, d'homme démesuré à l'infini.

Il ne s'agit pas ici d'un exercice facile car, pour être acceptée de tous, pour devenir une « révélation » d'ordre sacré, cette projection intuitive du moi ne peut être limitée à la réflexion d'un seul individu. Sinon, il y aurait autant de Dieux que d'hommes isolés. Autant de mondes que d'individus. C'est dans la confluence des intuitions que naît la « révélation ». C'est à partir d'expériences spirituelles et mentales confluentes qu'elle devient une croyance populaire, une sorte d'évidence autour de laquelle se fait l'unanimité. Mais cette confluence de l'expérience et de l'introspection spirituelles et psychiques ne saurait à son tour se situer dans un temps donné, limité et suspendu. Elle se perpétue au long des siècles. Bref, pour accéder au rang de donnée traditionnelle et de croyance populaire universelle, la projection intuitive et anthropomorphique du moi exige la méditation séculaire, sinon millénaire, d'une vaste collectivité de penseurs et de mystiques. C'est pourquoi on ne peut assigner au mythe ni date, ni origine. Il est le fruit sans âge de la sagesse anonyme des peuples. C'est parce qu'il ne fait qu'exprimer l'expérience sans cesse répétée de la pensée et de l'intuition spécifique de l'homme que chacun d'entre nous y trouve son compte. C'est son caractère singulièrement anthropomorphique qui nous le rend familier — comme si nous l'avions nous-même imaginé. Le prophète ou le fondateur de religion, le grand initié qui révèlent la doctrine cachée ne sont que ceux qui, à un moment donné de l'Histoire, en un lieu précis, réalisent et enseignent la synthèse de ces expressions populaires et séculaires de la pensée humaine. C'est en coordonnant, en faisant cohabiter harmonieusement des intuitions fondamentales qu'ils s'imposent et *datent* la Révélation.

L'universelle doctrine (ésotérique ou religieuse et exotérique) de l'homme microcosme point central d'un univers macrocosme n'échappe pas à cette loi. Cet homme qui puise dans l'homme même sa connaissance du monde se projette au-delà de lui-même et humanise aussi bien ce que perçoivent ses sens que ce qui échappe à la perception sensible : ce monde invisible et impalpable qu'il imagine semblable à ce qui est sa libre pensée, sans limite et sans fin. Le microcosme présuppose le macrocosme.

Tout ce qui existe en soi exige un principe de vie, un influx vital qui est à la fois le principe de la vie même mais aussi celui de la spécificité de l'existant : sa forme, son appartenance à une espèce définie, sa caractéristique en quelque sorte. Ce principe est perçu comme puissance interne agissant dans les limites de l'individu et à l'intérieur de l'espèce à laquelle il appartient. Cette « âme vitale », l'homme dans sa réflexion l'a étendue d'abord à tout ce qui se meut : les animaux certes, mais aussi les espèces végétales, les astres, le monde cosmique. Ensuite, par extension, il l'a attribuée à tout le reste, l'eau, la terre, le feu et l'air, le monde minéral statique (en apparence), ce qui implique qu'il n'y a rien de réellement statique et que tout est en mouvement, même si le mouvement n'est pas toujours perceptible aux sens.

Ce fut le premier pas de l'*animisme,* cet autre aspect fondamental de la spéculation religieuse. Les ethnologues et les archéologues se plaisent à décrire l'animisme comme le fond de la croyance des peuples dits primitifs. Cette doctrine simple ou plutôt simpliste serait l'apanage exclusif de sociétés non évoluées, demeurées à l'abri de nos pinaillages philosophiques et de notre goût effréné de la consommation, serait-ce même celle des mots. Animisme et « pensée sauvage » vont de pair dans notre appréhension byzantine de la réalité humaine. Et pourtant ? Pourtant, à la réflexion, si l'animisme est en effet un aspect primitif de la mythologie religieuse, il n'en reste pas moins à la base de toute la spéculation ultérieure. A y réfléchir il ne se résume pas à n'être que l'expression simpliste de la pensée religieuse des *peuples primitifs* ; il représente l'*élément primitif* de la quête métaphysique des peuples les plus évolués. Tout ce qui se meut est mû, tout ce qui existe existe par autre chose, telles furent les premières constatations de la réflexion humaine. Ensuite, avec les commentaires savants, les distinguos et les épluchures intellectuelles, ces données simples se coulèrent dans un contexte philosophique et métaphysique qui finit par les sacraliser sans pour autant les étouffer complètement. Les superbes théories de nos grandes religions modernes ne sont rien d'autre que la mise au goût du jour des intuitions les plus primitives de l'humanité.

Dès lors qu'il s'efforce de conceptualiser le monde qui l'étreint de toutes parts, l'homme-microcosme projette son âme vitale à l'extérieur et dote d'un principe analogue les êtres et les choses qui l'entourent.

Poussant plus avant l'introspection et la projection, l'homme confère ensuite à ce monde extérieur la nature plus proprement psychique de sa vie intérieure. Les messages de l'inconscient, cette sorte de pont sans forme et sans contour qui relie l'âme individuelle, le pur ego, au monde ambiant, l'influence devinée et plus ressentie qu'expliquée du monde extérieur sur les fluctuations de l'univers intérieur, nous les vivons sans les comprendre clairement. Les fantasmagories du rêve et parfois de la simple rêverie, ces mille aventures quotidiennes que nous vivons comme malgré nous et dont nous ne parvenons pas à découvrir l'origine bien définie, c'est tout cela qui constitue ce second plan de notre âme : le plan psychique. Ces états d'âme plus subtils, nous les transposons aussi et entendons les partager avec le monde extérieur dans toute son amplitude, c'est-à-dire jusqu'aux lointaines frontières du cosmos. C'est ainsi qu'apparaît le mythe antique d'un cosmos psychique. C'est l'*anima mundi* dans toute sa simplicité.

Il en est de même de notre vie spirituelle. Dominant les impératifs de la condition animale vitale, se situant au-dessus des pulsions de l'insaisissable psyché, l'intellect les découvre et les trie, les analyse et en dresse un répertoire cohérent. Il se place à un niveau supérieur — ou qu'il ressent comme tel. Ce sommet de l'expérience animique est naturellement projeté à son tour à l'extérieur. Tel sera alors le plan spirituel de l'univers qui, pour nous, correspondra à un hypercosmos inconnu et souverain. Partout où notre pensée limitée vient buter, au-delà des limites qu'elle ne parvient pas à dépasser, commence ce qui nous transcende. Nous supposons l'illimité, nous ne pouvons l'imaginer concrètement : nous poserons donc en axiome métaphysique un infini sans date et sans frontière auquel, paradoxalement, nous attacherons un tas d'attributs bien humains. Ce sera le Dieu unique et transcendant des religions monothéistes. Ses attributs apparaîtront ensuite comme son immanence dans le monde.

Ainsi au terme de nos méditations et de nos interrogations, nous établissons une hiérarchie de plans qui s'échelonnent à partir du microcosme que nous pensons être dans notre état spécifiquement hominien pour aboutir à un hypercosmos divinisé, en passant toutefois par le palier intermédiaire du macrocosme psychique. Trois plans animiques : terrestre (hylique ou animal) cosmique (psychique ou astral), hypercosmique ou extra-mondial (pneumatique et céleste) ; trois mondes superposés mais se pénétrant les uns les autres malgré les verrouillages, telle est l'hypothèse fondamentale promue au cours des siècles et des millénaires au rang de « Révélation » immémoriale. Cette projection anthropomorphique de notre propre introspection et l'hypothèse mystique qui en découle est connue sous le nom de doctrine des Trois Mondes.

J'ai conscience d'avoir simplifié jusqu'à la caricature cet élément fondamental de la « Science Sacrée ». Je me doute que les tenants d'une Révélation primitive d'ordre divin (et sur laquelle on se garde bien de donner la moindre précision) ne me le pardonneront pas, m'accusant de n'avoir rien compris et de tout vouloir ramener à des considérations terre à terre. Tant pis ! Je pense pour ma part qu'il faut parfois descendre des hauteurs et des nuées pour mieux saisir les indéniables faits humains que sont la mystique et son corollaire métaphysique. La clé de toute connaissance de cet ordre est en nous-mêmes, dans la connaissance lucide et souvent décevante de soi-même.

Quoi qu'il en soit, cette vieille théorie des « trois mondes » est passée en Occident, sans doute justement dans les bagages de la Gnose et de l'Hermétisme ; elle est à la base de toutes les théosophies chrétiennes. Mais c'est en Orient qu'on la découvre, explicite et en tout cas plus descriptive. Il en a été ainsi pour la Gnose dont on sait combien ses docteurs ont aimé accumuler détails et précisions.

La distribution ternaire de l'âme et, par extension, de l'univers, comporte plusieurs facettes. Les trois mondes sont l'homme même confronté comme on l'a dit avec les trois natures, les trois fonctions de son âme : vitale et animale, psychique et enfin intellective et spirituelle. Et dans ce cas, l'élément psychique intermédiaire se place naturellement entre les deux autres considérés pour leur part comme inconciliables directement. Il est donc conçu comme le conciliateur ou plutôt le médiateur. A ce titre il est l'Homme même dans sa fonction métaphysique. En effet, une autre représentation du ternaire consiste dans la simplification suivante : le Ciel, l'Homme et la Terre. L'Homme y joue le rôle fondamental puisque, par sa position médiane, il réconcilie les deux autres termes figurés respectivement par un *cercle* et un *carré*. S'inscrivant aussi bien dans l'une ou l'autre représentation symboliques, la croix est une figure quintessencielle de l'Homme. Une vision moniste de l'univers présentera le Ciel comme Essence et la Terre comme Substance. Dans ce cas, l'Homme, toujours dans sa position médiane, peut être assimilé à la Vie même qui est l'expression de l'action de l'Essence sur la Substance. Ces représentations résument à peu près la version chinoise de la Grande Triade. L'Homme (*Jen*) est au milieu entre le Ciel (*Tsen*) et la Terre (*Ti*).

Dans le Vedanta hindou, *Purusha*, l'Homme primordial, s'unit à *Prakriti*, la Substance ou la Mère éternelle, pour donner vie à *purusha*, relatif et limité, qui est l'homme terrestre. *Purusha* est assimilé à *Brahma-Prajapati*, le « Seigneur des êtres créés », conçu comme Essence, tandis que *Prakriti*, la Mère éternelle, est comme on l'a dit perçue comme Substance. Le *purusha* terrestre, l'homme relatif est issu de l'union des deux principes éternels. Dans cette fonction il résume toute la complexité de la Vie existentielle. De *Buddhi*, premier palier de la Vie et source du *manas* (le mental) à *purusha* se déroule la longue gamme des vingt-quatre *tattwas*, c'est-à-dire des différents plans spirituels, mentaux et psychiques qui constituent les degrés reliant la nature humaine individuelle (*Jiva*) à la réalité supérieure du Soi impersonnel et universel du *Paramâtmâ*, c'est-à-dire du Brahman incréé dont *Purusha* est une autre expression.

Moins centrée sur les composants internes de la

condition humaine et plus intéressée par la relation homme-dieu, microcosme-macrocosme, la Gnose a plutôt cherché à définir les différents degrés qui s'étagent entre le Ciel (le Plérôme) et la Terre. L'homme en est le terme final et le centre d'intérêt. Dans la doctrine valentinienne, par exemple, il arrive aux 8e, 9e et 10e rangs de la création démiurgique, après les quadrupèdes, les poissons et les oiseaux. Mais ces trois positions d'arrière-garde résument pour ainsi dire la création tout entière, car elles concernent les trois natures de l'âme : hylique, psychique et pneumatique. Et en définitive le grand-œuvre de la manifestation reste l'Homme sous les traits de l'*Anthropos* primordial, Fils aîné du Père, macrocosme universel du microcosme hominien terrestre.

C'est par la description des trois mondes en tant que projection extérieure, en tant que mondes autonomes plutôt que plans animiques, que l'analogie et le parallélisme entre la Gnose et les religions de l'Orient sont les plus évidentes. Selon les docteurs et les sectes, la conception des trois mondes varie, mais partout se superposent le Ciel, le monde intermédiaire et le monde terrestre. La Lumière, le monde du mélange et les Ténèbres. Basilide, le plus inventif des théologiens gnostiques, conçoit trois « Filialités » issues du sperma divin. La première reste en haut, au niveau céleste, la deuxième ou Saint-Pneuma est intermédiaire et éclaire les deux démiurges, l'Archonte de l'Ogdoade et celui de l'Hebdomade qui, à l'aide de leurs fils respectifs (leur âme) animent et organisent le troisième monde, cette Substance matérielle chaotique dans laquelle la troisième Filialité est tombée et qu'elle féconde. C'est néanmoins à l'intérieur du cercle intermédiaire et de ses 365 cieux que se passe l'essentiel de la création, les Archontes-démiurges symbolisant par leur action future l'Homme évoluant, par la vertu de l'Evangile descendu en terre, de l'état hylique à l'état psychique, puis à l'état pneumatique.

Pour sa part, Valentin meuble le Plérôme (le Ciel, en l'occurrence) de trente éons symboliques des trente jours du mois et équivalents au monde des idées des platoniciens. Ce Plérôme est rigoureusement verrouillé par les soins d'*Horos*, l'éon solitaire qui en est le gardien et dont l'équivalent est la Croix (*Stauros*). Sans doute Sophia, ou la Sagesse, crée un déséquilibre en tombant dans l'abîme extérieur et en engendrant sous sa nouvelle forme d'*Achamoth*, le Démiurge. Trois autres éons sont nécessaires pour rétablir l'équilibre du monde céleste, mais, cet équilibre rétabli, le Plérôme reste clos sur lui-même. Il n'est accessible qu'aux âmes pneumatiques.

Au-dessous du cercle céleste, le monde de l'évacuation (*Kénôme*), intermédiaire, placé sous le signe de *Sophia-Achamoth*, s'ouvre sur le cercle de *Sabbaton* et du Démiurge. Viennent ensuite les sept cieux de l'Hebdomade et enfin la Terre elle-même avec ses quatre éléments, ses animaux et enfin l'homme sous ses trois aspects hylique, psychique et pneumatique. Le Diable est au centre, un peu comme un trouble-fête. Les trois mondes sont séparés et autonomes les uns par rapport aux autres.

Le cercle intermédiaire du Kénôme correspond étroitement au monde psychique. Il est provisoirement le siège de *Sophia-Achamoth* pour la durée impartie à l'univers en tant que manifestation ; ensuite, à la fin des temps, Achamoth sera admise au Plérôme céleste et le Démiurge prendra sa place dans le Kénôme où il régnera sur les âmes psychiques. Ce cercle intermédiaire est d'ailleurs, comme il se doit, placé à l'aplomb du monde céleste. Il est fermé par en haut par *Horos*, le terme, qui est aussi la Croix (*Stauros*), c'est-à-dire le symbole quintessenciel du Logos-Sauveur, du Messie, Homme fils de l'Homme. Ne dit-on pas en outre que Jésus et ses anges y firent séjour afin de « consoler » *Sophia-Achamoth* et de lui permettre ainsi de créer d'elle-même les éléments à partir de quoi le monde terrestre sera ensuite fait : les substances spirituelle, psychique et animale ? N'est-ce pas de ce moment qu'elle engendra le Démiurge qui, de ces éléments, fabriqua l'univers visible des hommes, des bêtes et des choses ainsi que le monde invisible des archontes, des génies et des démons ? Placé au-dessus des sept cieux planétaires de l'Hebdomade, séjour actuel du Démiurge, le Kénôme correspond au ciel des fixes, à l'Ogdoade inférieure au-delà de laquelle se situe le cercle céleste inconnu de nous. En tout état de cause, ce monde intermédiaire est le lieu de passage de l'influx spirituel du Logos et du Pneuma.

C'est dans ce monde du mélange que les Manichéens placent le firmament, le Soleil et la Lune. Or le Soleil et la Lune ont été formés des étincelles de lumière divine tombées dans les Ténèbres, mais récupérées en partie dès le début par l'Homme primordial et l'Esprit Vivant. L'Homme primordial s'y est réfugié, prêt à porter assistance aux âmes des justes demeurées ici-bas.

Au-dessus de ce monde du mélange, les gnostiques manichéens imaginaient un Royaume de la Lumière dont Dieu est le souverain et qui contient les cinq éléments « bons », la Mère de la Vie, la Vierge de Lumière, l'Esprit Vivant et naturellement cette part de l'Homme primordial resté en haut. Quant au Royaume des Ténèbres, fief de l'Archidémon, il porte en lui les cinq éléments « mauvais » auxquels se joignent les principaux vices : la barbarie, l'hypocrisie, la tyrannie, l'usurpation et la superstition.

Dans toutes ces combinaisons c'est le monde intermédiaire qui mérite le plus l'attention. Ciel, Homme, Terre, que ce soit en remontant les trois degrés ou en les descendant, on est obligé de passer par celui du milieu. On ne peut ni l'ignorer, ni l'enjamber. Il est le lieu, ou plutôt le champ d'action du Logos, Homme Fils de l'Homme, dans sa double œuvre d'initiateur du monde d'en bas et de sauveur des âmes pneumatiques. Si, selon les Valentiniens, le Démiurge devra y accéder à la fin des temps, il se situe pour le moment actuel au-dessus, et Authadès (le Démiurge) y puise sans le savoir et en le déformant le plan de l'univers contenu dans l'image gigantesque de l'Homme primordial. Tout s'y joue potentiellement. C'est le « lieu des justes », celui du 13ᵉ éon, siège de Sophia et de la Vierge de Lumière chargée de juger les âmes (*Pistis-Sophia*). Il s'exprime par la puissance du *Propator* qui règne sur les douze éons et dont les ailes embrassent « le lieu de la gauche » et ses « portes », celle des hommes et celle des dieux. Au-dessous est l'*Heimarmèné* (la Fatalité), la ligne frontière entre le monde intermédiaire et le monde terrestre sur lequel domine le Démiurge, ses archontes et ses génies.

Cette frontière de l'*Heimarmèné* influe sur la création démiurgique, la scelle de la marque fatidique du Destin. C'est pourquoi cette création n'est pas libre et nécessite la venue d'un sauveur chargé d'enseigner la Gnose et les mystères du monde supérieur. Par son incarnation dans ce monde, par des révélations ultérieures (12 ans après son ascension) réservées à une poignée de disciples, Jésus a apporté les moyens de briser le carcan rigide de la Fatalité. Parmi ces moyens le baptême initiatique et eucharistique tient le premier rang. Mais le récit de la « *Pistis-Sophia* » ne se limite pas à la seule description du monde intermédiaire ; Jésus raconte à ses disciples les merveilles inimaginables du monde supérieur céleste. Car au-dessus du 13ᵉ éon s'étend le cercle infini du Trésor de Lumière avec ses douze Sauveurs, ses neuf Gardiens, ses sept plus trois Amen, ses cinq Arbres et son Sauveur Jumeau qu'on appelle l'Enfant de l'Enfant. Au plus profond et au plus secret de ce

Trésor de Lumière se trouvent le Père de tout et son Fils l'Anthropos. C'est le premier Mystère. Ensuite viennent le Verbe et ses vingt-quatre Mystères, ses *hypertripneumatoï* et ses Apators. Puis apparaît Iao le Bon assisté du Petit Iao bon et du Petit Sabaoth le bon. Enfin Melchisedeq et le Grand Sabaoth le Bon occupant les postes de gouverneurs dans le système céleste. Personne n'est oublié.

Si par la possession de la Gnose les âmes pneumatiques acquièrent les moyens de s'élever à travers les trois mondes, il n'en reste pas moins que ces derniers demeurent imperméables les uns par rapport aux autres. H. Leisegang souligne les verrouillages qui séparent les uns des autres les différentes sphères. Le cercle jaune de la Lumière et le monde céleste sont protégés contre les intrusions du monde intermédiaire par l'infranchissable barrière bleue des Ténèbres qui isolent du même coup le paradis ; le serpent Léviathan enfin monte la garde autour des sept cieux de l'Hebdomade. Telle aurait été la représentation ophite des barrières entre les trois mondes [1].

Cependant, comme toujours lorsqu'il s'agit de symbolisme sacré, d'autres interprétations des trois mondes existent. C'est ainsi qu'on peut imaginer un ternaire se décomposant entre Ciel, Terre et Enfer : *Svarga, Bhumi, Patala* de la *Triloka* brahmaniste. La montagne sacrée, le Mont Mêru, qui est à l'image de l'homme lui-même, s'élève entre le Ciel et l'Enfer. Vers le haut sept sommets (les sept *chakras* ou centres neuro-spirituels distribués le long de la colonne vertébrale) s'étagent jusqu'au Ciel (*Svarga*) qui est la « cité de Brahma » (*Brahmapura*). Mais, véritable axe du monde, le Mêru repose sur les sept abîmes du *Patala* (l'Enfer) où vivent les démons *nagas*, les serpents. Il

---

1. H. Leisegang : *La Gnose*, Paris, *op. cit.*

appartient à l'homme de gravir les échelons qui mènent à la cité céleste et à l'union intime avec Brahma, ou de descendre les marches qui plongent dans les régions infernales sur lesquelles règne *Vasouki,* le roi des serpents. Il en est de même pour le gnostique placé entre le cercle céleste des *pneumatoï* et l'enfer des êtres hyliques. Et cette gnose hébraïque qu'est la Kabbale pose à son tour le même problème en mettant l'homme Adam (Protoplaste ou *Letatah*) entre Adam-Kadmon, l'Homme céleste, et Adam Belial, l'Homme infernal dont le vrai nom est *Samaël*. Ainsi l'homme est au carrefour entre deux mondes radicalement opposés. Il constitue le troisième terme du ternaire traditionnel. Il en est la clef.

On n'insistera jamais assez sur cette position centrale de l'homme. Se dressant entre Ciel et Terre, entre Lumière et Ténèbre, entre le Bien et le Mal, il est le nécessaire lieu de passage du Logos dans son œuvre de repêchage des parcelles de lumière éparpillées dans le monde d'en bas. Par là il tient le sort du monde entre ses mains car dès lors que la lumière répandue dans le chaos aura été entièrement récupérée, le monde périra. Tout rentrera dans l'ordre originel. C'est par l'homme que le grand œuvre de la Réintégration s'accomplit, lentement certes, avec des reculs parfois, mais sûrement et en vue de la restauration de l'unité divine oscillant entre transcendance et immanence. A terme les implications de cette fonction axiale réservée à l'homme dans la doctrine des trois mondes lui confère un pouvoir sur Dieu même. C'est la logique du système et on peut deviner l'exaltation orgueilleuse du docteur gnostique confronté avec une telle vision de puissance. Car malgré ses prétentions à la connaissance (la Gnose), le gnostique était un croyant avant tout ; il posait en axiome la transcendance, la toute puissance, l'omniscience de ce Dieu infini sur lequel néanmoins il avait le moyen, par le rachat de son âme, d'exercer en dernière analyse une sorte d'influence existentielle et fonctionnelle.

C'est peut-être dans le but de limiter la portée des implications de puissance de la position centrale de l'homme au sein du cercle intermédiaire que les sectaires ont voulu enfermer chacun des trois mondes dans des frontières rigides. Les verrouillages symboliques sur lesquels insiste H. Leisegang y trouveraient leur raison d'être.

VII

LES SECTES ET LES ÉCOLES

Peut-on parler de sectes à propos des gnostiques ou bien doit-on considérer les différentes familles se réclamant de la Gnose comme autant de cercles initiatiques autonomes et pas nécessairement rivaux ? On est tenté d'opter pour une sorte d'amalgame des deux propositions, ce qu'on a appelé les « sectes » se fondant dans un courant de pensée plus vaste, souple et inorganisé qui est à proprement dire la Gnose au sens général du terme. Mais il convient de garder en mémoire le fait que la plupart de ces sectes étaient de véritables centres initiatiques, conservant jalousement le secret sur leurs rites et ceux de leurs enseignements qui risquaient de leur attirer les foudres des Pères de l'Eglise et des évêques en place. La *Lettre de Ptolémée à Sophia* témoigne de ce soin de ne pas heurter de front la doctrine triomphante du Christianisme officiel. Cette « Lettre », citée par Epiphane dans son *Panarion*, est construite autour d'une interprétation gnostique des propres paroles du Seigneur. Ptolémée, comme d'autres docteurs, souhaite visiblement faire cadrer les spéculations de son école avec la doctrine officielle de l'Eglise, comme une sorte de révélation ésotérique des vérités qui se cacheraient derrière des dogmes et des professions de foi à vocation exotérique. L'ésotérisme gnostique serait apparu dès lors comme un supplément d'information, un prolongement caché du dogmatisme orthodoxe. Mais, bien entendu, les Pères ne l'entendirent pas de cette oreille et ne se firent pas faute de dénoncer les docteurs et les sectaires gnostiques coupables d'hérésie.

De leur côté, par leurs livres et par leur faconde, les docteurs les plus en vue et les fondateurs de sectes contribuèrent à soulever le voile de mystère dont aurait dû se couvrir les rites et les enseignements ésotériques. Le Gnosticisme aurait pu prendre l'apparence d'une vaste confrérie secrète à caractère purement initiatique (un peu comme l'est la Franc-Maçonnerie au sein des sociétés occidentales christianisées) ; il s'est développé, au contraire, sous forme de simple hérésie combattue frénétiquement par les fondateurs de l'Eglise romaine. Ce fut sa perte. Il y a fort à parier néanmoins que les sectaires pour leur part souhaitaient plutôt limiter leurs activités mystique et religieuse à une formule intermédiaire. Sectes si on veut, mais sectes en forme de confréries initiatiques disséminées et réservées à un petit nombre. En tout cas limitée à une élite peu désireuse de conquérir l'adhésion des masses. Seul le Manichéisme fera exception, il sera une religion et se lancera à la conquête du monde chrétien.

Les sectes toutefois furent nombreuses. Une trentaine de noms environ nous sont parvenus, mais sans doute d'autres groupes ont existé qui disparurent sans laisser de trace, soit que les hérésiologues chrétiens ne les aient pas connus, soit encore que ces groupuscules leur aient paru sans importance. Quoi qu'il en ait été de ces différents cercles, apparus probablement à des intervalles plus ou moins longs et s'emboîtant, se prolongeant pour ainsi dire les uns dans les autres selon les régions, on peut les regrouper justement autour de certaines doctrines ou de certains docteurs qui leur imprimèrent un caractère original. Successeurs de Simon le Magicien et de Ménandre, Valentiniens, Basilidiens, Carpocratiens, Marcionites, Ophites et Séthiens donnèrent le ton au Gnosticisme et furent à l'origine de la plupart des sectes.

Le Gnosticisme méditerranéen cependant n'est pas né du hasard. Il a exprimé un besoin ou tout au moins un courant de spéculation religieuse qui était alors latent dans cette région du monde. Les doctrines dualistes de l'Iran avaient pénétré la Syrie et le Moyen-Orient depuis des siècles et avaient introduit une nouvelle conception de l'univers rigoureusement divisé entre forces du Bien et forces du Mal. La littérature apocalyptique hébraïque en porte témoignage qui vers cette époque justement et, pour la première fois chez les Juifs, donne des récits successifs de la chute des anges rebelles et confère à Satan une place qu'il n'avait pas dans la tradition juive plus ancienne. Satan désormais s'oppose à Dieu comme une puissance rivale. Le monde des Ténèbres s'organise et fait face au monde de la Lumière. Secte juive, celle des Esséniens reprend à son compte les idées venues d'Iran et se dote d'une doctrine du Bien et du Mal bien tranchée. Dissoute vers l'année 70 de notre ère, la secte a pu perpétuer certaines de ses croyances en se convertissant au Christianisme en plein essor ou encore en rejoignant les rangs des cercles gnostiques judéo-chrétiens. Le Gnosticisme en effet était déjà apparu en Syrie et dans cette région du Moyen-Orient et, on le sait, les gnostiques syriens furent les plus dualistes de tous.

Les Esséniens

Il importe de le souligner de nouveau, les Esséniens en tant que tels n'étaient pas des gnostiques au sens historique et précis du mot. Ils se réclamaient de l'Ancien Testament et restaient attachés à l'essentiel de la loi mosaïque. L'accès du Temple de Jérusalem leur était toutefois interdit et leurs compatriotes juifs orthodoxes les tenaient pour des hérétiques. L'Essénisme est apparu environ 150 ans avant Jésus-Christ, il disparut en 68 après J.-C. à la suite de l'invasion massive et brutale des armées romaines envoyées en Palestine pour écraser la révolte des Juifs.

Quoique beaucoup d'Esséniens aient vécu dans les villes, le centre de la secte était à Qumrân sur les bords de la Mer Morte, non loin d'Hébron et aux environs immédiats des tombeaux légendaires d'Abraham, d'Isaac et de Jacob. Un grand monastère existait à Qumrân sur l'emplacement même où furent découverts les fameux « manuscrits de la Mer Morte ». Jusqu'à cette découverte, la secte n'était connue que par les œuvres de Flavius Josèphe, de Pline l'Ancien et de Philon d'Alexandrie. « *Ils formaient,* dit Pline l'Ancien, *une nation sans femmes, sans amour, sans argent... un peuple éternel où on ne naissait pas.* » Le célibat, en effet, aurait été de rigueur quoique Flavius Josèphe mentionne un groupe, sans doute minoritaire, qui admettait le mariage. Par ailleurs des ossements de femmes ont été retrouvés à Qumrân, ce qui indique qu'elles pouvaient y être admises, au moins dans des cas exceptionnels.

Hommes pieux et justes, fervents adeptes de la « Vérité » qu'ils juraient de servir, les Esséniens pratiquaient un baptême des « élus », c'est-à-dire de ceux des Juifs qui rejoignaient leur « Alliance ». Le *Manuel de Discipline* découvert dans les jarres de Qumrân fait aussi mention d'une sorte de rite initiatique qui présidait aux repas pris en commun. Des prières spéciales étaient alors récitées.

L'âme, selon les Esséniens, était impérissable. Celles des justes s'élèvent, joyeuses, dans les espaces après la mort ; elles atteignent « *un séjour au-delà de l'Océan, que ni la neige, ni les pluies, ni la chaleur n'attristent et n'incommodent, mais que réjouit un doux zéphir soufflant agréablement de la mer. Quant aux âmes des impies, ils la relèguent sous terre, dans un antre obscur, glacé, théâtre de supplices éternels.* »

Le monde de la Lumière est radicalement séparé du monde des Ténèbres. *Ceux qui suivent la voie de la Vérité, ceux qui pratiquent la droiture sont sous la domination du Prince de Lumière et marchent dans les chemins de la Lumière.* Les autres, les adorateurs du Mensonge, les impies sont placés sous le joug de l'Ange des Ténèbres. Mais la guerre éclatera entre la Lumière et la Ténèbre ; elle se terminera par la victoire du Prince de Lumière. Un des rouleaux de Qumrân, le « Livre de la Guerre » donne des détails « stratégiques » sur cette guerre eschatologique.

Les Manuscrits font encore allusion à un mystérieux « Maître de Justice » qui aurait été supplicié par les Juifs orthodoxes, environ cent ans avant Jésus-Christ. Il aurait eu pour principal ennemi un « Prêtre Impie ». Ce « Prêtre Impie » serait, selon certains commentateurs modernes, Alexandre Jannée, fils de Jean Hyrcan, le dernier des Macchabées. Quant au « Maître de Justice », ne pourrait-on pas l'assimiler à cet Eléazar, seul parmi les Pharisiens qui osa critiquer ouvertement Hyrcan de s'être arrogé les fonctions de grand-prêtre en même temps que de chef politique d'Israël ? L'hypothèse n'est pas à rejeter [1].

Avec l'invasion de 68, Qumrân dévasté fut occupé

---

1. *Cf.* D. Howlett : *Les Esséniens et le Christianisme*, Paris, 1958.

par les Romains et transformé en forteresse. Les Esséniens disparurent sans laisser d'autres traces que les « Manuscrits » soigneusement enfermés dans des jarres d'un type particulier enfouies dans le secret des grottes avoisinantes. Il est probable qu'ils furent massacrés en grand nombre. Les survivants n'eurent plus d'autre ressource que de s'adapter au Christianisme ou d'aller renforcer les rangs d'autres sectes comme les gnostiques. Mais on ne possède nulle preuve de ces affirmations.

Dosithéens et Nicolaïtes

Les plus anciens gnostiques fondateurs de sectes que l'on connaisse semblent avoir été le diacre Nicolas, un certain Dosithée et le fameux Simon le Magicien. Tous trois sont contemporains des Apôtres. Dosithée, qui passe pour le père du Gnosticisme, est peu connu. Sa doctrine aurait été assez semblable à celle de Simon le Magicien, né en Samarie comme lui et de qui il aurait été le maître. Comme Simon, il aurait vécu avec une prostituée nommée Hélène ou Séléné (la Lune). Lui aussi se proclamait l'*hestos*, « celui qui se tient debout ». Les Dosithéens auraient été fort peu nombreux, ne dépassant pas le nombre de trente.

La réputation du contemporain de Dosithée, Nicolas s'est perpétuée grâce à la dénonciation des « Nicolaïtes » par saint Jean dans son Apocalypse. Mais les Nicolaïtes et le diacre Nicolas ont-ils un rapport commun ? Nul ne peut le dire aujourd'hui. Sur la vie et les idées de Nicolas on ne sait pas grand-chose. Il aurait été un des sept diacres établis par les Apôtres à Jérusalem. Sa femme, fort belle, aurait été pour lui un constant sujet de jalousie, ce qui ne l'aurait pas empêché pourtant de l'offrir en mariage aux Apôtres qui lui faisaient reproche de l'amour excessif qu'il lui portait (saint Clément d'Alexandrie, *Stromates*, Liv. III, chap. IV). Il aurait vécu cependant dans une grande chasteté, tandis que ses filles choisissaient le célibat et la continence totale. Sa maxime : « Il faut exercer (dompter) la chair » aurait, dit-on, été interprétée par ses disciples dans un sens très libre, voire licencieux.

Ceux qu'on appelait les Nicolaïtes auraient été, en effet, de mœurs très libres, frisant souvent la lubricité. Ces doctrinaires (dont, il faut le répéter, on ignore les liens réels avec le diacre Nicolas) sont cités par saint Jean dans son *Apocalypse* (II, 6 et 15-16). Ils enseignaient que l'Esprit primordial inengendré aurait dès le commencement rejeté au loin les Ténèbres, l'Abîme et les Eaux qui lui étaient co-éternels. Une lutte s'ensuivit, les Ténèbres montant à l'assaut du monde de la Lumière sur lequel règne l'Esprit. Ce dernier produisit alors, par émanation, quatre éons primordiaux qui, à leur tour, émanèrent quatorze autres éons. Une des puissances supérieures, la Mère céleste *Barbelô*, engendra le créateur du monde : *Ialdabaoth-Sebaoth*. Le monde fabriqué par le Démiurge est mauvais, il est le produit de la matière ténébreuse dans laquelle est cependant emprisonnée la pure parcelle de Lumière tombée en ce monde par la faute de *Barbelô*. Mais cette dernière entité, repentante, est maintenant chargée d'assurer le salut des âmes des justes. Pour y parvenir, *Barbelô* (ou *Prounikos*, la lascive) se sert de sa beauté afin de séduire les Archontes gardiens des cieux inférieurs. Par la volupté, elle les dépouille de la semence lumineuse dont ils sont les dépositaires ignorants.

On retrouvera le même mythe de séduction chez d'autres sectes orientales et chez les Manichéens qui le transposèrent. Le rôle attribué par les gnostiques à la volupté et au sexe n'a cessé de fasciner les hérésiologues chrétiens ; ils se sont complu à le souligner et à le dénoncer comme par une sorte de hantise.

Simon le Magicien

Contemporain de Nicolas et de Dosithée dont il pourrait avoir été le disciple avant de devenir le rival, Simon le Magicien naquit à Gitta, en Samarie. On dit que, séduit par les miracles et les prodiges accomplis par les Apôtres, il demanda à recevoir et reçut effectivement le baptême. Selon les *Actes des Apôtres* (VIII, 9-21), Simon, qui possédait déjà une grande force magique, était émerveillé et ne quittait pas l'apôtre Philippe. Mais plus tard il tenta d'acquérir à prix d'argent un surcroît de pouvoirs et offrit à saint Pierre de les payer : « Lorsque Simon vit que le Saint-Esprit était donné par l'imposition des mains des Apôtres, il leur offrit de l'argent : « Donnez-moi aussi ce pouvoir, afin que tout homme à qui j'imposerai reçoive le Saint-Esprit. » Mais Pierre lui dit : « Périsse ton argent avec toi, puisque tu as cru que le don de Dieu s'acquérait à prix d'argent ! » Des écrits plus tardifs relatent que Simon, de passage à Rome, défia saint Pierre en s'élevant dans les airs par ses propres moyens devant le peuple assemblé et Néron lui-même. Soit par sa seule puissance, soit avec l'aide de saint Paul, Pierre le précipita d'en haut par la prière. Simon aurait péri ainsi, démasqué par les saints apôtres. « Ce fait qui paraît incontestable, bien qu'il n'ait pas été cité par les anciens Pères, témoigne de l'attention de la Providence à fournir aux hommes les moyens de découvrir l'erreur et de s'en déprendre », écrit benoîtement l'abbé T.H. Guyot en son *Dictionnaire des Hérésies*.

Irénée, Epiphane, Hippolyte ont décrit, en la critiquant et sans doute en la déformant avec quelque partialité, la doctrine de Simon. Ce dernier, raconte Hippolyte, se sert de l'antique symbole de l'Arbre (il s'agit ici de l'arbre géant que vit Nabuchodonosor en songe). Le tronc, les branches et les feuilles sont consumés par le feu apparent, mais le fruit ne brûle pas et doit être engrangé. Ce fruit est l'âme de l'homme et cette âme est faite d'abord de feu invisible. Ce feu inengendré est la *Dynamis*, la Puissance infinie et le Principe du tout.

Du Silence invisible, qui est l'essence même de la Dynamis, émanent tout d'abord deux éons qui n'ont ni commencement, ni fin. Le premier est l'Esprit de tout, il est en haut, mâle, et gouverne toutes choses. Le deuxième, féminin, est la Pensée qui enfante toutes choses. Elle est en bas. De leur union est né l'Air qui, lui non plus, n'a ni commencement ni fin. C'est aussi le Père des choses limitées, elles, car elles ont un commencement et une fin. Ce père est l'*Hestos*, « celui qui se tient debout, qui s'est tenu debout et se tiendra debout ». Analysant le livre de *la Grande Révélation*, attribué à Simon, Hippolyte explique que, selon le prophète gnostique, il existe une Puissance infinie qui est le Principe du Tout. Cette Puissance est cachée dans la « demeure » où la Racine du Tout a ses fondations, c'est-à-dire dans l'âme humaine. C'est un Feu invisible avec ses six racines formant trois couples, composés chacun d'un principe et de son actualisation. Ces couples sont l'Esprit... (*Noûs*) et la Pensée (*Epinoïa*), qui constituent les deux éons primordiaux ; la Voix (*Phonê*) et le Nom (*Onoma*) ; la Raison (*Logismos*) et la Réflexion (*Enthymêsis*). Mais l'Esprit et la Pensée sont aussi le Ciel et la Terre, Père et Mère du Tout ; la Voix et le Nom sont le Soleil et la Lune ; la Raison et la Réflexion, l'Air et l'Eau. Enfin un septième principe vient réconcilier la *droite* et la *gauche* en quoi se partagent les six entités des trois couples précédents. Ce septième éon est pour ainsi dire l'expression même de l'unité de Dieu, c'est le Logos androgyne, l'Hestos incarné par Simon lui-même.

Toutefois l'Hestos, sous son aspect mâle (Simon), s'identifie au côté droit des racines de l'arbre de la

Dynamis, c'est-à-dire au Ciel primordial, au Soleil et à l'Air ; par contre l'aspect féminin correspond au côté gauche : la Terre, la Lune et l'Eau. Ces trois derniers termes appartiennent à l'*Ennoïa*, incarnée par Hélène, la compagne du Magicien. Ainsi c'est dans le couple parfait que se réalise l'androgyne primordial.

Hélène ou Séléné (la Lune), que certains disent avoir d'abord été la femme de Dosithée à qui Simon l'aurait enlevée, que d'autres affirment avoir été une fille soumise que le prophète tira d'un bouge de Tyr, était donc, dans le système simonien, l'expression visible de la Pensée-Mère. Fécondée par l'Esprit, elle avait au commencement du monde, engendré les anges qui, à leur tour, avaient créé le Cosmos et les hommes ; mais séduits par sa beauté et jaloux de sa puissance, les anges la retinrent prisonnière dans le monde. Soumise dorénavant à la loi des transmigrations successives, elle s'incarna et fut tour à tour l'Eve de l'Eden et Hélène de Troie avant de prendre enfin l'apparence de cette Hélène que Simon connut et tira d'un mauvais lieu de Tyr. Simon était descendu des cieux expressément pour accomplir la tâche de sauver Hélène et de la rétablir dans son état originel. Il avait trompé les Puissances et les Dominations pour aller à la rencontre de son *Ennoïa* emprisonnée dans le monde. Hélène, disait Simon, était la « Mère de tout ce qui existe ».

Comme la plupart des prophètes de son temps (et de tous les temps) Simon était un thaumaturge. Il avait parcouru le monde romain et séjourné à Alexandrie où enseignaient les hommes les plus savants de son époque. Peut-être y étudia-t-il la science mystérieuse des correspondances ? Le symbolisme simonien disait que l'Eden avait une correspondance dans le nombril. Aux quatre fleuves de l'Eden correspondent quatre artères situées autour du nombril : deux d'air pour le *pneuma*, deux de sang pour le sein. Ces quatre artères ou fleuves trouvent une nouvelle correspondance avec les quatre sens du fœtus : la vue, l'odorat, le goût et le toucher. Il y a aussi affinité subtile entre ces artères et les quatre livres sacrés des Simoniens, c'est-à-dire la Genèse, l'Exode, le Lévitique et les Nombres.

Les sectaires attribuaient une grande importance au baptême. Mais Simon professait que le baptême chrétien était incomplet car il n'était que d'eau. On raconte que le Magicien faisait apparaître une boule de feu au-dessus de la tête des nouveaux disciples lorsqu'ils pénétraient dans l'eau baptismale. C'était le baptême complet, celui de l'Esprit. Mais le sacrement ne suffisait pas : la science des correspondances, celles des nombres, celle des mystères de la Dynamis restaient nécessaires pour qui voulait devenir une image authentique de Dieu et accéder ainsi au rang d'hestos.

Les Simoniens, affirmait-on, pratiquaient la magie, faisaient commerce des songes et de leur interprétation ; ils auraient même eu le pouvoir de se subordonner des génies familiers. Leurs mœurs, selon leurs ennemis, étaient particulièrement licencieuses. Eux aussi semaient n'importe où « car toute terre est terre ».

Ménandre et Satornil furent les principaux continuateurs de Simon. Ils apportèrent des correctifs et des compléments à sa doctrine et influencèrent à leur tour d'autres sectes et d'autres docteurs de la Gnose. Enfin, la secte des Ophites, plus tardive, se fondit dans le Simonisme et lui donna un visage nouveau.

Ménandre

Ménandre était lui aussi de Samarie. Né à Capparétée, il enseigna surtout à Antioche. S'il reprit à son compte certaines des idées de Simon le Magicien, il se garda bien, lui, de se présenter comme une incarnation de la Puissance suprême ; il se contentait du rôle plus modeste d'envoyé des esprits invisibles ou plutôt, semble-t-il, des éons émanés de la Puissance. Ces derniers l'avaient mandaté pour opérer le salut des hommes.

Le peu qu'on connaît de sa doctrine le situe néanmoins dans le courant de pensée simonien. Il enseignait qu'*Ennoia*, la Pensée, avait créé un grand nombre de génies et d'anges, lesquels auraient ensuite formé le monde et les hommes. Par la Gnose tout homme terrestre détient le moyen de contraindre anges et génies ; mais cette connaissance est insuffisante, elle a besoin d'être complétée par le sacrement du baptême « dans le Sauveur », c'est-à-dire dans Ménandre lui-même. Ce baptême devait constituer une véritable résurrection à partir de quoi l'homme était en mesure d'accéder à l'immortalité et de jouir d'une jeunesse perpétuelle.

Pas plus que Simon, Ménandre ne fait de place à Jésus.

Satornil

C'est Satornil, fait remarquer Leisegang, qui mentionne le nom de Jésus pour la première fois dans un système gnostique. Jésus est le Sauveur fantastique qui est venu assurer le salut des hommes et détrôner le méchant dieu des Juifs. C'est un thème qui nous deviendra familier au fur et à mesure que nous étudierons les systèmes gnostiques évolués du IIe siècle et plus tard.

Satornil enseigna à Antioche. Il croyait en un Dieu suprême, puissant et bon, mais inconnaissable et inaccessible. Co-éternelle à ce Dieu existe une Matière sur laquelle domine un Esprit tout aussi éternel, mauvais et malfaisant par nature. Sept esprits inférieurs ont été émanés par le Dieu bon. Ils ont formé le monde et les hommes et siègent dans les sept planètes de l'astrologie classique. Mais les esprits inférieurs n'avaient pu donner à l'homme qu'une vie animale ; c'est le Dieu bon qui, apitoyé, le dota d'une âme. Ensuite de quoi il se désintéressa de la création des sept esprits et leur laissa le gouvernement du monde.

Cependant l'Esprit mauvais de la Matière, jaloux de la création des émanations divines, fabriqua à son tour une race d'hommes à qui il insuffla une âme perverse, faite à l'image de la sienne. Les deux sortes d'hommes, les « deux créations » ne purent vivre côte à côte sans éprouver le besoin de s'unir. Ce fut le mélange du Bien et du Mal, le monde de la *mixis*. C'est pourquoi le Dieu suprême dut envoyer son Fils Jésus pour instruire les hommes et leur faire connaître le vrai Dieu. Quant aux sept esprits gouverneurs de ce monde, ils succombèrent aux tensions de l'Esprit de la Matière et se partagèrent jalousement les diverses régions du Cosmos. C'est l'un d'entre eux qui devint le « faux » et méchant Dieu des Juifs.

Leisegang fait remarquer que dans le système saturnien, il n'est plus question d'être femelle emprisonnée par les anges, ni de la lignée féminine issue du Dieu suprême. L'image lumineuse descendue du Ciel et qui excite la convoitise des forces du Mal est celle du Logos mâle (ou androgyne ?), celle de Dieu lui-même [1].

On précisera enfin que Satornil prêchait un régime végétarien, la renonciation aux œuvres de la chair, au mariage et à la procréation qui perpétue l'emprise de la Matière sur la Lumière.

---

1. H. Leisegang, *La Gnose, op. cit.*

Basilide

Originaire de Syrie, Basilide aurait été, selon certains, un disciple de Ménandre. Mais cela reste à prouver, car rien dans la riche et originale construction métaphysique basilidienne ne rappelle l'éontologie, à vrai dire assez classique, de Ménandre. Basilide vint en Egypte où, avec l'aide de son fils et principal disciple Isidore, il rédigea un nombre important de livres dont seulement quelques fragments sont parvenus jusqu'à nous. Cédant à la mode du temps, il prétendait que sa doctrine lui avait été transmise par voie secrète et remontait, par filiation, jusqu'aux fils de Noé. Il l'attribuait à *Cham* ou bien encore à un certain *Barcabbas* ou *Barcoph* (que son fils Isidore aurait désigné du nom de *Parchor*). Ce sage aurait recueilli le message de la bouche de l'apôtre saint Matthias avant d'en instruire à son tour Basilide. Aux vingt-quatre livres « évangéliques », aux Exégèses, aux Odes, Prières et Incantations rédigées par Basilide, Isidore ajouta un ouvrage sur « l'Ame Adventice » et des *commentaires du Prophète Parchor*.

La métaphysique basilidienne ne nous est connue que par ce qu'en rapportèrent ses détracteurs et par les quelques fragments originaux conservés par eux. Hippolyte (*Philosophoumena*), Clément d'Alexandrie (*Stromates*), Irénée (*Cont. Haeres*), Epiphane (*Panarion*) ont vu cette doctrine complexe sous des éclairages différents destinés surtout à ridiculiser le docteur gnostique. Irénée, pour ne citer qu'un cas, dénature la pensée basilidienne en la farcissant d'éléments étrangers, telle que la classique cascade d'éons qui ne sauraient évidemment trouver place dans une dialectique construite uniquement sur la chute et la remontée du *sperma* divin.

Quoiqu'il ait lui aussi visiblement cherché à ironiser à propos du « Dieu qui n'est pas » ou du « Fils qui n'est pas » attribués à Basilide, Hippolyte est celui des hérésiologues qui a le mieux exposé le système basilidien. Il suffit de rendre leur sens profond aux mots pour retrouver, sous la facile ironie d'Hippolyte, le fil de l'intuition mystique et de l'organisation logique qui font la puissante originalité de la doctrine de Basilide.

Il ne s'agit nullement dans la pensée basilidienne d'un « Dieu qui n'est pas », d'une divinité inexistante. Le Dieu ineffable de Basilide se situe tout simplement au-dessus des notions d'être et de non-être. C'est la toute puissance à l'état pur, hors du Temps et de l'Espace, ou de tout ce qui nous permettrait de le définir et de dire « ce qu'il est ». Il est absolument insaisissable. Comme l'écrit Leisegang, « en acte, il n'est rien ; en puissance, il est tout »[1]. Cette toute puissance sans date, sans forme et sans frontière, émet un germe génésique, son *sperma* tripartite qui lui aussi « n'est rien en acte, mais contient tout en puissance[2] ».

Ce *sperma* est l'essence propre du monde. Il contient trois Filialités qui se différencient en ordre décroissant par leur plus ou moins grande subtilité matérielle. La première Filialité, plus subtile que les autres, s'élève aussitôt et réintègre le cercle divin où elle joue le rôle d'Esprit Universel *en* Dieu. La deuxième, plus opaque, utilise les ailes du Pneuma pour remonter en direction du cercle divin. C'est le deuxième Esprit Universel *sous* Dieu. Mais la Filialité a dû abandonner le Pneuma qui n'est « ni de la même substance, ni de la même nature » qu'elle. Le Pneuma reste donc dans une position intermédiaire, en contact étroit avec la Filialité, car « *quand on a mis dans un vase un parfum très odoriférant, on a beau le vider jusqu'au bout, il n'y subsiste pas moins une odeur de ce par-*

---

1. et 2. H. Leisegang, *La Gnose, op. cit.*

fum (...) » Le Pneuma recèle ainsi en lui la puissance du Fils de Dieu, mais il en demeure séparé. Véritable Ame du monde, il est intermédiaire entre Dieu et le Cosmos : c'est le Saint-Esprit.

Quant à la troisième Filialité, trop opaque, elle a besoin de purification ; « *elle est restée dans le monceau de l'universelle semence à rendre des services et à en recevoir* », précise Hippolyte. Mais elle tend à se purifier et à s'élever à son tour vers le haut. Elle représente évidemment le Corps du monde. Ainsi le système s'articule très clairement : entre l'Esprit et le Corps plane l'Ame du monde, passage nécessaire de l'un à l'autre. Enfin un double mouvement détermine et soutient cette structure : à l'émission et à la chute vers le bas du sperma tripartite répond la réintégration et l'ascension vers le haut des trois Filialités.

Le Pneuma occupe la place entre le monde hypercosmique et le Cosmos sous forme de firmament. « *Quand eut été constitué le firmament qui est au-dessus du ciel, alors de la semence cosmique et du monceau de l'universelle semence, fut engendré le Grand Archonte* » qui, aussitôt né, s'éleva jusqu'au firmament, croyant qu'il avait atteint là les limites du monde et qu'il n'y avait rien au-dessus de lui. Le Grand Archonte se donna un Fils, plus beau et plus sage encore que lui-même. Ce Fils apparaît comme « l'âme » du Grand Archonte, car Aristote dit de l'âme « qu'elle est l'ouvrage, la consommation, l'entéléchie du corps physique et organique ». L'âme, le Fils régit le Père. Le Grand Archonte et son Fils siègent tous deux dans l'Ogdoade, le huitième ciel des étoiles fixes qui correspond à la région de l'Ether. « *Toutes les créatures célestes, c'est-à-dire éthérées, furent l'œuvre du grand et sage Démiurge* (...). » La puissance du Grand Archonte et de son Fils s'étend jusqu'à la Lune, car c'est dans la région de la Lune que passe la limite entre l'air et l'éther.

Mais l'évolution génésique lancée avec l'émission du *sperma* se perpétue par l'apparition d'un deuxième Archonte qui est « *supérieur à tous les êtres qui sont au-dessous de lui, à l'exception de la Filialité restée en bas, mais très inférieur au premier Archonte* ». « *Et son lieu s'appelle l'Hebdomade, et c'est le créateur et le recteur de tous les êtres qui sont au-dessous de lui.* » Lui aussi s'est doté d'un Fils (son âme) plus sage et plus beau que lui. « *Dans cet espace*, précise encore Hippolyte, *se trouve le monceau et la semence universelle elle-même, et les êtres y prennent naissance naturellement, comme s'ils avaient été disposés au préalable par celui qui décide d'annoncer les êtres à venir, le temps, la nature et le mode de leur apparition.* » Ce monde enfin est placé sous le signe de l'Air.

L'apparition nécessaire des deux Archontes successifs de l'Ether et de l'Air complète la trilogie de l'Ame universelle s'étageant du palier du pur Pneuma en situation déterminante à la limite du Cosmos et de l'Hypercosmos, imprégné du parfum de la Filialité divine, aux paliers de l'Ame éthérée de la région des étoiles fixes et de l'Ame aérienne de la région des planètes. Au-dessous on accède à la région terrestre et du Corps universel sublunaire. Le substrat de ce Corps universel reste la troisième Filialité restée en bas provisoirement, pour le temps nécessaire à sa purification. Lorsque toute la semence demeurée dans le monde aura été purifiée, quand toute la lumière éparse en ce bas monde aura été réintégrée en haut, la troisième Filialité retrouvera sa place dans le cercle divin. La trilogie de l'Esprit universel sera désormais accomplie. C'est par l'Evangile (et par la Gnose) que ce travail de ré-équilibrage sera hâté.

En effet, pour que le système atteigne sa perfection, il importait donc que la troisième Filialité abandonnée ici-bas « *fut manifestée et rétablie dans la région supérieure au-dessus du Pneuma mitoyen, auprès de la*

Filialité subtile et semblable à Dieu et auprès du « Dieu qui n'est pas » ainsi qu'il a été écrit : « La création elle-même gémit et est en travail en attendant la manifestation des enfants de Dieu » (Rom. VIII, 19 et 22). Ces fils, c'est nous, les pneumatiques, « *qui avons été laissés dans cet espace pour ordonner, former, redresser, mener à la perfection ici-bas les âmes, que leur nature oblige à demeurer dans ce lieu écarté* ».

En d'autres mots, le temps était venu de mettre fin au règne des deux Archontes, celui de l'Ogdoade et celui de l'Hebdomade. C'est ce dernier qui s'est proclamé Dieu d'Abraham, d'Isaac et de Jacob. Un faux dieu, s'il en est un. Il fallait la venue d'un Sauveur capable d'aider les enfants de Dieu à se manifester. Alors l'Evangile vint dans le monde et « *franchit toutes les Dominations, les Puissances, les Souverainetés et tous les noms qu'on puisse nommer* », écrit Epiphane. Transmis de haut en bas, l'Evangile éclaira le Fils du Grand Archonte, puis l'Archonte de l'Ogdoade lui-même ; quand les créatures célestes de l'Ogdoade eurent été instruites, le Fils du Grand Archonte éclaira à son tour celui de l'Archonte de l'Hebdomade et tout son espace. Il restait ensuite à illuminer la substance informe d'ici-bas, c'est-à-dire nous-mêmes, les hommes. Tel est le grand œuvre qui doit s'accomplir. Quand enfin toute la Filialité demeurée en bas aura été rétablie en haut, au-dessus de la limite du Pneuma, « *alors la création trouvera miséricorde* ».

L'harmonie retrouvée s'exprimera alors par une trilogie spirituelle, celle des trois Filialités, une trilogie animique avec le Pneuma, l'Ogdoade et l'Hebdomade, et un *Corpus Mundi*, le monde terrestre. Esprit, âme et corps, mais « il ne faut jamais perdre de vue, explique H. Leisegang, qu'il ne s'agit pas d'une superposition (d'esprit, d'âme et de corps) mais d'une compénétration réciproque, de la même manière que le corps, l'âme et l'esprit de l'homme concourent en une unité organique » [1]. Cette unité n'a pu être réalisée au début par la faute du Grand Archonte de l'Ogdoade éthérée qui, s'étant élevé jusqu'au firmament de l'âme cosmique, a cru que le monde finissait là et s'est attribué, par ignorance, le rôle de Dieu suprême. En affirmant sa suprématie, il a bloqué le système, verrouillé la voie de la réintégration de la troisième Filialité. Le salut ne pourra dorénavant s'opérer que par la restauration du cours naturel faussé par la faute de l'Archonte suprême [2]. Eclairé par la descente de l'Evangile et par la venue du Sauveur, l'Archonte reprendra sa place et laissera la porte ouverte à la réintégration de la Filialité demeurée en ce monde et à qui le Christ, ayant rétabli le cours naturel de la création, montre enfin la voie du salut. Quant à nous, les hommes, notre rôle consiste « à achever la mission salutaire amorcée par le Christ. Tout ce qui vit dans l'homme, de la troisième Filialité, de la puissance spirituelle divine, d'entéléchie, l'homme a mission de le réintégrer dans son domaine propre et originel » [3].

Pour ce qui concerne l'eschatologie basilidienne, elle consistera en *l'agnosia* que Dieu enverra sur le monde quand l'équilibre prévu à l'origine aura été complètement rétabli. Quand Dieu répandra sur le monde entier cette grande « ignorance », tous les êtres demeureront conformes à leur nature et, ne connaissant rien d'autre, ne désireront rien contre leur nature. Ainsi le péché n'existera plus, car seul est le vrai péché celui qui consiste à vouloir transgresser la nature, à désirer quelque chose qui soit contre la nature. Les choses et les êtres ayant pris définitivement leur juste place, celle qui leur était assignée par le destin originel du monde, la poussée génésique du *sperma* se

---
1. H. Leisegang, *La Gnose, op. cit.*
2. H. Leisegang, *La Gnose, op. cit.*
3. H. Leisegang, *La Gnose, op. cit.*

tarira et avec elle le désir sexuel qui domine dans l'homme.

L'homme, selon les Basilidiens, porte en lui le péché. La tendance au péché est enracinée dans l'homme comme le ver dans le fruit. Les passions collent à l'âme humaine comme autant d'esprits malfaisants, des sortes d'appendices autonomes issus de la confusion primordiale. Ces appendices ont « *la solidité du diamant et trouvent en eux-mêmes le principe de leur activité et de leur mouvement* ». Cette âme adventice, Clément d'Alexandrie la compare par dérision au cheval de Troie. Pourtant Dieu nous a donné le moyen de combattre ces passions et d'apurer notre âme. Cette purification exigera parfois plusieurs vies, l'âme se réincarnant tant qu'elle porte en elle les appendices du péché. Basilide croyait à la transmigration des âmes et expliquait par elle et par la transmission des fautes commises dans une vie antérieure toutes nos souffrances, y compris celle de l'enfant à sa naissance. Clément d'Alexandrie en déduit que le Christ, ayant été un homme et ayant souffert, avait dû être aussi un pécheur dans ses vies passées. En tenant compte de sa Passion et du supplice de la Croix, on devait penser qu'il avait été un très grand pécheur ! Une sorte de criminel réincarné et qui avait bien mérité son supplice...

Les Basilidiens évitèrent le piège. Ils s'en tenaient à un docétisme assez net. Ils niaient l'union hypostatique du Verbe avec l'homme Jésus. Le Christ n'avait eu qu'un corps apparent. Il n'avait pas souffert sur la croix, ayant échangé sa propre apparence contre celle de Simon de Cyrène, qui fut ainsi crucifié par erreur. Le Christ, le vrai, put de ce fait s'esclaffer de la bévue commise par ses ennemis : il était à l'abri, dans le cercle céleste où il était remonté à temps...

On n'en terminera pas avec Basilide et sa doctrine sans dire un mot du fameux nom Abrasax qui aurait été attribué au Grand Archonte, créateur des cieux. On l'a dit au début de cet ouvrage : les lettres grecques de ce nom, considérées comme chiffres, donnent 365. Ce nombre, qui est aussi celui de Meitras (Mithra), divinité solaire iranienne, représente bien entendu les 365 révolutions du Soleil autour de la Terre, envisagée à cette époque comme le centre de l'univers. Ces révolutions dessinent 365 sphères célestes qui furent les 365 « cieux » des Basilidiens. Chacun de ces « cieux » était échu à un « dieu » subalterne, ange ou génie. Dieu solaire, Abrasax les contenait tous et en avait le gouvernement.

Abrasax correspond à Hélios, le Soleil. Mais cet Hélios est aussi le Christ solaire intracosmique (celui de l'Hebdomade) avec ses 360 liturges. Leisegang fait remarquer qu'en réalité il s'agit des 360 jours des douze mois de trente jours du calendrier égyptien, les cinq jours restant étant dévolus aux planètes, à l'exception du Soleil et de la Lune [1].

Les Basilidiens semblent avoir été organisés en classes, l'initiation ne s'accordant qu'après plusieurs années d'épreuve. Seuls les *pneumatiques* recevaient l'initiation finale. Les sectaires avaient la réputation, selon leurs adversaires patristiques, de pratiquer des mœurs dissolues, condamnant l'amour, mais non pas la sexualité, le désir, mais pas l'acte naturel. Toujours selon les mêmes sources tendancieuses, ils se livraient à la magie, utilisaient la science des nombres et étaient experts en matière de fabrication d'« abrasax » en forme de talismans et d'amulettes.

Marcion

Marcion était originaire de Sinope. Il y naquit en 85. Son père était un saint évêque de cette province de Pont (Turquie). Marcion avait la réputation de mener

---

1. H. Leisegang, *La Gnose, op. cit.*

une vie ascétique et pieuse, mais, soit comme on l'en a accusé, qu'il eût débauché une vierge, soit, ce qui est plus probable, que la doctrine qu'il professait déjà fût inacceptable pour la communauté chrétienne de l'endroit, il fut excommunié (par son propre père, dit-on). Après un séjour dans d'autres régions d'Asie Mineure, il se rendit à Rome vers l'an 145. Le clergé l'y reçut fort mal.

C'est à cette époque qu'il aurait rencontré et suivi un gnostique syrien du nom de Cerdon. Les démêlés de Marcion avec l'Eglise romaine firent du bruit. Il s'appuyait sur les paroles du Christ : « On ne met pas une pièce neuve dans une vieille étoffe, ni du vin nouveau dans une outre usée » (*Luc*, V, 36) ou encore « un bon arbre ne donne pas de mauvais fruit, pas plus qu'un mauvais arbre un bon fruit » (*Luc*, VI, 43), pour étayer sa théorie de deux dieux : un Dieu de rigueur, cruel et jaloux, celui de l'Ancien Testament ; et un Dieu bon, celui de l'Evangile prêché par Jésus.

Marcion, qui fut un des hommes les plus savants de son temps, s'attacha à rendre leur sens littéral aux livres de l'Ancien Testament. Il rejetait les interprétations, selon lui tendancieuses, que l'Eglise donnait à ces textes. La Bible est farcie de cruautés, d'actes immoraux, de vengeances et de crimes, tous accomplis au nom ou sur l'ordre d'un Dieu de rigueur dont le prédicateur gnostique ne pouvait s'accommoder. Par contre, il trouvait dans le Dieu de l'Evangile la miséricorde et l'infinie bonté qui manquait à celui de l'ancienne Loi. Il ne pouvait donc s'agir d'un seul et même personnage divin et Marcion prêchait l'avènement du seul Dieu bon manifesté par Jésus-Christ.

La doctrine marcionite connut un grand succès dans le monde chrétien d'alors. Du temps d'Epiphane, au début du Ve siècle, elle était répandue dans l'Italie, l'Egypte, la Palestine, l'Arabie et jusqu'en Perse où elle se serait confondue avec le Manichéisme.

Il est probable que la période écoulée entre la deuxième moitié du IIe siècle et la première moitié du Ve, où Epiphane, l'Arménien Eznik de Kolb, Tertullien, etc. la réfutèrent, la doctrine avait considérablement évolué. Elle avait pris un caractère gnostique évident qu'elle n'avait peut-être pas eu à l'origine.

Selon Eznik de Kolb, le Marcionisme ne se contentait pas d'opposer les deux Dieux et les deux Testaments, il les re-situait dans le cadre plus large d'un univers bâti sur « trois cieux » ou « trois principes ». Le Dieu bon et étranger siège dans le troisième ciel, tandis que le Dieu « juste » de la Genèse, le Créateur, qui est celui du deuxième ciel, s'est associé avec le troisième principe, celui de la Matière, pour créer ce monde imparfait dont, bien entendu, Adam lui-même. Mais la génération d'Adam a péché en adorant de faux dieux suscités par la Matière. C'est pourquoi le Dieu de rigueur, celui de la Genèse, l'a précipitée en enfer. C'est alors que le Dieu bon, apitoyé, envoya son Fils qui descendit aux enfers, délivra les âmes des justes et les conduisit au troisième ciel. Il laissa cependant dans les régions infernales les élus de l'Ancien Testament qui avaient servi le Dieu de la Genèse. Par contre Caïn et ses descendants les Sodomites, les Egyptiens que le Créateur avait si sévèrement punis, bref les ennemis du Dieu juste, furent emmenés au ciel.

Furieux, le Dieu juste déchira alors en deux le voile du Temple et « cacha le Soleil dans les ténèbres ». Jésus dut donc descendre de nouveau et se faire connaître cette fois au Créateur lui-même. Ce fut aussi à cette époque que le Sauveur enseigna Paul et l'envoya prêcher le salut. Sur ces bases, et après accord entre le Créateur et Jésus, le Dieu bon commande aux Chrétiens, le Créateur aux Juifs et le Méchant (ou la Matière) aux païens.

Pour ce qui est du domaine de la création proprement dite, le Dieu bon aurait créé les êtres spirituels et invisibles du cercle céleste. C'est le Dieu de la Genèse, le Dieu Juste, celui de « la Loi » qui fit le monde inférieur. Ayant vaincu le Méchant (la Matière) il prit de la matière qu'il avait conquise et créa le ciel de ce qu'il y trouva de plus pur ; après avoir façonné le reste du monde, il fabriqua l'Enfer avec le résidu de la matière. Quant à l'homme, le Créateur commença par faire le paradis terrestre et d'une parcelle de cette terre privilégiée, il modela Adam qu'il dota ensuite d'une âme empruntée à sa propre substance.

Au problème posé par l'incarnation de Jésus dans un corps formé par le Dieu Juste, le marcionisme répondait par le docétisme si cher aux gnostiques : tout dans Jésus-Christ n'avait été qu'une simple apparence, y compris sa naissance et sa mort. Tertullien indique que, fidèle à son principe de l'opposition entre le Judaïsme et le Christianisme, Marcion (ou ses successeurs) rejeta tout ce qui lui paraissait tenir au premier : la résurrection de la chair, le mariage, l'usage de la chair, l'assistance aux spectacles, etc. Les marcionites jeûnaient le samedi en signe de haine du sabbat. Ils méprisaient tellement la chair, racontait-on, qu'ils couraient au martyre et s'offraient aux coups des bourreaux. Ils étaient célèbres pour la sévérité de leurs mœurs, ce qui, selon certains détracteurs, était « une hypocrisie d'autant plus perfide qu'elle leur attirait plus de sectateurs » ! Enfin, les Marcionites auraient pratiqué tous les sacrements à l'exception de l'Eucharistie qui est en contradiction avec le docétisme, le corps du Christ n'ayant jamais été qu'une pure apparence. Quant au baptême, on pouvait le recevoir plusieurs fois dans un but de purifications successives.

Carpocrate

On ne sait pratiquement rien de Carpocrate, sinon qu'il eut un fils, Epiphane (ne pas confondre avec l'hérésiologue) qui aurait été le vrai fondateur de la secte des Carpocratiens. Mort à 17 ans, cet Epiphane aurait été ensuite vénéré comme un dieu. C'est du moins ce que rapporte Clément d'Alexandrie. La secte serait apparue vers le milieu du IIᵉ siècle.

Carpocrate aurait attribué la création du monde visible aux anges de qui dépendraient aussi les âmes humaines. Ces dernières se seraient unies à des corps matériels en punition d'une faute commise dans le monde invisible. Mais tout ce qu'elles avaient fait ou enduré dans leurs vies antérieures aurait été effacé de leur mémoire et elles n'en conservaient qu'une sorte de sentiment confus. On dirait aujourd'hui que tout cela est enfoui dans l'inconscient.

L'âme de Jésus-Christ avait été plus fidèle à Dieu. C'est ce qui explique qu'elle avait conservé plus de connaissance et plus de force pour vaincre les génies qui sont les ennemis de l'humanité. C'est pourquoi, après son incarnation et sa mort, Jésus est remonté au ciel. Les autres âmes sont condamnées à se réincarner. Dans sa notice sur les Carpocratiens, Irénée précise que l'âme est condamnée à transmigrer jusqu'à l'épuisement de toute forme de vie et d'action possible. L'adversaire des hommes est un des grands anges cosmiques auquel ils donnaient le nom de « diable ». Ce diable fantastique conduit les âmes devant l'Archonte créateur de ce monde qui les confie alors à d'autres anges pour les renfermer de nouveau dans la prison d'un corps. Les âmes ne seront libérées qu'après avoir accompli toutes les formes d'action possible ; cela peut arriver dès cette vie présente, mais le plus souvent plusieurs existences sont nécessaires. Dans la conception carpocratienne de la métempsycose, l'âme peut être appelée à transmigrer dans le corps d'un animal, voire même d'une plante.

Les Carpocratiens n'avaient que mépris pour le corps, cette prison matérielle. Le vrai gnostique, disaient-ils, est insensible aux aiguillons de la douleur et aux délectations de la volupté. Tout cela se passe hors de lui, lui est étranger. C'est d'après ce principe qu'ils se seraient livrés à toutes les impuretés. Epiphane le jeune composa d'ailleurs un « livre de la Justice » où il concluait à la totale communauté des biens et des femmes.

Bien entendu, les Carpocratiens auraient été de grands magiciens, c'est l'accusation habituelle avec celle des mœurs licencieuses. On a dit que certains disciples étaient marqués au fer rouge à la partie arrière du lobe de l'oreille droite. Ils vénéraient les images peintes et sculptées de Jésus-Christ d'après un portrait attribué à Pilate ; des portraits de Pythagore, de Platon et d'Aristote auraient aussi été des objets de vénération.

Valentin

Le plus célèbre de tous les docteurs gnostiques fut certainement Valentin. Originaire d'Egypte où il fit ses études, il avait aspiré à l'épiscopat avant de commencer d'enseigner sa doctrine dans son pays d'origine. Il se rendit ensuite à Rome où il semble qu'il vécut entre les années 136 et 165 ; ensuite il se retira à Chypre où on perd sa trace. Il n'a été conservé que quelques fragments de ses propres écrits et de ceux de ses proches disciples. Par contre ses détracteurs chrétiens se sont montrés très prolixes à son sujet. Mais Irénée regrette les divergences théoriques qui apparurent parmi les Valentiniens. « Ils se contredisent absolument, aussi bien sur les mots que sur les choses », se plaint-il.

Quoi qu'il en soit des sources exactes, Irénée et Hippolyte s'accordent sur l'éontologie et l'émanatisme multiple qui caractérisent la gnose valentinienne. Comme dans tous les systèmes gnostiques, le mythe de la création du monde est le récit imagé et complexe d'une théogonie s'emboîtant dans une cosmogonie. Il n'y a pas de coupure quoique tout soit mis en œuvre pour préserver la transcendance de Dieu.

A l'origine, selon Valentin, dans les profondeurs infinies de l'éternité, existe un Eon parfait appelé le Père Suprême, le Pro-Père (*Propatôr*) ou encore l'Abîme (*Bythos*). Il repose immobile, incompréhensible, inengendré, pendant des siècles innombrables. Eternelle comme lui, sa Pensée (*Ennoïa*) qui est aussi son Silence (*Sigê*) ou sa Grâce (*Charis*) dort à ses côtés. Après une infinité de siècles, la Pensée, principe féminin, suscite un désir chez le Pro-Père et de leur union naissent un Fils qui est l'Esprit (*Pneuma*) et une fille, la Vérité (*Alêteia*). Telle fut la première tétrade, la *tetraktys* suprême, composée du Père et de la Pensée, de l'Esprit et de la Vérité (ou Fils unique). Elle représente l'unité du Père. Mais le mouvement est lancé et les émanations se multiplient. De l'union de l'Esprit et de la Vérité, naissent le Verbe (*Logos*) et la Vie (*Zoê*) qui a leur tour engendrent l'Homme (*Anthropos*) et l'Eglise (*Ekklêsia*). Ces éons forment la deuxième tétrade dont les quatre éléments s'ajoutant à la première *tetraktys* constituent la huitaine (Ogdoade) suprême, principe et archétype de tout. Les éons intermédiaires qui vont suivre n'en sont que le prolongement et l'expression, tandis que le Christ, Jésus et le Saint-Esprit apparaissent plus clairement comme des hypostases.

Les éons intermédiaires sont engendrés par la deuxième *tetraktys* : le Verbe et la Vie émettent une Décade constituée par dix éons qui sont le deuxième Abîme et la Mixtion ; l'Eternellement Juste et l'Unification ; le Vivant de soi-même (*Autophyês*) et la Volupté, l'Immobile et la Fusion ; le Fils unique et la Félicité. De leur côté, l'Homme et l'Eglise produisent une Dodécade (douze éons) composée de Paraclet et de la Foi ; du Paternel et de l'Espérance ; du Maternel et de la Tendresse ; de l'Entendement et de la Conscience ; de l'Ecclésiastique et de la Béatitude ; du Désiré et de la Curiosité ou la Sagesse (*Sophia*). Les trente éons de l'Ogdoade, de la Décade et de la Dodécade forment la Triacontade du Plérôme parfait tel qu'il était à l'origine.

Mais seul le Fils premier-né (l'Esprit et la Vérité), connaissait directement la perfection du Père ; les autres éons ne pouvaient obtenir cette connaissance supérieure que par son intermédiaire. Cependant, Sophia, la dernière-née des éons, se sentit éprise du désir (son parèdre masculin s'appelle d'ailleurs : Le Désiré) non seulement de voir le Père face à face, mais encore d'engendrer seule, comme lui. La Sagesse s'élança alors vers le Père et, manquant son but, tomba dans l'abîme inférieur du chaos. Elle produisit simultanément, sans semence, un être difforme, un avorton qui est le fruit de son Intention (*Enthymêsis*) et que l'on désigne du nom hébraïque d'Akhamoth et qui est aussi une Sagesse. Alors considérant ce fruit de son erreur, Sophia fut prise de dégoût et de remords. La voyant, les éons du Plérôme furent émus de pitié et supplièrent le Pro-Père de lui venir en aide. La puissance suprême de Dieu ordonna à l'Intelligence et à la Vérité d'émettre une nouvelle *syzygie* ou couple d'éons : le Christ et LA Sainte-Esprit. Puis le Père produisit lui-même un nouvel éon solitaire qui est la Croix (*Stauros*) et la Limite (*Horos*). A partir de ce moment, le Plérôme consolidé est séparé de la création inférieure et imparfaite sur laquelle règne désormais Sophia-Achamoth.

Le Christ a eu pitié de la Sagesse ; il l'a reconduite dans le Plérôme, mais elle a dû laisser dans le monde son *Enthymêsis*, son Intention qui est une part d'elle-même : Sophia-Achamoth, justement. Cette dernière bouillonne dans le vide du chaos, elle se désole et ses prières montent vers le Christ. De ses larmes sort l'élément humide, de son sourire la lumière et de ses angoisses la matière compacte et solide. Apitoyé de nouveau, le Christ lui envoie alors le Sauveur qui devient son époux et redresse ses passions. C'est de cette union que sont nés les anges, dont le Démiurge lui-même. A ce titre Achamoth peut être ressentie comme la Mère Universelle tandis qu'en tant qu'Epouse de Jésus, elle peut être considérée comme Ekklêsia terrestre. D'autres systèmes en feront la *Prounikos*, la « Lascive » chargée de réintégrer, par la volupté, la lumière divine tombée en ce monde avec elle.

C'est à partir des éléments issus du désespoir et de la passion amoureuse de Sophia-Achamoth pour le Christ-Jésus que le Démiurge engendré par elle construit et régit le monde d'ici-bas. Ce démiurge est androgyne et c'est pourquoi on le désigne du nom de *Metropatôr* (Mère-Père). Architecte aveuglé par l'ignorance, il a créé les sept cieux de l'Hebdomade et tous les êtres célestes de son cercle, les archontes et les génies. Ensuite il a créé les êtres terrestres et le Cosmocratôr, c'est-à-dire le Diable. S'agissant de l'homme en particulier, le Démiurge l'a fabriqué avec de la matière, puis il lui a insufflé une parcelle de son âme *psychique* ; mais, en même temps et sans s'en douter, il lui a transmis l'élément *pneumatique* qu'il tient de sa mère Achamoth tout à fait à son insu. Cette étincelle pneumatique ou spirituelle a ainsi été semée dans le premier homme et se perpétue depuis. C'est ainsi que dans l'homme se retrouvent les trois états de l'âme, les états *hylique* (matériel), *psychique* et *pneumatique*. L'élément hylique est dit de « gauche » et périra avec le corps ; l'élément psychique est de « droite » et permet à l'homme de choisir librement entre la tendance spirituelle et la tendance matérielle de son être. Soit il tendra vers le haut et accédera à l'immortalité spirituelle, soit il cédera à la corruption de la matière et de la chair et périra avec cette dernière, comme « un homme ».

C'est par la Gnose que tous les éléments spirituels répandus dans le monde seront récupérés afin de rentrer dans le Plérôme à la fin des temps. Alors Sophia-Achamoth rejoindra son époux Jésus dans le cercle du Plérôme et le Démiurge prendra sa place dans la région intermédiaire (le « *mésotès* ») et régnera sur les âmes psychiques. Pour sa part, la Matière restée en bas disparaîtra dans le gigantesque embrasement du feu latent caché dans le monde.

Pour ce qui est du Sauveur, l'opinion des Valentiniens était divisée. L'école italique, avec Ptolémée et Héracléon, estimait que le corps de Jésus avait été psychique et que ce n'est qu'au baptême qu'il reçut l'Esprit, c'est-à-dire le Verbe de Sophia descendu sur lui sous forme de colombe. Par contre l'école orientale, avec Bardésane, enseignait que Jésus avait eu un corps spirituel, car l'Esprit-Saint avait au préalable visité Marie « à travers laquelle Jésus a été enfanté ».

Valentin baptisait au nom du Père Inconnu, de la Vérité, Mère de toutes choses, de Jésus-Christ, descendu parmi nous pour racheter les hommes. Les Valentiniens utilisaient en outre des prières spéciales et des onctions secrètes afin d'aider les âmes pneumatiques dans leur ascension vers les régions célestes et la Lumière. Il s'agissait de rendre les âmes invisibles aux puissances inférieures, comme aux puissances du Démiurge.

Si Valentin eut un grand nombre de disciples et

si les écoles se réclamant de lui furent prospères, il n'en est pas moins certain que tous et toutes contribuèrent à altérer la doctrine originelle du maître. Tertullien, qui exposa et réfuta sa doctrine, confie que de son temps Valentin n'existait plus nulle part dans les nombreux collèges des Valentiniens.

Marcos

Les écoles gnostiques foisonnent en ce IIe siècle. Les hérésiologues s'en indignent et fulminent. C'est ainsi qu'Irénée (*Adv. Haeres*) dénonce Marcos, disciple de Valentin et fondateur pour sa part d'un système particulier. Il avait surtout enseigné en Asie Mineure, mais Irénée a connu des Marcosiens en Gaule, dans la région de Lyon, la prédestinée. Quant à Marcos lui-même, il disait avoir reçu une révélation directe, la *tetraktys* primordiale l'ayant visité sous l'apparence féminine de *Sigê* (le Silence). Il lui fut donné ainsi de voir et d'entendre *Alêtheia*, la Vérité toute nue et, ma foi, fort belle.

Le système gnostique ainsi révélé est entièrement bâti sur la puissance du Verbe et le jeu des lettres de l'alphabet grec et des nombres qui leur correspondent. A l'origine du tout, l'*Apatôr*, le Père inengendré prononça un mot et ce mot devint le Logos. Ensuite, ce fut la cascade habituelle des éons, au nombre de trente, selon Irénée. Un Démiurge issu de la chute du dernier éon de la Dodécade fabriqua enfin le monde à l'image d'en haut, image qui lui fut transmise par la Mère, c'est-à-dire la tétrade supérieure.

« *Quant à Jésus, voici son origine ineffable : de la première Tétrade, Mère du tout, est sortie à la manière d'une fille, la deuxième Tétrade; ainsi fut formée l'Ogdoade, de laquelle sortit la Décade. Ce fut l'origine du nombre dix-huit. La Décade donc, étant venue se joindre à l'Ogdoade et l'ayant multipliée par dix, engendra le nombre quatre-vingts ; et le nombre quatre-vingts multiplié de nouveau par dix, produisit le nombre huit cents, en sorte que le total des lettres en allant de l'Ogdoade à la Décade est de 8,80, 800, ce qui est Jésus, car le nom de Jésus a pour valeur numérique 888 (...) L'alphabet grec, également, a huit unités, huit dizaines et huit centaines, c'est-à-dire qu'il est Jésus, qui se compose de tous les nombres.* » Il s'agit ici de l'alphabet de 24 lettres, les trois signes qui n'ont qu'une valeur numérique étant exclus, précise Leisegang [1] à qui nous empruntons cette citation et celles qui vont suivre.

Les Marcosiens administraient le baptême. Mais le baptême d'eau leur paraissait incomplet, n'ayant dans leur opinion qu'un effet psychique de simple purification. Il devait donc être complété par le baptême dans l'Esprit par lequel on obtenait, comme Jésus, l'illumination et la perfection. Devenu pneumatique, le nouvel initié est regénéré. Ce baptême initiatique était conféré au « nom du Père inconnaissable du Tout, dans la vérité de la Mère du Tout, dans celui qui est descendu en Jésus, dans l'union, la rédemption et la communion des puissances » (Irénée, I, 21,3). Le rite exigeait une « chambre nuptiale » et des formules destinées à procurer la « consommation », c'est-à-dire le « mariage pneumatique » à l'image de l'union d'en haut. Après avoir ensuite invoqué le nom de *Iao*, qui a sauvé l'âme en vue de la rédemption en « Christ le Vivant », le parfait était oint d'huile de baume « parce que cette onction était censée émettre une odeur semblable à celle qui flotte sur l'univers ».

On a parlé plus haut (chap. v) du rite initiatique des Marcosiens. Ce sacrement était donné au nom de Charis (la Grâce) et les femmes y prenaient une part

---

1. H. Leisegang, *La Gnose, op. cit.*

active. Selon Epiphane et Irénée on utilisait trois coupes de verre blanc remplies de vin coupé. Ce vin mêlé d'eau était ensuite versé dans un grand calice qui, par miracle, se mettait à bouillir, puis à déborder dès que les paroles sacramentales avaient été prononcées. Ce nouveau vin était couleur de sang. C'est par ce prodige que Marcos serait parvenu à faire croire aux femmes qui le suivaient qu'elles avaient un pouvoir magique. La cérémonie se terminait ensuite par des prophéties, car la communion en Charis provoquait le don prophétique.

Il y aurait eu aussi une sorte d'extrême-onction. La tête du mort recevait une onction d'huile, d'eau ou de baume, afin de rendre l'âme défunte « insaisissable et invisible aux Archontes et aux Puissances ». Le corps restait en ce bas-monde, mais l'âme psychique était abandonnée au Démiurge et à ses génies, tandis que l'âme pneumatique poursuivait son ascension vers Sophia. Durant cette escalade des invocations spéciales étaient récitées qui frappaient d'épouvante le Démiurge et ses anges.

On raconte de Marcos qu'il avait un goût immodéré des femmes. Irénée relate qu'il avait séduit et entraîné à sa suite l'épouse d'un diacre d'Asie Mineure, abusant de la confiance de ce dernier qui était de ses intimes. Quand cette femme eut été enfin convertie et rétablie dans la communauté chrétienne, elle ne cessa de faire pénitence et de pleurer sur l'outrage qu'elle avait subi. Irénée toujours se plaint de la peste libertine représentée par le grand nombre de femmes séduites par Marcos et ses disciples. Mais, se console le saint hérésiologue, quelques femmes sensées et vertueuses qui avaient échappé à la séduction de Marcos et de ses associés dénoncèrent les turpitudes de la secte ; d'autres, qui avaient été séduites, se convertirent et confirmèrent la corruption des mœurs marcosiennes.

Avec Marcos se termine la liste des grands docteurs gnostiques dont la réputation nous est parvenue. Certains d'entre eux frappent par leur puissante personnalité et la fascination qu'ils semblent avoir exercée sur les foules : c'est le cas d'un **Simon le Magicien**, par exemple, qui osa se proclamer émanation divine et en quelque sorte Fils de Dieu, à l'instar du Christ. D'autres furent de profonds penseurs et de grands savants de leur temps. On rangera parmi ces derniers des esprits de la trempe de Basilide, Valentin et Marcion. Tous en tout cas marquèrent profondément leur époque.

VIII

LES SECTES ET LES ÉCOLES (II)
LES ADORATEURS DU SERPENT

Nous laisserons ici les savants docteurs et les grands illuminés initiateurs de systèmes pour nous occuper maintenant des sectes qui se sont développées sans qu'on puisse leur attribuer un premier fondateur — encore qu'Hippolyte précise qu'Euphratès le Pérate et Kelbès le Karystien aient été les fondateurs du groupe des Pérates (*pérân* = franchir, traverser) et attribue à un certain Justin le fameux livre connu sous le nom de *Baruch*.

Les sectes dont il va être question maintenant ont plusieurs points communs et se rattachent toutes à l'antique symbolisme du Serpent. Que ce soit les *Naassènes* (de l'hébreu *naas* = serpent), les *Pérates* ou les *Ophites* (du grec *ophis* = serpent) proprement dit, le serpent y joue un rôle essentiel. Il figure le Logos ou plutôt l'Océan du devenir qui coule de haut en bas et de bas en haut. Ce pur Logos, Fils du Dieu inengendré et principe générateur du Cosmos s'oppose d'ailleurs à l'autre serpent, le Mauvais serpent qui est l'Archonte créateur de ce monde inférieur.

Ces sectes avaient d'autres points communs. Elles admettaient trois principes principaux ; premièrement, le Père inengendré assimilé au Bien parfait ; deuxièmement, un monde intermédiaire de « puissances » nées d'elles-mêmes et s'auto-engendrant ; et troisièmement, le *Propre* ou le Cosmos engendré. De là trois sortes de dieux, trois sortes de logoï, d'esprits et d'hommes — Jésus, le Sauveur avait réuni en lui les trois principes. C'est le jeu d'échanges réciproques de ces principes principaux qui définit l'essence de l'univers. Les astres étaient conçus comme des puissances et autant de démiurges scellant le destin de l'homme. Enfin la vieille tradition du Cosmos macrocosme et de l'homme microcosme n'était pas absente de ces spéculations. L'Esprit supérieur prenait figure d'Homme supérieur, tandis que le Cosmos était ce « grand Homme » à l'image duquel l'homme terrestre a été fait.

Les sectaires se figuraient le Logos sous le double symbole d'un courant refluant sur lui-même et du serpent se mordant la queue. Le serpent-Logos était bien, selon Hippolyte, l'Anthropos-Logos et tous les cultes et les mystères convergeaient vers lui. « *Il était l'élément humide* (*Océan et Jourdain*) *; sans lui aucun être au monde ne peut se constituer, qu'il soit immortel ou mortel, animé ou inanimé. Tout lui est soumis ; il est bon ; il renferme comme dans la corne d'un taureau à une seule corne* (Deutér. XXX, 11-17) *la beauté de tous les êtres et il donne la grâce et la jeunesse à chaque créature suivant sa nature propre ; car il imprègne toutes les choses à la manière du fleuve qui sort de l'Eden et se divise en quatre branches* (Gen. II, 10) [1].

L'Anthropos-macrocosme contient en lui tous les

---

1. Hippolyte (*Elenchos* V, 9, 12-15) cité par Leisegang, *La Gnose, op. cit.*

principes de la création. Le serpent-Logos est tantôt tourné vers le Père et puise à la source des « idées », tantôt tourné vers la Matière, fécondée par la Mère et toujours en perpétuelle gestation, à qui il imprime les virtualités d'en haut. Et si le monde est imparfait c'est que l'œuvre du Logos supérieur est contrariée par l'Archonte de ce monde, le « Premier-né des Eaux », pour employer un terme attribué aux Séthiens par Hippolyte. De son côté ce Premier-né des Eaux puise dans les puissances du chaos les principes d'un Fils de la mauvaise création. Pourtant le Logos, chargé d'une double mission, descendu en ce monde purifie ce qui peut être purifié et récupère la lumière éparpillée dans les créatures. Tel est son mouvement de reflux vers le haut. Pour résumer, ici comme ailleurs, la création du monde est comme toujours conçue comme une chute de l'Esprit fécondant dans la Matière fécondée, chute aussitôt corrigée par la nécessaire réintégration de l'Esprit dans sa transcendance première.

Les Ophites

Les mythes cosmogoniques et anthropologiques autour desquels s'articule cette doctrine sont d'ailleurs assez explicites. Saint Irénée les a exposés dans une notice (I, XXX) qui paraît concerner les Ophites ou un groupe assez proche d'eux. De son exposé il ressort que, comme les autres gnostiques, ces sectaires établissaient une distinction entre l'Etre suprême et le Créateur. Dualistes, ils opposaient à l'être divin, pur esprit, un principe matériel, pur chaos. Dans la Lumière bienheureuse de l'abîme infini (*Bythos*) apparaît le Père de Tout qui est le Premier Homme ; puis vient sa Pensée (*Ennoïa*) qui procède de lui-même et qui est le Fils de l'Homme. Au-dessous d'eux surgit *Pneu*-

ma qui est l'Esprit et la Vie ou encore LA Sainte Esprit, la Mère de Tout. Le Christ enfin est engendré par les trois puissances supérieures. Cette tétrade constitue l'Ekklêsia, l'éon supérieur incorruptible.

Une dernière émanation androgyne, *Sophia-Prounikos* reste hors du cercle de ce Plérôme ; elle est intermédiaire entre les intelligences divines et les éléments du monde matériel. C'est la « rosée de lumière » qui « comme d'une eau bouillonnante » est issue de la Mère. Elle tombe dans le monde, s'alourdit du poids des eaux d'en-bas qui ne parviennent pas toutefois à l'engloutir et se contentent de l'empêcher de remonter vers la Mère. Sophia se débat de toutes ses forces, réussit à tendre son corps qui devient la voûte céleste sur laquelle elle règne désormais, au huitième ciel, dans l'Ogdoade. Mais elle a engendré un fils : Ialdabaoth le Démiurge.

Ce dernier partage le gouvernement du monde avec six autres Archontes planétaires, émanés les uns des autres ; ce sont *Iao, Sabaoth, Adonaï, Astaphaï, Eloï* et *Oraï*. A eux sept, ils constituent les sept cieux de l'Hebdomade et ils commencent à créer le monde. Enfin les cieux, les archanges et les anges ayant été produits, Ialdabaoth décida de se donner un fils et créa le serpent Ophis. Alors le Démiurge se réjouit et proclama sa prétendue divinité, ce qui lui valut le reproche de sa mère Sophia : « Ne mens pas, Ialdabaoth, lui cria-t-elle, il y a au-dessus de toi le Père de Tout, l'Homme et l'Homme Fils de l'Homme ! » Les Archontes furent troublés par cette voix venue d'en haut, ils s'étonnèrent. C'est alors que, pour détourner leurs soupçons, le Démiurge leur proposa de créer un homme « à leur image ». Cette image est celle que Sophia leur avait laissé entrevoir, l'image céleste du Premier Homme. Cependant l'être colossal fabriqué par les Archontes ne pouvait se lever, il gisait sur le sol jusqu'au moment où Ialdabaoth lui insuffla la vie. Le principe pneumatique que le Démiurge tenait à son insu de Sophia passa de lui dans l'homme qui se mit aussitôt à resplendir et tendit à s'élever au-dessus de la sphère des esprits inférieurs en direction de l'Etre suprême.

Pressé par l'inquiétude et la jalousie, Ialdabaoth créa prestement la femme destinée à priver Adam de sa puissance lumineuse. Mais les Archontes, séduits par la beauté d'Eve, s'éprirent d'elle et la fécondèrent. De leur semence, elle engendra les anges. D'en haut Sophia voyait ce qui se passait. Elle incita le serpent Ophis à séduire à son tour Adam et Eve et à les engager à manger du fruit défendu. Ayant alors découvert leur vraie nature pneumatique après avoir goûté du fruit de l'arbre, le couple adamique encourut la vindicte du Démiurge. Ialdabaoth les chassa du paradis et en chassa du même coup Ophis, le serpent. Le mythe connaît des rebondissements. C'est ainsi que Sophia avait retiré leur essence lumineuse à Adam et Eve afin de décourager Ialdabaoth lui aussi tombé amoureux de sa créature Eve et souhaitant lui faire des fils. Mais dès lors que le couple eut quitté le paradis terrestre il retrouva sa vertu première. Adam et sa compagne commencèrent par engendrer Caïn et Abel, mais le Serpent, plein de rancune parce qu'il avait été lui aussi chassé du paradis, incita Caïn à tuer son frère. Mais Seth et sa sœur Norêa rétablirent la race des parfaits qui sera encore une fois sauvée par Sophia au moyen de l'arche de Noé quand Ialdabaoth, décidément fort irascible, envoya le Déluge.

Après le Déluge, le Démiurge fera alliance avec Abraham dont la descendance deviendra la race de ses élus. Mais les prophètes issus de la race d'Abraham eux-mêmes laissèrent passer dans leurs prophéties des paroles qui se rapportent au Premier Homme et au Christ. Car il s'agit de déjouer les ruses et l'emprise sur les hommes du sombre Ialdabaoth. C'est ainsi, dans cet esprit, que Sophia parvint à faire naître Jean-Baptiste et Jésus sans qu'Ialdabaoth puisse intervenir à temps.

Car la Mère suprême a pris Sophia en pitié et elle a obtenu du Premier Homme qu'il envoie le Christ à son aide. Celui-ci s'est incarné dans l'homme Jésus. On s'en doute, la mission de Jésus-Christ est contrariée par le Démiurge et les Archontes. De longue date ils complotent le drame de la Passion et du Calvaire. Mais ils ignorent que le Sauveur n'est pas un homme comme les autres. A peine sur la Croix, le Christ céleste est remonté vers l'éon incorruptible et a envoyé à Jésus crucifié une vertu qui lui permit de ressusciter ce qui, en lui, était susceptible de revivre : son corps subtil. Après la résurrection Jésus est resté dix-huit mois parmi ses disciples, leur enseignant les mystères de la Gnose. Puis il est remonté au ciel ; il est assis à la droite de Ialdabaoth qui ne le sait pas. Il y reçoit les âmes des Parfaits et les aide à échapper aux perfides entreprises du Démiurge et de ses puissances.

Le monde enfin sera détruit quand toute la rosée de lumière éparse ici-bas aura été ré-engrangée en haut, dans l'éon incorruptible. C'est sur un mythe assez analogue que se serait articulée l'initiation d'une autre secte, celle des Barbélognostiques. Sophia-Prounikos y troque son nom contre celui de *Barbélô*. Ce nom de Barbélô, explique Jean Doresse, « se retrouve dans la plupart des grands mythes des adeptes de la Mère ». Le mot viendrait de l'hébreu *B'arb'é Eloha*, qui signifierait à peu près : « en quatre », désignant ainsi les quatre puissances de la Tétrade [1].

---

1. *Cf.* Jean Doresse : *Les Livres secrets des Gnostiques d'Egypte*, note p. 67 ; et H. Leisegang, *La Gnose*, p. 129.

Baruch

Autre mythe ophitique, le récit de la création par Justin dans son *Livre de Baruch* est plus complexe et encore plus imagé. D'après ce livre, il y a trois principes inengendrés du Tout : un Père suprême, principe masculin appelé le Bon et qui possède la prescience universelle ; le second, Père de toutes choses, s'appelle Elohim, il est dépourvu de prescience ; le troisième principe, lui, est féminin, dépourvu aussi de prescience. C'est Eden ou Israël, dont la moitié supérieure du corps est celle d'une femme splendide, tandis que la moitié inférieure est figurée par un serpent. Les deux derniers principes, Elohim et Eden, résidaient dans les lieux inférieurs ; ils s'éprirent l'un de l'autre et s'unirent. De leurs amours naquirent les anges d'en bas, douze pour Elohim, douze aussi pour Eden. Ces anges forment le paradis dont ils sont allégoriquement les « arbres ». L'un des anges d'Elohim, *Baruch* est l'Arbre de Vie, un ange d'Eden. *Naas* le serpent est l'Arbre de la Science du Bien et du Mal. Ce sont les anges qui créent le monde. De la moitié supérieure d'Eden ils ont tiré de la bonne terre et ont fabriqué Adam, tandis que c'est avec la terre de la moitié inférieure à forme de serpent qu'ils ont formé les bêtes sauvages et les autres animaux.

Dès que les anges eurent accompli la création du monde, Elohim s'éleva au-dessus des régions inférieures et aperçut une lumière parfaite qu'il ne connaissait pas. Il l'invoqua et le Dieu suprême l'attira jusqu'à lui et le garda à ses côtés. Restée en bas et furieuse de la défection d'Elohim, Eden résolut de se venger et chargea l'ange-serpent Naas de faire souffrir « le pneuma d'Elohim qui habite dans les hommes ». Le serpent s'est ainsi approché d'Eve et a commis l'adultère avec elle ; de même il sodomisa le pauvre Adam.

Alors Elohim envoya son ange Baruch pour instruire les Juifs afin qu'ils reconnaissent le Dieu d'en haut ; il envoya également Hercule aux incirconcis et aux païens afin de les délivrer des embûches des mauvais anges d'Eden. Plus tard, sous le règne d'Hérode, Baruch se rendit à Nazareth auprès de Jésus à qui il révéla le secret de la création d'Elohim et d'Eden et à qui il confia la mission de prêcher le vrai Dieu d'en haut. C'est Naas qui organisa la passion et la mort de Jésus, mais le Christ abandonna son corps sur la croix et monta jusqu'aux cieux supérieurs. Il dit à Eden : « Femme, prends ton fils » (*Jean*, XIX, 26), c'est-à-dire l'homme psychique et l'homme terrestre. Puis il remit son pneuma entre les mains du Père et il s'éleva vers le Bon [1].

Les Séthiens

Pour les Séthiens aussi le thème de la lutte entre la Lumière et les Ténèbres joue un rôle central. Les trois principes qui composent le Tout, c'est-à-dire la Lumière, le Pneuma intermédiaire et les Ténèbres, sont dotés de puissances innombrables. Ces puissances sont douées de raison et d'intelligence et demeurent en repos aussi longtemps qu'elles restent éloignées les unes des autres. Mais les Ténèbres ont reçu un rayon de la Lumière d'en haut ainsi que les effluves du Pneuma intermédiaire. Elles mettent tout en œuvre pour les retenir. La première rencontre des trois Principes a produit la grande idée d'un sceau. Ce sceau, le ciel et la terre, a une forme semblable à celle d'une femme grosse avec le nombril au milieu. Toutes les autres innombrables rencontres des puissances qui se sont effectuées ensuite dans le lieu inter-

---

1. Hippolyte (*Elenchos*, V, 26).

médiaire, entre le ciel et la terre, ont eu pour effet de produire des sceaux « identiques, semblables au ventre gravide ». C'est la multitude des êtres microcosmiques faits à l'image du grand Cosmos. Cependant tous ces êtres nés dans la matrice primordiale ont reçu les effluves du Pneuma.

Mais de l'eau a surgi un principe premier-né. C'est un vent puissant. Ce vent impétueux a soulevé les vagues des eaux et « *quand cette vague soulevée se fut élevée au-dessus des eaux, elle conçut et, conformément à sa nature, reçut en elle le fruit de la femme, elle retint la lumière diséminée d'en haut avec l'effluve odorant du Pneuma, c'est-à-dire l'Esprit revêtu des formes variées qui est le Dieu parfait* ». Mais ce qui a été mêlé n'est qu'une toute petite étincelle, un fragment du rayon lumineux. La lumière d'en haut tend de toutes ses forces à récupérer cet Esprit, fils parfait du vent tumultueux d'en bas et de la Matrice imprégnée de l'effluve lumineux du Pneuma. Mais ce vent, cette bête, le Premier-né des Eaux est pareil à un serpent ; c'est pourquoi le Logos d'en haut, lui aussi semblable au serpent, a pu tromper la vigilance de la Matrice. Il l'a pénétrée et rompu les liens qui enserraient l'Esprit parfait « *qui avait été engendré par le Premier-né des eaux, le serpent, le vent, la bête dans la matrice impure* ». « *Telle est la forme d'esclave, telle est la nécessité qui oblige le Logos de Dieu à descendre dans le sein d'une vierge.* »

Cet exposé est tiré d'un livre auquel Hippolyte donne le titre de *Paraphrase de Seth*. Les fouilles de Khenoboskion ont permis de retrouver une *Paraphrase de Séem* qui expose une cosmogonie à peu près identique. « *Au commencement, il y avait une Lumière et une Ténèbre, et il y avait entre elles un Esprit. La Lumière était une pensée emplie d'entendement et de Logos, lesquels y étaient assemblés en un seul instrument.* » Ici encore ce sont les vents et les eaux qui caractérisent les Ténèbres. Quant à l'Esprit « c'est une lumière agréable et humble ». Suit enfin l'assaut des Ténèbres « pour que la Pensée se répande en elles-mêmes » et qu'apparaisse le mélange dont sortira la création. La vision de Séem le conduit cependant à développer ensuite des thèmes communs aux gnostiques, comme la création du Cosmos par le Démiurge mauvais qui se croit et se proclame le seul Dieu [1].

Les pages qui précèdent montrent qu'on ne peut isoler telle ou telle Église gnostique. Il est probable que les unes empruntèrent aux autres leurs « révélations » en y adjoignant sans doute quelques innovations originales, mais, en fin de compte, il existe une thématique qui est mitoyenne et commune à toutes les sectes.

L'influence de l'Hermétisme a été par ailleurs soulignée par la plupart des auteurs et certains textes de la « bibliothèque » de Khénoboskion sont tout à fait explicites à ce sujet, comme le fait remarquer M. Jean Doresse. Il est permis d'espérer en outre que le dépouillement, la traduction et l'exploitation des quarante-neuf livres de Khénoboskion apporteront des connaissances nouvelles sur un groupe important de gnostiques, les Séthiens notamment.

En attendant, nous terminerons notre tour d'horizon en citant en vrac et sans pouvoir d'ailleurs établir une liste exhaustive, quelques docteurs gnostiques moins connus que les autres, ainsi que d'autres sectes de moindre importance. L'ordre alphabétique nous a paru ici plus logique.

ADAMITES : La secte des Adamites aurait été fondée par Carpocrate ou par un certain Prodicus vers la fin du IIe siècle. Théodoret, Tertullien, Epiphane et

---

1. Jean Doresse : *Les Livres Secrets des Gnostiques d'Egypte, op. cit.*

Clément d'Alexandrie en parlent, les accusant de nier l'unité de Dieu ainsi que la nécessité de la prière.

Leur nom leur vient de ce qu'ils imitaient la nudité d'Adam et d'Eve dans le paradis terrestre. Ils avaient leurs temples dans des cavernes qu'ils auraient comparées au jardin d'Eden. Ils dépouillaient leurs vêtements avant d'y pénétrer, ce qui ne manqua pas de choquer les bons Pères hérésiologues. Saint Augustin les accuse de condamner le mariage, mais d'avoir admis l'usage en commun des femmes. Toutefois ils exigeaient des membres de la secte qu'ils pratiquent la chasteté hors de l'enceinte du temple. Ceux qui transgressaient ce règlement en étaient chassés comme Adam et Eve du paradis terrestre après la faute.

ADELPHE : Philosophe du IIIe siècle qui établit sa doctrine à partir d'un mélange de platonisme et de gnosticisme. Il fut réfuté par Plotin.

AGAPÈTES : Secte à majorité féminine, proche des Adamites (IVe siècle). Ils enseignaient que rien n'est impur pour les consciences pures.

ANTITACTES : Cette branche gnostique du groupe des Caïnites s'opposait aux lois contenues dans l'Ecriture. Dieu étant juste, n'avait pu créer qu'un monde parfait où tous les instincts étaient naturels et ne devaient pas être contrariés. Une des puissances supérieures, jalouse de l'œuvre divine et du bonheur des hommes, introduisit dans les esprits l'idée du bien et du mal, du juste et de l'injuste. C'est à partir de ce moment que la Loi avait été introduite dans le monde.

APELLES : Disciple de Marcion (IIe siècle) qui rejetait toutefois la doctrine marcionite des deux dieux, principes actifs co-éternels. Apelles croyait en un seul

Dieu existant de soi-même et souverainement bon. Le monde avait été fait par un Esprit de rang inférieur, malfaisant et ignorant. D'où venait cet esprit ? les réfutateurs n'en disent rien.

Substances incorporelles, les âmes étaient unies à un petit corps et jouissaient dans le ciel de la félicité que procure la contemplation de Dieu. Mais le Créateur parvint à les attirer dans le monde d'en bas en faisant pousser des fleurs et des fruits dont l'odeur monta jusqu'à elles. Attirées vers le bas, elles se dotèrent de corps sur le même modèle que celui qu'elles possédaient auparavant et peuplèrent la terre. Ce nouveau corps les incitant au mal, elles succombèrent à la tentation au grand désespoir du Créateur. Ce dernier implora Dieu qui lui envoya le Christ afin de sauver sa création.

Apelles enseignait que le Christ s'était lui-même doté d'un corps fabriqué à partir des quatre éléments, sans s'incarner dans la Vierge Marie. Jésus avait souffert, mais il était ressuscité en se dépouillant de son corps physique. Seule son âme était montée au ciel à l'Ascension. Apelles niait la résurrection de la chair et disait qu'il y avait autant de bon que de mauvais dans l'Ancien Testament.

On raconte qu'Apelles était de mœurs licencieuses et qu'il vivait avec une certaine Philomène dont il aurait fait une prophétesse.

ARCHONTIQUES : Les Archontiques (IIe siècle) étaient des Valentiniens qui enseignaient que la création du monde était due aux « principautés » de la hiérarchie angélique ou des Archontes. Sebaoth, une des principautés inférieures, aurait pour sa part instauré le baptême. Les Archontiques ne croyaient pas à la résurrection de la chair qu'ils se refusaient d'ailleurs à perpétuer par la procréation. La femme, pensaient-ils, est le piège inventé par l'Archonte de ce monde, jaloux de conserver prisonnière ici-bas la Lumière diffuse dans les âmes.

Un petit groupe d'Archontiques, les « Ascophites », se fit remarquer vers l'an 175 ; ces sectaires brisaient solennellement les vases sacrés des églises.

AUDIENS : Audi, le fondateur de cette secte, prétendait que la Lumière, ni les Ténèbres n'ont été créées par Dieu. Elles existent éternellement et sont inengendrées. Le monde et la création en général ont été faits par les Ténèbres et leurs puissances au nombre de six. Les puissances qui ont créé le corps sont : la Sagesse qui a fait le poil ; l'Intelligence la peau ; Elohim les os ; la Royauté le sang ; Adonaï les nerfs ; le Zèle la chair et enfin la Pensée qui a fait la moelle.

Selon Audi, les Archontes souillèrent Eve en se « posant » sur elle. « Venez, posons-nous sur Eve pour que ce qui naîtra d'elle nous appartienne », disent les éons dans le *Livre des Demandes*, cité par Théodore Bar-Konaï.

Audi (ou Audius) vivait au IV° siècle.

BARDESANE : Bardesane professait à Edesse, en Mésopotamie, au II° siècle. Selon Epiphane il fut d'abord bon chrétien et connu pour sa piété et son savoir. Eusèbe, au contraire, pense qu'il fut toujours tenté par l'erreur. D'abord disciple de Valentin, il finit par avoir sa propre doctrine.

Dualiste, il plaçait au sommet deux principes, l'un bon, l'autre mauvais — mais le bardesaniste Marin précise que « Satan sera jugé », ce qui implique sa position inférieure par rapport au dieu bon. Le premier principe est le Père, le Dieu éternel de qui émanent un Fils qui est le Christ et le Pneuma ou Sainte-Esprit qui est la sœur et l'épouse du Christ. A leur tour, le Fils et le Pneuma engendrent deux filles qui sont les prototypes de la terre et de l'eau. Avec ces quatre éléments le Fils et l'Esprit ont fabriqué le monde invisible sur lequel ils ont établi sept génies qui résident dans les sept planètes traditionnelles. Trente autres génies gouvernent les trente étoiles des constellations du Zodiaque.

Ce n'est donc pas le Père qui a créé le monde, c'est le Fils sous l'impulsion de l'Esprit, sa compagne. Mais voilà que cette dernière s'est éprise des beautés de son œuvre et s'y est attachée, comme l'âme humaine s'attache à la fascination des choses sensibles. Pourtant, comme l'âme encore, elle a éprouvé ensuite le désir ardent de remonter vers le Christ, son époux. Alors le Christ se pencha vers son épouse et la ramena à lui dans un mystique hymen.

Cependant une chute analogue s'est produite quand les âmes, ultimes émanations du Père, unies à des corps subtils, se laissèrent séduire par Satan et, en punition de leur faute, furent dès lors emprisonnées dans des corps de chair. Car le deuxième principe, existant par soi-même, est essentiellement mauvais ; Satan est actif ici-bas et multiplie ses artifices. Les hommes sont ainsi subornés et trompés et ils ne connaissent pas le vrai Dieu. C'est pourquoi le Christ dut accomplir une deuxième restauration en venant en ce monde à travers Marie. Mais le Christ n'a pas pris un corps humain ; il n'en eut que l'apparence.

Le successeur de Bardesane, son fils Harmonius aurait complété la doctrine en y introduisant la métempsycose.

La légende veut que les hymnes composées par Bardesane et son fils étaient d'une telle beauté et se chantaient sur un tel rythme que saint Ephraïm dut, deux siècles plus tard, en composer à son tour et sur le même rythme afin de les faire oublier.

BORBORITES : On racontait des Borborites qu'ils se barbouillaient le visage d'excréments et de boue en signe de haine pour « cette image de Dieu ». C'est de cette coutume que leur est venu leur nom. Leurs mœurs auraient été particulièrement relâchées, car ils disaient qu'il fallait laisser à la chair ce qui est à la chair. Bien entendu, ils niaient la résurrection des corps et un éventuel jugement dernier.

CAINITES : Ces gnostiques du IIe siècle rejetaient l'Ancien Testament qui était, disaient-ils, inspiré par le Démiurge créateur de ce monde. Ils croyaient que Caïn avait été le fils du Principe supérieur, plus sage et plus puissant que le Créateur, père d'Abel. Prenant le contre-pied de l'Ancien Testament, ils vouaient une dévotion extraordinaire non seulement à Caïn, mais encore à Esaü, aux Sodomites et à Judas — qui n'aurait livré le Christ que dans un but pieux, car il avait prévu le bien que les hommes retireraient du drame de la Croix.

Comme on doit s'y attendre, les Caïnites furent accusés de tous les crimes. C'est ainsi qu'ils auraient vénéré les anges « qui incitent au péché » ! Tertullien, qui les a connus en Afrique, parle d'une femme de la secte, nommée Quintilla, qui aurait été encore plus pervertie que ses frères.

CERDON : Né en Syrie, Cerdon s'inspira d'abord du système de Simon le Magicien. Mais cette doctrine unitaire et panthéiste dans laquelle tout venait de l'Etre suprême par voie d'émanation, ne lui convint pas longtemps. Cerdon choisit de professer une doctrine dualiste avec un Dieu bon de qui procède le Christ et les anges et un principe mauvais créateur de ce monde. La loi mosaïque lui paraissait rigide et cruelle et ne pouvait qu'avoir été inspirée par le Démiurge, à son profit. Par ailleurs, Cerdon n'aurait admis dans l'Ecriture que l'Evangile de Luc et professait une théorie docétiste de la nature de Jésus-Christ.

Il vint à Rome vers l'an 140 et devint l'ami et le disciple (d'autres disent le maître) de Marcion.

CLÉOBIENS : On ne sait pas grand-chose de ces gnostiques du Ier siècle et qui tirent leur nom d'un certain Cléobius.

COLARBASIENS : Disciples de Colarbase, un Valentinien du IIe siècle. Les Colarbasiens croyaient que la vie et la génération des hommes dépendaient des sept planètes et que toute la vérité et la perfection se résumaient dans l'alphabet grec puisque Jésus était appelé l'Alpha et l'Oméga. Pour le reste, ils devaient sans doute être assez proches des Marcosiens.

ENCRATITES : Tatien naquit en Mésopotamie et fut d'abord un disciple de saint Justin. Il écrivit même un traité *Contre les Gentils* qui démontrait sa science et sa foi chrétienne. Après la mort de saint Justin, Tatien voulut voler de ses propres ailes et fonda son école à lui. Il emprunta leurs idées à diverses écoles gnostiques. La morale et la continence rigides qu'il professait valurent à ses disciples le nom d' « encratites ».

Pour Tatien, comme pour tous les docteurs gnostiques, deux principes, l'un bon, l'autre mauvais, se partagent le monde. Dieu restait inconnaissable, ineffable ; c'est sa première émanation, Pneuma, qui « pense » le monde tandis qu'une deuxième émanation, le Logos, réalise le plan conçu par Pneuma. Telle aurait été la Trinité de Tatien.

Deux âmes ou plutôt deux principes animiques existent dans l'homme : le pneumatique, qui est préservé à la mort par la Gnose, et le psychique qui meurt avec le corps. En ce qui concerne Jésus-Christ, Sauveur envoyé par le Père, Tatien se réclamait du docétisme.

Les Encratites condamnaient le mariage, l'usage de la chair et du vin. Ils célébraient le sacrifice de la messe avec de l'eau à la place de vin, ce qui leur valut le nom « d'hydroparastes ». Entre le IIIe et le IVe siècles ils se divisèrent en plusieurs groupes qu'on retrouve en Asie Mineure, en Gaule et jusqu'en Espagne. Les groupes d'Encratites les plus connus furent : les Sévèriens, les Apotactites, qui refusaient toute Loi ; les Apostoliques, qui pratiquaient la communauté des biens ; les Cathares (qu'il ne faut pas confondre avec leurs homonymes plus tardifs du Midi de la France) dont la pureté des mœurs était exemplaire au dire même de leurs détracteurs, et enfin les Saccophores qui, comme l'indique leur nom, se couvraient d'un sac en signe d'humilité et de pénitence.

HÉRACLÉONITES : Ces Valentiniens furent ainsi appelés du nom de leur chef Héracléon (vers 140). Ils étaient établis en Sicile et furent réfutés par Origène.

KANTIENS : Les Kantiens, décrits par Th. Bar-Konaï, disaient tenir leur doctrine d'Abel lui-même ! Battaï, le plus connu de leurs prophètes (Ve siècle), introduisit des idées manichéennes dans la secte. Deux principes se partagent le monde, mais les forces des Ténèbres ayant attaqué celles de la Lumière parvinrent à voler au Père de la Grandeur le principe de l'âme. Les Ténèbres fabriquèrent ensuite Adam qui fut aussitôt détruit pour être créé de nouveau par le Dieu bon.

KOUKÉENS : La secte des Koukéens (IVe siècle) estimait que la Mer de Lumière et la Terre étaient plus anciens que Dieu. Ce dernier naquit de la Mer « éveillée ». Il contempla son reflet dans l'eau, en tomba amoureux, lui donna vie et en fit sa compagne. Il engendra d'elle une foule de dieux et de déesses. Cette

« Mère de la Vie » lui donna ainsi soixante-dix mondes et douzes éons.

Dieu vit ensuite une image inerte, une statue sans vie et sans intelligence. Il l'anima à l'aide de ses mondes qui, se mettant à bouillir, l'emplirent de leur propre vie. Dès lors ce grand « *Gourha* » déclara la guerre au parti du Bien à qui il livra quarante-deux combats. C'est au fil de ces combats que les animaux et les reptiles se multiplièrent sur la terre. *Gourha*, décidément impénitent, souilla la Mère de la Vie en soufflant sur le sexe divin. En état d'impureté pendant sept jours, la Mère jeta dans la gueule de *Gourha* les sept vierges qui l'accompagnaient ; ce geste de désespoir obligea les dieux à descendre afin de sauver les malheureuses vierges.

Le Sauveur ne serait ainsi venu au monde que pour sauver sa fiancée engloutie dans l'horrible bouche de *Gourha* et prisonnière aux mains des êtres du parti du Mal.

LUCIANISTES : Disciples de Lucianus ou Lucanus, qui fut un des compagnons de Marcion au IIe siècle. Les Lucianistes croyaient l'âme matérielle et périssable.

SÉVÈRIENS : Prenant la suite de Tatien, Sévère s'attacha la foi de nombreux membres de la secte des Encratites (*cf.* ce mot). Il croyait qu'au-dessous de l'Etre suprême et dans sa dépendance il y avait des esprits, les uns bons, les autres mauvais. Ces esprits se sont entendus pour se partager l'âme des hommes. Les bons ont donné à l'homme la raison, les parties supérieures du corps et les aliments destinés à le conserver en vie sans exciter ses passions. Les mauvais esprits, pour leur part, lui ont apporté la sensibilité, principe des passions, les parties inférieures du corps, le vin et... les femmes !

IX

LES MANICHÉENS

Peut-on dire des Manichéens qu'ils furent (et demeurent, car l'esprit du Manichéisme n'est pas mort) des gnostiques ? La réponse est claire : c'est oui, à condition de leur donner une place à part. Certes, le mythe cosmogonique des sectateurs de Mani semble parfois n'être guère plus qu'une adaptation de la grande fresque iranienne du combat Ormuzd-Ahriman, mais par bien des aspects il rappelle la spéculation plus simplifiée des gnostiques de l'école syriaque, tel Satornil. L'idée d'une chute coupable d'un des éons du Plérôme divin est absente de la doctrine manichéenne, elle est remplacée par le récit de l'assaut mené par les forces des Ténèbres contre celles de la Lumière et par le rapt de parcelles de lumière. Mais le résultat sur le plan de l'anthropologie est le même, puisque ce viol de la Lumière a pour conséquence la création de l'homme doté d'une âme trine : pneumatique, psychique et hylique. Le rôle attribué au Sauveur est pour ainsi dire proto-historique dans la doctrine de Mani, Jésus mythique est le serpent de la Genèse qui tenta Adam et, en fait, l'arma contre les embûches du dieu du Mal. Par contre Jésus de Nazareth n'occupe pas une position centrale comme dans les autres gnoses chrétiennes : il n'est qu'un avatar, un de ces « grands messagers » dont Mani est le dernier. Mais le projet eschatologique est tout à fait dans le style du Gnosticisme classique, même s'il n'est que l'issue victorieuse du combat de la Lumière pour se préserver des attaques des Ténèbres.

Sans doute ce qui caractérise le Manichéisme, c'est qu'il est plus radicalement dualiste que les autres écoles gnostiques. C'est aussi, et c'est ce qui importe sur le plan de l'Histoire, que le Manichéisme combattit le Christianisme primitif à visage découvert et s'établit comme une église parallèle et organisée dont l'influence, plus ou moins directe, s'est fait sentir jusque dans la deuxième moitié du Moyen Age. Enfin quoi qu'il en soit du caractère plus ou moins gnostique de l'église manichéenne, elle est parvenue à absorber la plupart de ses rivales, au point que, vers les VIe, VIIe siècles, au moment ou le Manichéisme va à son tour perdre de sa puissance et se perpétuer sous d'autres noms (pauliciens, baanites, etc.), les écoles gnostiques ont toutes disparu.

Mani (ou Manès) serait né en l'an 240 à Ctésiphon, en Mésopotamie. Il aurait été le rejeton d'une famille de mages iraniens, selon certains ; l'esclave et le fils adoptif d'une riche veuve chrétienne, selon d'autres. Sa doctrine dualiste de l'opposition absolue du Bien et du Mal, il l'aurait puisée dans les écrits d'un nommé Scythien et de son disciple Térébinthe ou Bouddhas. Pourtant ses disciples le disaient Perse, fils de Maryam et apparenté à une famille de rois. Tout comme pour Jésus, fils de Marie et de la race royale de Jessé et de David, un ange se serait chargé d'annoncer sa naissance. Lorsque le jeune Mani eut atteint sa douzième année, un autre ange, nommé *At-Taum* (le Jumeau), envoyé par le Roi de Lumière, vint l'initier à sa mission. Certains auteurs ont identifié cet ange at-Taum à l'apôtre saint Thomas dit Didyme, le frère « jumeau » du Christ. Quant au nom de Mani lui-même, qui signifie « joyau » en sanscrit, il serait évidemment symbolique.

Astrologue, mathématicien, médecin, peintre, Mani passait pour être l'homme le plus savant et le plus doué de son siècle. Devenu prêtre à Ahvaz, en Huzitide, il aurait défendu âprement la religion chrétienne contre les Juifs et les Mages jusqu'au moment où, influencé par le dualisme mazdéen, il commença à prêcher sa propre doctrine. Banni de la communauté chrétienne, il se mit alors à voyager et aurait visité non seulement l'Inde, mais encore l'Asie Centrale et les confins occidentaux de la Chine. Puis il s'établit à la cour du roi de Perse, Shâpûr Ier (Sapor Ier), qui ne tarda pas à vouloir le faire mourir. Mani s'enfuit et ne rentra en Iran qu'à la mort de Shâpûr et l'avènement de son fils Hormisdas qui partageait les idées du prophète. Mais Hormisdas mourut peu après et fut remplacé sur le trône par Brahma Ier (Varanes) qui, à l'instigation des mages, fit arrêter et condamner Mani. Il mourut en 277, crucifié, disent les uns, écorché vif et découpé en deux tronçons symboliques, affirment les autres.

Mani, dit-on, envoya ses disciples Thomas en Egypte et Addas (ou Bouddhas) dans le nord de la Perse ; il conserva auprès de lui un troisième grand disciple, un nommé Hermas. Lors de la conférence de Cascar, en Mésopotamie, il se pare dans une lettre à Marcel, du titre d'apôtre de Jésus-Christ, envoyé pour réformer le genre humain et le délivrer des erreurs dans lesquelles il est plongé. Il se disait encore « le Paraclet promis mais non encore donné, parce que les douze pêcheurs de Galilée auraient été reconnus impropres à être les organes de la révélation du Saint-Esprit ». Ses disciples voyaient en lui cet homme spirituel de saint Paul qui juge de tout et n'est jugé par personne (*I, Cor. II, 15*). Mani composa plusieurs livres : un *Evangile*, *Le Trésor de la Vie*, un *Traité des Mystères* et un *Abrégé de la Doctrine*, notamment. On lui a attribué aussi l'*Epître du Fondement*, qui fut réfutée par saint Augustin.

Gnostiques, les Manichéens rejetaient l'Ancien Testament et n'acceptaient que certaines parties du Nouveau, repoussant entre autres l'Apocalypse de Jean et les Actes des Apôtres. Jésus historique, celui de Nazareth et du Calvaire, n'avait été à leurs yeux qu'un messager, au même titre que Pythagore, Bouddha et Mani.

La doctrine de Mani est fondée sur un dualisme radical : deux principes coéternels se partagent le monde. L'un est bon, c'est la Lumière ; l'autre est mauvais, ce sont les Ténèbres. Dans son séjour éternel Dieu vit entouré de ses éons et de ses anges, émanés de sa propre substance, sortis sans doute des « douze membres de la Lumière ». Rendant témoignage à Fortunat, saint Augustin reconnaît qu'ils ont l'un et l'autre la même croyance sur la consubstantialité des trois personnes divines. Mais Fortunat estimait que le Père n'avait engendré le Verbe qu'au moment de la création du monde visible. Le Père est au ciel, le Fils dans le Soleil et la Lune (sa vertu réside dans le premier, sa sagesse dans la seconde) et le Saint-Esprit est dans l'Air.

Mais, jouxtant le royaume de Lumière où réside le Père de la Grandeur, se trouvent les frontières du royaume des Ténèbres où règne un archidémon, Roi et Grand Archonte des Ténèbres. Le dieu du Mal a sous ses ordres des myriades de démons émanés de sa propre essence ; ils se partagent, sous le gouvernement anarchique de cinq archontes principaux, les cinq sphères concentriques des ténèbres, des eaux fangeuses, des vents violents, du feu et de la « sombre fumée ». Ce monde des Ténèbres n'a pas été créé par le Dieu bon. Il lui est absolument opposé quoique coéternel. La création du monde sera la conséquence de la lutte qui a opposé et qui oppose encore les deux royaumes de la Lumière et des Ténèbres.

Trois « moments », trois époques ou étapes caractérisent la cosmogonie manichéenne : le Passé, qui est l'origine de Tout ; le Présent, qui est l'état actuel et provisoire du monde ; l'Avenir enfin, qui marquera la fin du monde. Dans le « Passé », le Grand Archonte des Ténèbres et ses hiérarchies archontiques, toujours en guerre entre eux, s'unirent dès qu'ils eurent aperçu le Royaume de la Lumière et s'élancèrent à sa conquête. Trop parfait pour faire face, le Dieu bon se couvrit par des émanations successives. Tout d'abord il émana de sa substance une « Mère de la Vie » qu'il porta sur les limites des cieux, mais, trop pure elle-même, cette « Vertu » procréa le Premier Homme et l'enveloppa des cinq éléments « purs » : l'air, le vent, la lumière, l'eau et le feu, antitypes des cinq éléments « impurs » du même nom.

Cependant, dans son combat contre les mauvais Archontes, l'Homme primordial allait succomber. Les Ténèbres s'étaient jetées sur cet appât afin de le dévorer et de s'adjoindre ainsi des parcelles de lumière, ce qui arriva effectivement. Alors le Dieu bon lui envoya une troisième émanation, l'Esprit Vivant qui parvint à le tirer des griffes des Ténèbres. Mais une partie de la substance lumineuse des cinq éléments purs est restée engagée dans la matière. Elle constitue la partie spirituelle et pneumatique de notre monde du mélange. Dans le combat initial qui préside à la création du monde et par quoi débute le « temps suspendu » dans lequel nous vivons, une partie de la lumière a été récupérée ; elle a servi à former le Soleil et la Lune, territoires où l'Homme primordial s'est réfugié, prêt à porter secours aux âmes restées prisonnières dans ce monde d'ici-bas.

Ces âmes sont captives dans le corps de l'homme terrestre. En effet, les Archontes et leurs démons, effrayés par l'attraction exercée sur les âmes par le Soleil, modelèrent Adam à l'image même du Premier Homme et Adam ignorait sa vraie nature, car en lui aussi existait une parcelle de la lumière restée en bas. Le fruit d'un arbre aurait pu lui révéler sa vraie nature, mais justement l'Archidémon lui avait interdit d'en manger. C'est alors que l'Homme d'en haut suscita Jésus qui, sous la forme d'un serpent, fit manger du fruit à Adam et dissipa son aveuglement. L'Archidémon ne se tint pas pour vaincu, il créa Eve et l'envoya à Adam pour le tenter et le séduire dans sa chair. Et depuis cette époque l'homme procrée et perpétue ainsi l'emprisonnement de la lumière dans les rets de la chair. Le Prince des Ténèbres ne s'est pas contenté de faire pécher Adam, il l'a encore déshonoré, car Eve était belle et devint un grand objet de désir pour les archontes et les démons. Si Seth fut bien le fils authentique du couple adamique, par contre Caïn et Abel furent le fruit des amours d'Eve avec les démons.

Mani enseignait la présence dans l'homme de deux âmes, la pneumatique et l'hylique. Mais le Christ, quant à lui, échappa à cette dualité. « A Dieu ne plaise, répond Mani à Archelaüs, que je confesse que Notre Seigneur a passé par le sein d'une femme. » Le « corps » du Christ n'était qu'une ombre qui n'avait jamais souffert et n'avait été crucifiée qu'en apparence. Comme Noé, Abraham, Bouddha, Jésus succéda à d'autres « messagers ». Il précéda Mani, le dernier des prophètes, le Paraclet et le Consolateur. Ces « messagers » aident les âmes à se libérer des liens de la matière. Les particules lumineuses ainsi dégagées montent près de l'Homme Primordial dans le Soleil et la Lune où elles sont purifiées avant d'atteindre enfin la

« Colonne de Gloire » qui correspond à la voie lactée.

Comme dans les autres systèmes gnostiques, lorsque toute la Lumière éparse dans le monde de la matière aura été réintégrée en haut, alors surviendra la fin du monde et débutera le « troisième moment ». Un terrible incendie embrasera la Terre sans la consumer. Cette conflagration cosmique durera mille quatre cent soixante-huit ans. A son terme, la Terre, complètement dépourvue de Lumière, de spiritualité et de vie, sera réduite à l'état de mort et autour de ce *bolos* desséché, les âmes non purifiées seront organisées en écran éternel afin d'interdire la sortie aux forces des Ténèbres et de protéger ainsi le monde de la Lumière. Ce sera le triomphe du Dieu bon et le retour à l'équilibre primordial solidement renforcé.

Les sectateurs de Mani pratiquaient des rites initiatiques dont le baptême était le plus important. Ils auraient même eu une sorte d'eucharistie obscène dont on a parlé plus haut (chap. II). Ce qui est certain, c'est que le vin était banni de l'eucharistie manichéenne. Cette abstinence sacramentelle eut d'ailleurs pour conséquence de faire découvrir les sectaires installés à Rome sous le pontificat du pape saint Léon.

L'église manichéenne était partagée entre Elus et Auditeurs. Les Auditeurs restaient dans le monde, pouvaient se marier et subvenaient aux besoins des Elus. Ces derniers, véritables ascètes, vivaient dans la chasteté, ils étaient végétariens et devaient renoncer à la propriété des biens matériels. Malgré tout ce que leurs adversaires chrétiens ont essayé de faire croire, il est permis de penser que ces Elus (qu'on appelait aussi les « *cathartistes* ») menaient une vie exemplaire, un peu à la manière des Parfaits de l'église cathare. L'église manichéenne était dirigée par douze maîtres choisis parmi les Elus, avec à leur tête un chef suprême ; venaient ensuite douze évêques, des prêtres et des diacres.

L'impact qu'eut le Manichéisme sur la vie religieuse de son temps fut énorme. Très vite la doctrine se répandit des confins de la Chine occidentale au monde latin. Les Manichéens eurent affaire pourtant à forte partie : les empereurs et les évêques chrétiens s'acharnèrent à les persécuter et à les combattre. Ils furent bannis de l'empire romain durant toute la période qui s'étend de la fin du IIIe siècle jusqu'en 491. On les supplicia, on les dépouilla de leurs biens, mais ils résistèrent. En l'an 841, l'impératrice Théodora en aura fait périr plus de cent mille d'un coup. Cependant des schismes et des divisions apparurent et l'église manichéenne disparut en tant que telle. Mais la doctrine de Mani ne pouvait que se perpétuer, elle fut reprise par les Pauliciens, les Bogomiles et les Cathares, pour ne citer que les plus connues des églises dualistes. Les grandes religions monothéistes n'en sont pas venues à bout. Des cercles et des sectes dualistes existent encore de nos jours, côtoyant sans s'y perdre ces grandes religions, vivant une vie religieuse parallèle. C'est le cas, par exemple, pour les Mandéens qui ont protégé leurs croyances dualistes en plein pays musulman, en Iraq et en Iran.

Ce nom de Mandéen que l'on donne habituellement aux membres de cette petite secte dérive du mot *mandâyâ* = gnose. Mais les Mandéens sont connus sous d'autres noms encore : Sabéens, Nazoréens ou même Chrétiens de saint Jean, quoique le Christ ne tienne aucune place dans leur doctrine. Théodore Bar-Konaï les appelle, pour sa part, Dosthéens, donc disciples de Dosithée, ce qui ferait dater la secte du premier siècle de notre ère.

Les Mandéens ne sont pas des Manichéens attardés comme on pourrait le supposer ; ils ont leur propre littérature sacrée et, si les textes mandéens recoupent souvent les textes manichéens, on ne peut dire laquelle des deux doctrines a influencé l'autre ou si, comme on serait plus tenté de le croire, elles ont toutes deux puisé aux mêmes sources mazdéenne et babylonienne. La doctrine est résolument dualiste. Les Ténèbres s'y opposent radicalement à la Lumière et l'opposition entre le Bien et le Mal y est nettement tranchée.

Au sein du monde de la Lumière, règne *Malkâ denhûrâ rabbâ*, le roi de la Lumière qui « connaît la fin et le principe » et dont émanent des éons parmi lesquels la Gnose hypostasiée et personnifiée sous le nom de *Mandâ d'Hayyê*. S'opposant absolument à la Lumière, existent les Ténèbres dont le livre « *Ginzâ* » (le Trésor) énumère les forces. Ces dernières sont « *en bas, en dehors de la terre de Tibil, vers le Sud* ». Ces « *hurlantes ténèbres, sur cette opacité solitaire, sont habitées par des démons, des dews, génies, esprit, lilith, esprits des temples et des chapelles, vampires, démons de l'apoplexie* », etc. A leur tête est le roi des Ténèbres « qui ne connaît ni la fin, ni le principe » ; « *il a une tête de lion, un corps de serpent, des ailes d'aigle, des flancs de tortue et des mains et des pieds de démon.* » Il va, rampe, glisse, comme l'Archidémon des Manichéens [1].

Se réclamant de Jean le Baptiste, les Mandéens baptisent par immersion. Les femmes peuvent accéder à la prêtrise qui comprend trois degrés.

Le dualisme reste une des intuitions métaphysiques les plus tenaces. On le retrouve au fond de toutes les spéculations des théosophes, même si ces derniers se sont efforcés de le mitiger afin de préserver une fragile unité de Dieu. Au fond l'intellect humain se refuse à penser le vide de la totale infinitude du Dieu unique. Par le moyen des mots, il parvient à conceptualiser le *nihilo* à partir de quoi le principe créateur va faire le monde ; il ne parvient pas à se le représenter concrètement. Si le dualisme des causes premières co-éternel-

---

1. *Cf.* à ce sujet les travaux de H.C. Puech.

les constitue une absurdité métaphysique, il n'en est pas moins commode pour l'esprit. On serait tenté de dire qu'il est apaisant. C'est ce qui a fait son succès auprès des peuples assoiffés de saisir le sens profond, le pourquoi de ce monde absurde qui est le nôtre et auquel pourtant nous sommes mal adaptés.

X

LE MERVEILLEUX PÉRIPLE DE SAINT THOMAS

C'est à ceux qui l'approchèrent et qui vécurent à ses côtés que le Christ aurait réservé ses enseignements secrets et les mystères de la Gnose. Parmi ces élus privilégiés, les gnostiques citaient tour à tour la Vierge Marie, mère du Sauveur, et Marie-Madeleine, la pécheresse convertie, réplique chrétienne de l'Hélène-Séléné de Simon le Magicien ; ils avaient encore une attirance particulière pour les apôtres Jacques et Matthias à qui ils attribuèrent des évangiles et des révélations extraordinaires. Mais c'est sans contredit à l'apôtre Thomas que revenait la palme de véritable et intime confident de Jésus.

Thomas, en effet, fut le premier à affirmer la primauté de la connaissance sur la foi. Il douta de la résurrection du Christ au point que ce dernier, pour le convaincre, l'invita à le toucher. Il fut ainsi le seul qui eut un contact *physique* avec le corps éthéré du ressuscité. Seul, il échappa à l'ordre péremptoire proféré par le Sauveur : *noli me tangere.* Commentant l'*Evangile selon Thomas,* manuscrit copte retrouvé à Khenoboskion, M. Jean Doresse [1] signale le caractère légendaire attaché au personnage de Thomas. L'Apôtre porte un nom significatif, de plus l'Evangéliste l'appelle Didyme Jude Thomas. Or « didyme » comme Thomas signifient le « jumeau ». Saint Thomas était, disait-on, le frère jumeau de Jésus. A ce titre, on devait le considérer comme spirituellement supérieur aux autres apôtres, puisque né comme son « jumeau » du ventre de Marie. Même si la conception docétiste de la nature du Sauveur permet de dire que seul Jésus avait ensuite reçu le Logos et l'avait incarné, Thomas lui était particulièrement proche. A ce titre il aurait été le confident privilégié du Sauveur qui, après l'avoir instruit, l'aurait envoyé en Inde, auprès du roi Gundaphor (Gaspard) afin d'y propager la doctrine chrétienne.

L'*Evangile selon Thomas* est explicite au sujet du statut particulier de l'apôtre Thomas. L'auteur gnostique de cet évangile écrit qu'en réponse à une question de Thomas, Jésus dit : « Je ne suis point ton maître ; car tu as bu : tu t'es enivré de la source bouillonnante qui est à moi et que j'ai répandue. » Puis il le prit et s'écarta : il lui dit trois mots. Et lorsque Thomas revint vers ses compagnons, ils le questionnèrent : « Qu'est-ce que Jésus t'a dit ? » — et Thomas leur répondit : « Si je vous dis une seule des paroles qu'il m'a dites, vous prendrez des pierres et me les jetterez, et un feu sortira des pierres et vous consumera [2]. »

Un livre apocryphe, condamné par l'Eglise officielle, mais très en usage chez les gnostiques, notamment les Manichéens, les *Actes de Thomas,* fait le récit romancé du voyage du saint en Inde, de sa pas-

---

1. Jean Doresse : *L'Evangile selon Thomas, ou les Paroles secrètes de Jésus,* Paris, 1959.
2. Jean Doresse, *op. cit.*

sion et de sa mort dans ce pays. Cet apocryphe, composé vraisemblablement à Edesse au IIIe siècle, s'adresse à Thomas en ces termes : « Jumeau du Christ, apôtre du Très Haut, toi aussi associé à la parole secrète du Christ et qui a reçu de Lui des paroles cachées. »

De leur côté les historiens ecclésiastiques chrétiens indiquent que Thomas entreprit la prédication de la religion nouvelle chez les Parthes et en Perse et qu'il fut enterré à Edesse. Grégoire de Nazianze (329-390) précise qu'il évangélisa l'Inde. Il serait mort en Inde ou plus probablement en Iran et son corps aurait été ramené à Edesse par un marchand. Son tombeau dans cette ville aurait été un lieu de pèlerinage important avant la conquête musulmane. Quoi qu'il en soit de la réalité historique, la légende s'est très rapidement emparée de saint Thomas, le moins connu des Apôtres pour ses activités et, par le fait, le plus mystérieux des compagnons de Jésus. Les gnostiques ne furent pas seuls à lui tisser sa légende, les auteurs chrétiens ne demeurèrent pas en reste. S'il semble qu'au moins une partie des apocryphes *Actes de Thomas* ait été inspirée par Bardesane et son école, saint Grégoire de Tours leur emboîta le pas et raconte qu'un miracle se produit couramment devant l'ancien tombeau de Thomas dans l'Inde : la lampe qui s'y trouve ne cesse de brûler jour et nuit, sans que personne ne l'approvisionne en huile. La légende se transforma bientôt en mythe et le Moyen Age associera étroitement la figure de saint Thomas avec celle encore plus mystérieuse des trois rois mages qui visitèrent l'enfant Jésus à Bethléem. Puis on croira avoir retrouvé la trace du saint apôtre dans le royaume inconnu et introuvable du Prêtre Jean. Enfin Thomas, infatigable voyageur décidément, traversera les océans et empruntera le visage blond et barbu du dieu mexicain Quetzalcoatl.

Il est passionnant de suivre le légendaire « Jumeau » dans son long périple. On l'accompagnera d'abord en Inde : selon les *Actes*, Jésus ayant emprunté l'apparence d'un marchand d'esclaves, a vendu Thomas à l'émissaire du roi Gundaphor qui avait besoin d'un esclave habile architecte. Et voilà le « Jumeau » parti. En cours de voyage, en compagnie d'Abbanès, l'émissaire de Gundaphor, le saint apôtre convertit à la chasteté et à l'ascétisme la fille du roi d'Andrapolis et son tout nouvel époux. Arrivé enfin auprès de Gundaphor, Thomas dépense en bonnes œuvres l'argent que le roi lui confie pour construire son palais. Le monarque le gardera en prison jusqu'au moment où il aura compris que le palais que lui a bâti le saint n'est autre qu'un merveilleux palais spirituel. A la cour d'un autre souverain « indien », le roi Mazdaï, Thomas continue ses prédications et convertit Mygdonia, une parente du roi, la reine et un des fils du monarque. C'en est trop : il sera condamné et martyrisé. Ses restes seront ramenés à Edesse par un pieux marchand.

L'Inde décrite par les *Actes* semble, en réalité, avoir été les provinces reculées de l'Iran et le roi Gundaphor n'est autre que le roi-mage Gaspard. Pourtant Marco Polo prétendra avoir visité le tombeau de saint Thomas dans la province de Malabar, dans l'Inde. Ce tombeau s'élevait à Mailapour — qui serait aujourd'hui un des faubourgs de Madras. Le voyageur gênois parle à ce sujet du même miracle annuel que les chroniqueurs du Moyen Age se plaisaient à décrire à propos d'un autre tombeau du saint, associé cette fois à la légende des rois mages. Ce tombeau, ou plutôt ce sanctuaire est bâti sur une île, au milieu d'un lac, près de la grande cité d'Hulna (une des capitales mythiques du Prêtre Jean). Toute proche s'élève la Montagne des Victoires où les trois rois mages, Gaspard, Balthasar et Melchior, auraient enfoui leurs secrets. Cette montagne sacrée serait celle de Shiz, aujourd'hui encore vénérée comme un lieu saint en Iran chiite. Chaque année, lors de la fête de saint Thomas, les eaux du lac baissent miraculeusement afin de laisser le passage au sec aux pèlerins qui se rendent sur l'île. Alors le bras de Thomas se détend et, se tenant hors du tombeau, distribue aux fidèles la sainte eucharistie. Enfin, la cérémonie terminée, le bras se saisit d'un visiteur et le garde dans l'île durant une année au cours de laquelle il devra s'occuper de l'entretien du sanctuaire. Cette main qui ne veut pas mourir est justement celle-là même qui a touché le corps ressuscité du Christ.

Vers la moitié du XIIe siècle, l'Europe médiévale commence à se passionner pour le mystérieux Prêtre Jean. C'est à la fois un roi puissant et un Pontife ; il descend des rois mages et règne sur une contrée lointaine que l'on situe en Asie Centrale ou en « Ynde » — plus tard on penchera pour l'Ethiopie. Ce roi-pontife est à la tête d'un puissant clergé et dispose d'armées innombrables. Une chose est certaine : il est chrétien, encore que la dévotion exagérée qu'il manifeste pour saint Thomas pourrait donner à penser qu'il est nestorien. Existe-t-il réellement ? Personne ne le sait, ni ne le saura jamais. Les émissaires que l'on envoie vers son étrange royaume ne revinrent pas ou, s'ils retournèrent en Europe, n'ont laissé aucune trace.

En voyage à Rome en 1145, l'évêque de Gabula, en Syrie, est le premier à parler du roi-pontife. Il a entendu dire qu'il existe un roi chrétien en Asie Centrale dont les invincibles armées ont vaincu les Mèdes et les Perses. Mais l'évêque de Gabula n'en sait pas davantage et les choses en restèrent là jusqu'en 1177, quand le pape Alexandre III reçut une lettre d'un roi de Tartarie qui se donnait le titre de Prêtre Jean. L'auteur de la lettre se glorifiait d'être « un roi tout-puissant sur tous les rois du monde », il tenait cependant à affirmer sa foi chrétienne : « *Nous vous faisons scavoir que nous croyons et adorons le Père, le Fils et le Saint-Esprit qui sont trois personnes en une déité et un vrai Dieu seulement.* » Et « *Mestre Jehan par la grâce de Dieu roy tout puissant sur tous les roys chrétiens* » de préciser fièrement : « *Item, sachez que nous avons aussi en nostre puissance quarante deux roys tout-puissants et bons chrétiens.* » Puis vient la référence à saint Thomas : « *Item, sachez que nostre terre est divisée en quatre parties, car ils y sont les Indes. En la Majeure Inde gist le corps de saint Thomas, l'aspotre pour lequel Nostre Seigneur Jésus-Christ fait plus de miracles que pour sayncts qui soyent en Paradis. Et ycelle Ynde est la partie d'Orient car elle est près de Babylone-la-Déserte et aussi elle est près d'une tour qu'on appelle Babel.* » On découvre aussi « *en nostre terre* » de « *celles gens qui sont maudits de Dieu et sont Got et Magot* ».

Dans ce royaume étrange vivent des ânes à deux cornes, des olifants, des lions rouges, verts, noirs et blancs et « *ung oyseaul appelé Fénix* ». La capitale du royaume est Orionde-la-Grande, la plus belle et la plus forte cité qui « *soyt au monde et ung de nos roys la garde, lequel recoyt du Grand roy d'Israël le tribut* ». Quand le souverain va à la guerre, il laisse le commandement de sa terre au « patriarche de saint Thomas ». Le roi-pontife indique encore que saint Thomas se charge lui-même de prêcher lors des grandes fêtes annuelles qui sont données dans le palais royal. Ce palais merveilleux est « *aourné d'estoilles en semblance de celles des cieux et audit palais ne trouverez ni fenestres, ni portes* ». Palais ou sanctuaire ? Lieu physique ou plan spirituel ? Au Moyen Age on avait tendance à pencher pour la réalité matérielle des faits et de tels propos ne pouvaient laisser les imaginations indifférentes.

Le Pape envoya son médecin, Maître Philippe, en ambassade. On n'entendit plus parler de lui. Par contre, en 1221, Jacques de Vitry, évêque de Saint-Jean-d'Acre, adressa une lettre au Pape, au duc Léopold d'Autriche, au roi d'Angleterre et à l'Université de Paris. Cette fois le Prêtre Jean était un certain David qui voulait faire alliance avec les croisés. Plus tard des missionnaires n'hésitèrent pas à identifier le roi-pontife sous les traits de Togril, le propre père de Gengis-Khan.

Le Prêtre Jean n'a sans doute jamais existé en chair et en os. Sa fameuse lettre au Pape Alexandre est plus que probablement apocryphe. Son extraordinaire palais ressemble curieusement à la Jérusalem céleste telle qu'on la décrivait à l'époque. Quant à lui-même qui « *fut sanctifié avant même que de naître* », il pourrait bien n'avoir été qu'une transposition chrétienne d'un de ces mystérieux et mythiques personnages de l'Orient lointain. Pourquoi pas le « roi du monde », le roi-pontife du royaume souterrain d'Agarttha ? On était à l'époque des dernières croisades et des royaumes catholiques de la Palestine et de Syrie, les contacts avec l'Orient fabuleux étaient quotidiens. Celui ou ceux qui rédigèrent la lettre adressée au Pape pourraient bien avoir eu connaissance du mythe d'Agarttha ou de tel autre du même genre ; ils l'auraient adopté et adapté au christianisme.

Quant à la présence de saint Thomas aux côtés du Prêtre Jean, qui s'en étonnerait ? Pour le monde chrétien d'autrefois et jusqu'au début de l'ère coloniale, tout ce qui se réclamait du christianisme en Asie Centrale ou en « Inde » ne pouvait qu'être rattaché à la légende de l'apôtre Thomas. Son ombre s'étendait sur toute cette vaste partie du monde qui se trouvait à l'est de la Syrie et de la Mésopotamie.

Est-ce par l'Est ou par l'Ouest que le saint apôtre est arrivé en Amérique, au Mexique pour être précis ?

Logiquement ce devrait être par l'Est, ce qui l'aurait fait aborder la côte occidentale du Nouveau Monde. En effet, les *Actes* déjà cités l'envoient dans l'Inde *supra Gangem*, au-delà du Gange. Mais, on s'en doute, saint Thomas n'est jamais allé en Amérique, encore moins au Mexique. Ce sont les évangélisateurs espagnols des débuts de la conquête qui crurent l'y avoir retrouvé, tout comme ils imaginèrent avoir redécouvert les traces des tribus perdues d'Israël dans les forêts d'Amazonie. Le miracle des anciennes civilisations amérindiennes du Mexique et du Pérou ne pouvait manquer d'exciter l'étonnement des conquistadores et des premiers missionnaires. Cela ne pouvait s'expliquer sans le recours à une intervention divine. Dieu n'avait pas « oublié » le Nouveau Monde quand il avait confié à ses apôtres la tâche exaltante de convertir les nations, toutes les nations, à la nouvelle religion.

Certes, en Anahuac, centre de la civilisation mexicaine, les prêtres aztèques appartenaient à une religion cruelle où le sacrifice humain était pratiqué massivement. Les marches des superbes pyramides de Tenochtitlan (l'actuel Mexico) ruisselaient de sang. *Tezcatlipoca* et *Huitzilopochtli* étaient des dieux sanguinaires et terribles. Pourtant les Mexicains vénéraient un autre dieu, un dieu bon et pacifique : *Quetzalcoatl*. Ce dieu-là, qu'on disait blond et barbu, avait légendairement quitté le Mexique, mais il avait promis de revenir et il revenait effectivement dans les bagages de la conquête espagnole. L'empereur Moctezuma avait même cru un moment le reconnaître sous les traits de Hernan Cortez, mais la violence et l'avarice des dieux espagnols ne tardèrent pas à le détromper. Il en mourut comme en moururent ses successeurs. Mais c'est là une autre histoire.

Très vite les conquistadores (aussi pieux chrétiens que cruels et pillards aventuriers) et les moines franciscains qui les accompagnaient remarquèrent que le manteau du dieu Quetzalcoatl était décoré de croix ; en outre il semblait que le dieu tenait à la main un bâton en forme de crosse épiscopale, ce qui aux yeux des saints envahisseurs parut être tout à fait significatif. A en croire les traditions toltèques, un saint homme, un certain *Topilzin* pouvait être confondu avec le dieu Quetzalcoatl. Les Toltèques étaient plus anciennement installés dans le pays et s'ils avaient été subjugués ensuite par les guerriers aztèques, leurs traditions restaient vivaces. Ils étaient les témoins d'un passé plus lointain et d'autant plus intéressant à connaître. Les moines se mirent à la tâche. Ils furent vite convaincus que le « *Pape Topiltzin* » n'avait pas été de race mexicaine ; c'était un étranger. Il avait débarqué au Mexique, racontaient les premiers chroniqueurs de la Nouvelle Espagne, et avait été un habile tailleur de pierre. Habile à tailler la pierre, cela aussi pouvait être significatif et ne tarda pas à l'être. Qui était donc ce Quetzalcoatl-Topiltzin ?

D'abord les croix et peut-être la crosse, puis le nom même de Quetzalcoatl qui était dit « le jumeau précieux », enfin ce métier de tailleur de pierre et la circonstance du débarquement de Topiltzin sur les côtes mexicaines, toutes ces caractéristiques, les moines les retrouvaient chez saint Thomas. L'apôtre n'était-il pas le « jumeau » comme l'indiquait son nom et son surnom de Didyme ? N'était-il pas réputé habile dans l'art de la construction, comme le révélaient les *Actes ?* Pas de doute, c'était bien saint Thomas qui était venu évangéliser les Mexicains et c'était bien lui à qui ces derniers donnaient le nom de Quetzalcoatl. D'ailleurs une simple astuce de sémantique venait étayer encore cette opinion : ne désignait-on pas du même nom : « les Indes », ces contrées qui s'étendaient d'un côté comme de l'autre du monde chrétien, les Indes Occidentales et les Indes Orientales. Et Jésus n'avait-il pas choisi son « jumeau » Thomas pour être justement l'apôtre des Indes ?

Ce qui aurait pu n'être qu'une intéressante, sinon une amusante hypothèse, apparut tout de suite comme une vérité lumineuse. Cela arrangeait tout le monde : les Indiens, convertis bon gré, mal gré au catholicisme, se trouvaient tout de suite dotés d'un saint prestigieux ; les créoles mexicains n'étaient plus en reste avec leurs parents d'outre-Atlantique, puisqu'ils pouvaient opposer « leur apôtre » Thomas à l'apôtre ibérique saint Jacques. Saint Thomas, c'était donc indubitable, avait nécessairement évangélisé le Mexique — et par extension le Nouveau Monde.

Curieuse vocation que celle de Didyme Jude Thomas ! Frère Jumeau et confident du Christ, il est tour à tour patron secret de la Gnose, apôtre de l'Inde, compagnon des rois mages, bras droit du Prêtre Jean et évangélisateur du Mexique, avec rang de dieu. A peine présent dans les canoniques *Actes des Apôtres*, il étend ses activités apostoliques sur les deux tiers du monde.

On s'est étendu sur le cas de saint Thomas parce qu'il est le plus typique et, sans doute, le plus mouvementé dans l'espace et le temps. On n'a pas fini de répertorier les aventures et les activités imputées à Thomas. Peut-être est-il allé au Brésil ? Peut-être a-t-il évangélisé la Chine ? L'hérésie nestorienne s'est emparée de sa personne et l'a traînée dans ses bagages en Asie Centrale, en Inde ou ailleurs. En outre, il était le « Jumeau », ce qui lui confère un prestige particulier. Mais Thomas n'est pas le seul des compagnons de Jésus à avoir inspiré la vénération des gnostiques historiques et, par extension, de leurs successeurs, les cercles ésotériques de l'Occident, fortement imprégnés de gnosticisme. Esotérisme chrétien et Gnose sont en effet inséparables.

Saint Jacques a lui aussi retenu l'intérêt des sectes

et des exégètes. Dans *l'Evangile selon Thomas*, le rôle que lui attribue Jésus est primordial : « *Les disciples dirent à Jésus : " Nous savons que Tu nous quitteras : qui, au-dessus de nous, sera alors le plus grand ? " Jésus leur dit : " Là où vous irez, vous vous rendrez vers Jacques le Juste, celui à cause de qui le ciel ainsi que la terre ont été produits. ".* »

Tout le monde sait le rôle que saint Jacques a joué ensuite auprès des centres initiatiques chrétiens du Moyen Age européen : saint patron du Compagnonnage, centre d'intérêt du plus important de tous les pèlerinages médiévaux, celui de Compostelle, en Espagne. Ce saint Jacques, connu comme Jacques le Majeur, fut le patron des alchimistes. Sa statue à Compostelle présente une caractéristique curieuse : le bâton de pèlerin que tient le saint et autour duquel s'enroulent ou s'entrecroisent deux rubans rappelle à la fois le Caducée et la canne ou le jonc des Compagnons du Tour de France.

Mais Jacques, dit le Majeur, n'est sans doute pas ce Jacques le Juste auquel on a fait allusion plus haut. Celui-là, le « Juste », passe pour avoir été aussi un frère de Jésus. Il fut le premier évêque de Jérusalem et vécut en ascète. La Tradition veut que Jésus lui ait transmis la Gnose que lui-même aurait ensuite révélée à *Mariamné*, membre de la secte des Naassènes.

A un autre compagnon de Jésus, Joseph d'Arimathie, est dévolue la tâche originale de recueillir le sang divin et de le transporter, en compagnie de sa sœur Erigée et de son beau-frère Bron, en Grande-Bretagne. Ce précieux dépôt est le Saint Graal. Mais le Graal n'est pas un simple calice, c'est un vase taillé dans une émeraude tombée du front de Lucifer déchu et offert à Adam par Dieu. Mais Adam l'avait perdu après la Faute tandis que Seth (le Grand Seth des gnostiques) en restait le dépositaire. Joseph est l'ancêtre de

Galaad, celui qui reverra le précieux vase au terme d'aventures symboliques d'un parcours initiatique.

Restent, pour en terminer, les deux saints Jean, le Baptiste et l'autre, le « disciple préféré » de Jésus. Très rapidement ils ont assumé à eux deux la place autrefois occupée par Janus *bi-frons*. Ils sont les gardiens des solstices, des « portes des dieux et des hommes », ils président aux travaux de la Franc-Maçonnerie qui, comme chacun sait, est le dernier bastion initiatique traditionnel de l'Occident chrétien.

Nous ne nous sommes pas éloignés de la Gnose et du Gnosticisme, car nous sommes en pleine tradition ésotérique chrétienne.

DEUXIÈME PARTIE

LES PROLONGEMENTS DE LA GNOSE

XI

LE TRIOMPHE DU CHRISTIANISME PRIMITIF

Les gnostiques possédaient leurs propres livres, pour la plupart des évangiles apocryphes auxquels on associait les noms de tel ou tel compagnon du Christ, ou encore des prétendues révélations attribuées à Jésus lui-même (la *Pistis Sophia*, par exemple) ou à des prophètes plus ou moins mythiques : Seth, Sem, Norêa, Baruch, etc. Ces livres n'avaient pas besoin d'autre référence et se passaient de l'autorité des textes canoniques acceptés par l'Eglise primitive. Par contre presque tous les docteurs, les inventeurs de systèmes comme Valentin, Ptolémée, Marcion, Mani lui-même, pour ne citer que les plus connus, se sont abondamment appuyés sur des citations empruntées soit aux Evangiles chrétiens, soit aux Actes des Apôtres ou aux Epîtres. La référence aux saintes Ecritures et l'exégèse qui en était proposée apportaient une sorte de label d'authenticité à la théologie, à la cosmologie et à l'anthropologie gnostiques. Peu importait que le système défini à partir de ces citations isolées soit en parfait et total désaccord avec la doctrine orthodoxe professée par l'Eglise officielle : Jésus ou Paul ou tel autre avait prononcé ces paroles et le docteur gnostique, plus savant que les Pères, car il était en possession de la Gnose, savait seul comment il fallait interpréter les textes.

Bien entendu, les évêques et les hérésiologues ne manquaient pas de dénoncer des interprétations et des exégèses qu'ils jugeaient encore plus absurdes qu'abusives. Ils fulminaient. Condamnations péremptoires et sarcasmes, sans doute aussi calomnies et fausses accusations, répondaient aussitôt à ce qu'on considérait comme de pures et dangereuses falsifications des textes évangéliques et des paroles des apôtres. Les auteurs et les docteurs gnostiques restaient sur leur position, car ils connaissaient les textes à fond et comptaient parmi les savants de leur temps. Pourtant un fait reste qui est troublant : l'usage commun des saintes Ecritures par les uns et par les autres, par les théologiens chrétiens comme par les docteurs gnostiques. Les uns et les autres pouvaient se prétendre dans le vrai tout en s'abreuvant à la même source. Chacun pouvait accuser son adversaire d'hérésie ou d'erreur en s'appuyant sur les mêmes textes. La foi est un choix et qui peut dire quel choix est le meilleur ? En réalité, une évidente parenté existait à l'origine entre le Christianisme primitif et le Gnosticisme chrétien. L'un comme l'autre sont les rameaux, le premier puissant et plein de vitalité, le second maigre et desséché, d'un même arbre : celui de la grande tradition gréco-orientale, c'est-à-dire de la vraie et seule Gnose non écrite.

Ce n'est pas un hasard si le Christianisme et cette floraison éphémère de sectes qu'on appellera gnostiques sont apparues en même temps, côte à côte, sur la scène des spéculations religieuses d'il y a deux mille ans. Ce n'est pas fortuitement que les uns et les autres, chrétiens et gnostiques des débuts, utilisaient la même terminologie et s'interrogeaient sur les mêmes problèmes d'ordre théologique et métaphysique. On l'a souligné dans un chapitre précédent, les esprits étaient en ébullition, attendant dans la confusion l'aurore d'une ère nouvelle. En un temps où toutes les sciences et pratiquement tous les arts se référaient à des connotations d'ordre herméneutique, l'extraordinaire expansion culturelle et scientifique grecque se heurtait à des croyances, à des philosophies religieuses bien implantées. Le polythéisme gréco-romain était confronté au monothéisme juif, lui-même ébranlé par le dualisme persan. Au message venu de l'Inde brahmaniste faisait écho le bouddhisme conquérant. Les idées bouillonnaient, se chevauchaient, se greffaient les unes sur les autres. A deux mille ans de distance, on perçoit encore cette effervescence. Une ère nouvelle s'annonçait qui ne pouvait manquer, dans le contexte du mode de penser du temps, de se doter d'une religion nouvelle. Cette nouvelle religion aurait pour vocation de retrouver l'unité de Dieu tout en tenant compte de la diversité de ses manifestations et de ses attributs, diversité souligné par les philosophes néo-platoniciens et profondément ressentie également par les propagateurs des doctrines venues d'Orient. Cette religion aurait encore pour tâche de promouvoir la primauté de la spiritualité et de la morale, étouffées jusqu'alors sous le carcan de la Loi. Enfin, elle présiderait au bouleversement social que les conquêtes d'Alexandre le Grand et l'impérialisme romain avaient préparé. Quelque chose s'annonçait qui allait bouleverser l'ordonnance de ce monde décadent.

C'est dans ce contexte d'ébullition spirituelle et philosophique que naissent Jésus et ses futurs compagnons, ces Apôtres qui vont se charger d'interpréter et de compléter son message. Mais Jésus et ses disciples ne sont pas seuls, à leurs côtés s'agitent ces autres fondateurs de religion nouvelle, ceux-là même qui ne tarderont pas à se donner le nom de gnostiques. Tous vivent la même angoisse métaphysique, sont plongés dans le même bain de culture religieuse en pleine mutation. La littérature apocalyptique juive a familiarisé Israël avec une certaine concession au dualisme : Satan-Beelzebub a fait son apparition dans la pensée religieuse hébraïque. L'Ancien Testament ne connaissait jusqu'alors que le serpent, « le plus rusé des animaux que Dieu avait créé », les vagues satans du désert et tout au plus ce Béhémoth et ce Léviathan que, devant Job, Iahvé se vante d'avoir créé. Désormais, avec le mythe tout nouveau des anges déchus que Satan, Beelzebub ou Bélial, peu importe son nom, organise dans un enfer dont il est le maître souverain, Dieu n'est plus seul. Il a un adversaire avec qui il doit compter, un rival que l'on est pas loin de ressentir comme un pôle opposé. Dieu et le Diable, le Bien et le Mal, la Lumière et la Ténèbre, le problème se complique. Les Esséniens — chez qui Jean-Baptiste et Jésus ont peut-être séjourné, qui sait ? — les Esséniens connaissaient bien ce problème. Ils vivaient en terre d'Israël : qui peut croire que leurs idées restaient totalement inconnues aux autres Juifs ? La tradition orale est souvent plus vivante que la tradition écrite, elle véhicule des mythes et des concepts parfois obscurs, mais toujours attachants pour l'esprit. On devine son impact, sa greffe, pourrait-on dire, sur ce pivot de la pensée théologique et métaphysique que fut en son temps le fier monothéisme juif.

Mais la Loi mosaïque est trop rigide ; avec ses tabous et ses restrictions, elle n'est pas adaptée au monde nouveau en train de naître. Elle enferme le monothéisme hébraïque dans un ghetto qu'il convient de briser. Les idées nouvelles, ces spéculations géniales autour de la consubstantialité de « personnes » divines qu'on désigne dorénavant de noms évocateurs tels que Logos, Pneuma, hypostases ou éons, ces idées-là ont fait du chemin et ne demandent qu'à être ramassées et exploitées. Elles ont l'avantage de nuancer la rigidité du pur et dur monothéisme et de faire rentrer dans l'unité de Dieu les intuitions dualistes trop tranchées. Elles permettent de concilier l'inconciliable. Leur commodité fera leur triomphe futur. Et puis elles sont agréables à manier, elles permettent des exégèses à n'en plus finir. Dieu, ses « personnes », ses avatars sont dans la rue. Le Logos, sauveur de ce monde mauvais, frappe aux portes, il crie et il appelle. Il faudra bien que quelques-uns lui ouvrent et lui répondent.

Simultanément les mythes traversent les frontières, ceux originaires d'Asie Centrale ou encore ceux qui sont propres à Israël ou à la Grèce ; ils se rencontrent avec l'énorme masse des mythologies babyloniennes, sumériennes, anatoliennes ou égyptiennes. Un phénomène de compénétration se produit, donnant le jour à une mythologie rajeunie, localisée autour du bassin méditerranéen oriental. L'idée du rachat des hommes par le sacrifice et la mort d'un jeune dieu, mythe central des religions de la Déesse-Mère, est venu se confondre plus ou moins avec la croyance hébraïque dans le salut d'Israël par un Messie. Par ces temps troublés, dans Israël divisé et meurtri par les invasions et l'occupation romaine, le peuple juif l'attend avec ferveur, ce Messie. Sa venue est imminente. La grande fresque christique est déjà en place quand Jésus naît, autour du début de notre ère.

Il sera ce Messie. Le royaume rénové qu'il prêchera sera purement spirituel et d'autant plus puissant, même si ceux qui espéraient la restauration temporelle d'Israël dans sa grandeur passée ne le comprennent pas et font condamner Jésus à mort. Ce sera le sacrifice du jeune dieu, l'accomplissement historique du mythe latent dans les esprits. La croix devient le sceau de la grandeur et de l'authenticité du Dieu incarné. Le rayonnement de ce royaume du Christ sera tel qu'en peu de temps il aura assuré la suprématie du Dieu unique, dont Jésus se proclame le « Fils », sur l'immense empire romain. Ce sera la revanche du Dieu d'Israël, mais Israël ne le comprendra pas. Aucun sionisme d'aujourd'hui ne parviendra jamais à suppléer cette chance unique qu'avait le monde juif de devenir le véritable maître du monde.

Jésus n'est pas un doctrinaire. Il ne discute pas de théologie ou de métaphysique. En matière de foi religieuse, il se contente d'affirmer. Sa doctrine, si on peut parler de doctrine à ce stade, est simple. Elle se résume en quelques mots : Juif, il croit au Dieu unique, aux démons, à la vie éternelle, il fête la Pâque ; homme de son temps et surtout profond mystique, il reprend à son compte l'idée d'un Dieu trine, Père, Fils et Esprit. Il est le Fils du Père et il vénère l'Esprit contre lequel nul ne doit pécher au risque de n'être point pardonné. Il n'y a aucun dogmatisme dans les Evangiles, du moins dans les paroles qu'on prête à Jésus. Il se proclame tour à tour Fils du Père et Fils de l'Homme. Il le dit, mais nulle part ne se préoccupe de définir sa vraie nature ; le futur docétisme est un faux problème qui ne l'intéresse pas. Il n'a rien à expliquer et n'explique rien. Ce sera ensuite aux apôtres et aux docteurs de l'Eglise naissante d'interpréter, voire de dogmatiser à partir des mots très simples prononcés par le Maître. C'est tout juste s'il promet qu'il les inspirera d'en haut et qu'il leur enverra le Saint-Esprit.

Lui a d'autres préoccupations, plus immédiates. Car il est avant tout un contestataire. Il ne s'accommode pas de la rigidité et de la sécheresse de la Loi mosaïque, encore moins de son interprétation et de son application par les docteurs et les Pharisiens. Il fait scandale. Dans sa ville natale, à Nazareth, il se heurte à l'hostilité de ses compatriotes et manque d'être lapidé. N'a-t-il pas osé dire que les prophètes

Elie et Elisée avaient réservé leurs bienfaits à des païens en punition des fautes d'Israël, le peuple élu ? Il ne craint pas de séjourner en Samarie, terre réputée mal famée. Ailleurs il maudit des villes de la Galilée, stigmatise les Pharisiens, repousse les tabous de la Loi. Il chasse les marchands du temple, exige qu'on « rende à César ce qui est à César », oubliant volontairement la répulsion des Juifs pour la représentation d'êtres vivants, comme c'était le cas pour ce denier frappé à l'effigie de l'empereur romain. Il fréquente les lépreux, pauvres gens jugés « impurs ». Il ose même proclamer que ce n'est pas l'homme qui est né pour le sabbat, mais bien le sabbat pour l'homme ! Bref, le Christ remet en cause l'encadrement social et moral du peuple juif, c'est-à-dire la Loi. De ce bouleversement aussi ses successeurs auront à tenir compte.

Qui sont-ils, ces successeurs, évangélistes et apôtres ? Si les Douze ont connu Jésus et l'ont sans doute accompagné au cours de ses déplacements, il n'en est pas de même pour les évangélistes, à l'exception de Marc peut-être. Marc, qui fut très proche de Pierre, aurait écrit son Evangile peu après la destruction de Jérusalem par les troupes romaines, c'est-à-dire après l'an 70. L'*Evangile selon Matthieu* n'aurait été transcrit par un confident de l'apôtre qu'après la mort de ce dernier. Luc non plus n'a pas connu Jésus, mais avait sans doute eu entre les mains l'Evangile de Marc, le plus ancien de tous. Il est aussi l'auteur des *Actes des Apôtres*, ce qui le fait vivre après eux. Quant à l'*Evangile de Jean*, il est pratiquement certain qu'il est dû à un nommé Johannès, un de ces « Aînés », de ces « Presbuteros » dont parle Papias, évêque de Hiéropolis, en Phrygie, vers 140. Johannès, qui était un fervent chrétien et un scribe savant, l'aurait écrit dans les premières années du IIe siècle. Il est donc très plausible que certains des commentaires et des prescriptions contenus dans les *Actes des Apôtres* soient bien antérieurs aux textes évangéliques. Ce sont ses premiers disciples (à qui naturellement on doit adjoindre saint Paul qui, lui, ne l'avait pas connu) qui ont donné une forme logique et une dialectique claire aux prédications parfois contradictoires du Christ.

A partir de ce que leur a enseigné leur maître Jésus et au moyen de leurs propres connaissances (acquises par l'étude et la réflexion ou par le miracle pentecôtiste du Saint-Esprit), ils élaborent une doctrine cohérente et solide et qui va très vite se figer dans des dogmes. Dans l'accomplissement de cette œuvre, la vive intelligence et l'immense savoir de la nouvelle recrue, Paul, seront déterminants. Mais on ne doit pas le perdre de vue, cette doctrine est déjà presque formulée dès avant la naissance du Christ. Elle était virtuelle dans le magma des spéculations des diverses écoles grecques en présence dans la région, elle était en train de se dégager à partir de la confrontation de la dialectique grecque à la mystique orientale, le monothéisme juif et le dualisme persan notamment. La nouvelle religion ne pouvait se permettre d'ignorer les aspirations théologiques, métaphysiques et mystiques en vogue à cette époque. Il y allait de son avenir. Elle y a nettement puisé, tout comme s'en est inspiré le Gnosticisme. C'est vraisemblablement à cause de cette parenté gênante que les Pères se montrèrent si sévères contre les gnostiques, comme d'ailleurs contre les nombreuses hérésies de ce début de l'ère chrétienne. Ils condamnèrent sans ménagement, ne laissant nulle place aux interprétations libres ou même aux simples nuances. Un Maître Eckhart, qui frisa de peu la condamnation au XIIIe siècle, n'aurait pu y échapper au deuxième. Encore moins un P. Teilhard de Chardin qui, s'il avait vécu en ces temps-là, aurait sans doute été classé parmi les gnostiques dangereux. On est toujours plus rigoureux, plus sourcilleux pour ses proches que pour les étrangers.

Car entre les deux doctrines, celle mise au point par le Christianisme primitif et celle, plus disparate, du Gnosticisme, il n'y a pas seulement analogie des idées maîtresses comme, par exemple, les hypostases divines et le rôle prééminent assigné au Verbe (Logos) et à l'Esprit-Saint (Saint Pneuma), il y a encore similitude de vocabulaire. L'Apocalypse de Jean aurait pu aussi bien être un récit gnostique. L'Evangile qui emprunte son nom à l'apôtre commence par une déclaration de principe que bien des systèmes gnostiques n'auraient pas reniée : « Au commencement était le Verbe (Logos) et le Verbe était Dieu, ... tout par Lui a été fait », etc. Mais c'est à saint Paul qu'on devra la confidence d'un certain ésotérisme chrétien ; n'a-t-il pas été ravi au troisième ciel, « dans son corps ou dans son esprit, Dieu seul le sait » et n'a-t-il pas entendu des choses qui ne peuvent être révélées (*II Cor.* XII, 2-4) ? C'est lui qui suscitera, un siècle plus tard, l'attention du gnostique Marcion, fasciné par cet Evangile de Paul (non écrit ou perdu ?) auquel l'Apôtre fait sans cesse allusion et qu'il dit avoir reçu par une révélation de Jésus-Christ (*Galates*, I, 11-12). C'est encore Paul qui, dans les *Epîtres aux Galates* et *aux Romains*, fustigera le plus l'ancienne Loi. Il fustigera, mais ne condamnera pas sans réserve et c'est par cette souplesse que l'Eglise s'imposera. Souple pour elle-même, dure pour ses rivales, telle sera la tactique des premiers Pères. En effet, les fondateurs de l'Eglise ne rejetteront pas absolument le message de l'Ancien Testament : ils l'adapteront et l'interpréteront tout à fait arbitrairement, il est vrai, évitant ainsi de se couper de la source traditionnelle sans laquelle aucune Eglise ne saurait se constituer solidement et durablement.

Dès le début, les Apôtres et leurs premiers successeurs ont compris que dans ce vaste remuement des idées religieuses contemporaines, le monothéisme avait toutes chances de l'emporter sur le polythéisme en pleine déroute. Un seul Dieu unitaire était mieux armé dans le combat pour la primauté qu'une foule de dieux et de déesses quelque peu farfelus, se disputant sans cesse et rusant avec les hommes. Ce seul Dieu, ce Dieu unique existait : c'était le Dieu des Juifs, celui de Jésus et des premiers chrétiens d'origine juive. Certes, ce Dieu pouvait sembler un peu trop cruel, sévère, plein de rigueur et assoiffé de vengeance. Les gnostiques le rejetteront, ce Dieu cruel, ils en feront le « mauvais Dieu des Juifs », Ialdabaoth à la tête d'âne ou de lion. Ils l'assimileront au Démiurge créateur de ce monde mauvais. Il leur faudra lui trouver un successeur qu'ils ne pourront jamais imposer aux masses. L'Eglise, par contre, lui restera fidèle, l'assimilant au Père justement sévère et rigoureux, grand pourvoyeur d'épreuves à ses élus dont il s'agit de tester la sincérité et la foi. Ils le relègueront cependant un peu dans l'ombre afin de laisser la place libre à un Dieu d'amour et de miséricorde, celui-là même qu'on attendait, Jésus le « Fils » hypostasié. L'unité de Dieu est sauve, sa parfaite bonté l'est aussi.

Le problème du Bien et du Mal ? Dieu, ni aucun démiurge n'ont créé le Mal. C'est Adam qui l'a pour ainsi dire inventé en succombant à la tentation du serpent, un simple animal, le plus rusé des animaux que Dieu avait faits. Ce n'était qu'une épreuve, Adam n'a pas su y résister. Dieu n'est pas responsable, et d'ailleurs n'a-t-il pas envoyé son Fils parmi les hommes pour réparer la faute adamique ? Quant aux innombrables démons du folklore populaire de la région, on les adoptera aussi, avec le mythe de la chute des anges déchus tel qu'en ont fait le récit les livres apocalyptiques juifs.

Bien entendu, ces problèmes n'ont pas été résolus et la doctrine chrétienne n'a pas été présentée d'une façon aussi simpliste. Saint Paul, probablement saint Luc et les premiers Pères de l'Eglise furent de savants dialecticiens. Ils étayèrent la simplicité relative du dogmatisme chrétien sur une argumentation métaphysique qu'il était difficile à leurs adversaires de réfuter. Inspirés et fanatiques dans le bon sens du mot, ils possédaient à la fois la clarté de pensée et le mode d'expression logique qui caractérisaient les docteurs de leur époque. Malgré les ressemblances et les apparences superficielles, l'Eglise primitive n'est pas une église gnostique. Elle n'est pas une secte, ni un cercle initiatique réservé à une petite élite, elle se veut universelle, d'où son nom de catholique. Elle se dote d'une autorité suprême, l'évêque de Rome. Elle réunit des conciles qui tout de suite permettent d'unifier la doctrine. Bref, elle se donne les moyens de la puissance et de la durée. Elle a eu le génie de s'approprier sans tarder les idées-forces et les expressions heureuses de la grande vague spéculative et philosophique en grand honneur à cette époque. Elle les a pliées à ses propres convictions religieuses et aux aspirations des masses disparates de l'immense empire romain. Elle ne tardera pas, par le fait même de son universalité, à substituer son pouvoir à celui des empereurs.

En profondeur, elle a résolu le problème de l'unité de Dieu en le démultipliant, si on peut s'exprimer ainsi, dans ses trois hypostases classiques : Père, Fils, Esprit. Elle a cédé au goût du mystère en affirmant la double nature du Christ, Homme et Dieu à la fois, totalement et sans restriction. Elle a repoussé dans l'ombre, sans fracas et sans condamnation radicale, les prescriptions et les interdictions trop rigides de l'ancienne Loi et construit sur ces ruines discrètes la nouvelle Dispensation. Par la rigueur du langage et de la dialectique, elle est rapidement parvenue à affirmer et à assurer sa suprématie intellectuelle. Où est la Gnose là-dedans ? Elle n'est pas aussi loin qu'il paraît. En effet, si on restitue au mot « Gnose » sa signification profonde de pure connaissance théologique et métaphysique, son lien caché avec la tradition mythique et mystique de cette vaste et grandiose aire culturelle que fut l'empire romain, on pourrait être tenté de dire que l'Eglise primitive s'est constituée autour d'une gnose sage et soigneusement épurée.

Avec les cent ans d'avance qu'elle avait sur les sectes « chrétiennes » qui foisonnèrent au IIe siècle, l'Eglise occupait la place et ne pouvait manquer d'assurer sa primauté. Les persécutions futures n'en viendront pas à bout. Au contraire, l'Eglise martyre s'auréolait du prestige d'une foi qui ne craignait pas de souffrir la mort plutôt que de se renier. C'est pourquoi on a pu parler ensuite « d'Eglise triomphante ».

Les sectes gnostiques chrétiennes et les docteurs qui, à leur tour, s'efforcèrent de glaner autour de ce que l'Eglise n'avait pas adopté complètement (telle l'éontologie, par exemple) ou bien avait rejeté, comme le dualisme et ce qu'on appellera plus tard le docétisme, ne pouvaient désormais proposer que des surenchères. La complexité de leurs systèmes explique leur échec. En quelque sorte, bien carrée dans sa foi et ses dogmes, religion d'amour et d'espérance, l'Eglise primitive a tout simplement spolié de la Gnose le Gnosticisme titubant et turbulent.

Mais l'exégèse gnostique demeure une inconsciente tentation pour le chrétien, y compris le catholique romain. Et plus l'Eglise moderne prend ses distances avec le mythe chrétien primitif, plus elle fuit ou occulte ses connotations mystiques et gnostiques (dans le sens exact et non historique du mot), plus elle refuse l'invisible et l'indicible, plus la tentation se fait sentir. Elle pourrait même devenir impérative. La géniale hypothèse du R. P. Teilhard de Chardin est un exemple frappant de ce retour à la Gnose. Que sont donc cette Pensée qui travaille la matière, cette « noosphère » en train de se constituer lentement en direction d'un point Oméga ? A quoi ressemble cette Plérômisation en vue de la Parousie dernière ? Ce sont des concepts qu'aucun gnostique, qu'un Basilide surtout n'auraient pu renier. En se défendant lui-même de tomber dans le piège du gnosticisme, le P. Teilhard de Chardin a involontairement apporté la réponse. Il avoue implicitement qu'il n'en est pas si loin et qu'on pourrait s'y tromper. L'Eglise officielle d'ailleurs a manifesté sa méfiance. A quoi bon ? Du lourd dogmatisme romain à la Gnose souple et attachante, il n'y a pas de réelle frontière.

XII

UNE GNOSE HÉBRAIQUE : LA KABBALE

Etymologiquement, Kabbale signifie tradition. Mais dans la tradition écrite du Judaïsme orthodoxe, c'est-à-dire dans la *Torah*, on ne trouve rien de ce qui caractérise la Kabbale et les spéculations des kabbalistes. Néanmoins l'Ecriture orthodoxe fourmille d'aphorismes, de mots ou de récits qui, de fait, alimentent ces spéculations ultérieures et leur servent de support. Car la Kabbale est un ésotérisme traditionnel, étroitement lié à l'exotérisme religieux du Judaïsme. Elle ne saurait à ce titre être coupée arbitrairement de l'ensemble de la pensée religieuse juive. Elle se réclame d'une tradition *orale* qui aurait été d'abord transmise de vive voix durant des siècles avant d'être enfin codifiée tardivement, en plein Moyen Age. Tradition orale à quoi on ne peut attribuer d'origine historique précise, elle s'entoure naturellement d'une auréole de mystère. Il n'en a pas fallu davantage pour que certains fanatiques la fassent péremptoirement remonter à Moïse ou plutôt à son frère Aaron. Moïse l'aurait reçue en même temps qu'il recevait la Loi écrite ; il aurait chargé Aaron de diffuser la doctrine secrète parmi une petite élite de gens pieux et susceptibles d'en approfondir le sens caché. D'autres, en proie au chauvinisme mystique et épris de sionisme irrédentiste, la font remonter purement et simplement à cinq mille ans, à la création du monde selon la Genèse. Adam l'aurait reçue de Iahvé lui-même au Paradis Terrestre ! L'Adam terrestre n'est-il pas, comme on le verra plus loin, l'émanation directe de l'Adam Kadmon, l'Homme céleste ? D'autres auteurs, plus modestes ou plus objectifs, font remonter l'origine de la Kabbale aux derniers siècles qui précédèrent l'ère actuelle, à la même époque où est apparue le courant gnostique. C'est l'hypothèse la plus vraisemblable. Pourtant les détracteurs de la Kabbale, pour leur part, fixeront son origine au XIIIe siècle de l'ère chrétienne, en Espagne ou en Provence.

On reviendra à l'épopée relativement récente des kabbalistes espagnols et provençaux, mais il est certain qu'on ne peut légitimement leur attribuer la paternité de la Kabbale. Celle-ci est certainement bien plus ancienne et doit dater d'une époque se situant aux alentours de la naissance du Christ ou peut-être même un peu après. Tout porte à croire qu'elle fut contemporaine des premières sectes gnostiques. L'auteur présumé du *Sepher Ha Zohar* (le *Livre de la Splendeur*), texte clé de la Kabbale doctrinale, Moïse de Léon, attribue à Rabbi Siméon bar Yochaï (IIe siècle après Jésus-Christ) la première codification, restée orale. Le Talmud, pour sa part, reste très discret sur Rabbi Siméon et sur son enseignement secret. La Diaspora avait commencé bien avant l'ère chrétienne. Beaucoup de Juifs avaient fui la terre d'Israël sur laquelle régnaient l'usurpateur et l'occupant étranger. Des colonies juives existaient un peu partout autour du bassin méditerranéen, dont celle d'Alexandrie était sans contredit la plus florissante et la plus vivante. Tout en demeurant fidèle à la foi ancestrale et au Dieu unique et, il est permis de le penser, aux principales prescriptions de la Loi mosaïque, les philosophes juifs d'Alexandrie ne furent pas insensibles aux idées néoplatoniciennes en vogue dans la grande cité égyptienne. On a pu écrire de Philon, né dans cette ville trente ans avant Jésus, qu'il avait tellement réussi à amalgamer hébraïsme et hellénisme qu'on se demandait si c'était « Philon qui platonisait ou bien si c'était Platon qui avait philonisé » ? Ce qui ne peut être nié, c'est que la tradition ésotérique transmise par les kabbalistes est fortement teintée de néo-platonisme, voire même d'un certain pythagorisme. A ce titre elle se situe nettement dans le courant de pensée gnostique, elle est une gnose.

Mais, il faut y insister, à la différence des sectes gnostiques qui lui furent contemporains, la Kabbale a l'avantage de s'appuyer sur une très ancienne et très puissante Tradition religieuse dont elle ne renie rien, qu'elle se propose seulement d'explorer et d'interpréter mystiquement. Les idées étrangères à l'enseignement hébraïque orthodoxe, comme par exemple la transmigration des âmes, n'y ont été introduites que tardivement, peut-être au Moyen Age.

Deux problèmes essentiels sont à l'origine du mysticisme juif, comme d'ailleurs de tous les mysticismes : le premier concerne la théodicée et, dans le cas particulier, tourne autour de la vision d'Ezéchiel (*Maassé Mercaba, le Récit du Char*) ; le deuxième pose le problème de la création et se rapporte au premier chapitre de la Genèse (*Maassé Bereschith, le Récit de la Création*) ; il est cosmogonique. Des textes ultérieurs, les grandes et petites *Hechaloth* (Palais) et le *Sepher Yetsira* (le Livre de la Formation) traiteront respectivement de ces deux problèmes essentiels. *Le Sepher Ha Bahir*, rédigé en Provence au XIIe siècle, sorte de *midrash* ou de commentaire exégétique, vient ensuite compléter la base écrite de ce qui sera le *Livre de la Splendeur*, le *Sepher Ha Zohar*. A ces ouvrages, il convient d'ajouter d'autres commentaires *antérieurs* ou *postérieurs*, ceux d'Ibn Gabirol, de Juda Halevi, d'Abulafia, etc. Plus tard des kabbalistes chassés d'Espagne par les persécutions de la Sainte Inquisition et réfugiés à Safed, en terre d'Israël, y apporteront à leur tour des retouches ou plutôt un complément. Ce sera la tâche de Cordovero, d'Isaac Luria, etc. C'est grâce à ces codifications écrites et tardives qu'il est permis aujourd'hui d'accéder à une connaissance relative de cette antique tradition secrète, cette authentique « gnose hébraïque » qu'est la Kabbale. Elle a eu une influence déterminante sur l'ésotérisme occidental.

Nul ne peut saisir quelque chose à cet ésotérisme que, faute de mot plus approprié, on appellera chrétien s'il n'est pas familiarisé avec les complexes spéculations de la Kabbale juive. Certes, avec le temps, des illuminés et des initiés, des adeptes véritables aussi parfois, ont mis au point une sorte de Kabbale chrétienne qui, en pratique, constitue le lien entre le pur héritage hébraïque et les réminiscences christo-hermétistes qui constituent le fond de la pensée occultiste occidentale. Certes, la Kabbale n'est pas tout l'ésotérisme d'Occident, il s'en faut. Mais elle fut un apport fondamental qui ne peut être passé sous silence. De plus elle est, de nos jours encore, une Gnose vivante, non pas artificielle et nostalgique comme certains systèmes occultistes contemporains, mais traditionnelle et plongeant ses racines loin dans l'histoire du peuple juif. Une connaissance aussi approfondie que possible de la Kabbale est nécessaire pour pénétrer les arcanes de cette gnoséologie particulière qu'est l'ésotérisme judéo-chrétien de l'Occident.

Il n'est pas possible dans le cadre restreint de ce livre de tracer un exposé complet de ce qu'est la Kabbale. Aucune étude sur ce sujet ne saurait être exhaustive sans une connaissance parfaite de la langue hébraïque pour la bonne raison que la Kabbale n'est pas seulement une doctrine mais encore une pratique où le jeu des lettres de l'alphabet hébreu est d'un intérêt capital. L'alphabet sacré de vingt-deux lettres se décompose en trois lettres « *mères* » qui correspondent aux trois triades supérieures ou aux trois « personnages » : le *Macroprosope* ou *Longamine* (le « long Visage »), le *Microprosope* ou « petit Visage » et la *Matrone* ou la *Shekkinah* ; en sept « *doubles* » qui sont en relation avec les sept planètes et les sept *Sephiroth* inférieurs ; en douze lettres « *simples* », en relation avec les douze signes du Zodiaque. Chacune des lettres, prise séparément, correspond en outre à une figuration naturelle : un bras, la bouche, mais aussi un toit, une hache. Chacune possède une valeur numérique. Enfin, les vingt-deux lettres ajoutées aux dix « *numérations* » (les *Sephiroth-Belima* du « *Sepher Yetsira* ») constituent les trente-deux voies de la Sagesse. On voit tout de suite les implications du système. Chaque mot hébreu a ainsi un sens courant, un sens symbolique (ou plusieurs), un sens numérique (qui le met en relation avec d'autres mots numériquement égaux), bref une diversité de sens. On ajoutera que les kabbalistes pratiquent au surplus de savantes permutations de lettres qui rendent à peu près impossible la tâche de donner un sens définitif et exhaustif à n'importe quelle spéculation. Ce goût pour l'interprétation et pour cette véritable manipulation de l'alphabet était, on s'en souvient, fort apprécié des gnostiques méditerranéens. Les Basilidiens, avec l'ABRASAX notamment, Marcos, fasciné par l'alphabet grec, sont des exemples que nous avons étudiés dans les chapitres précédents. On verra plus loin que l'Islam, la gnoséologie chiite en particulier, n'est pas demeuré en reste. La langue de la Révélation est toujours une langue sacrée avec ce que cela implique sur le plan de l'herméneutique du commentaire ultérieur.

Compte tenu des réserves exprimées ci-dessus, on est quand même en mesure d'exposer la généralité des idées qui font de la Kabbale un système gnostique complet et original. Comme il fallait s'y attendre, tout le système est basé sur l'absolue transcendance du Dieu unique. Infiniment infini, inconnaissable, inconcevable même, Dieu est cet *Aïn-Soph*, cette sorte de néant primordial et dépersonnalisé que nous ne pouvons imaginer et que nous avons déjà rencontré chez Basilide, pour ne citer qu'un exemple. Le Dieu de l'Aïn-Soph, c'est l'Ancien des Anciens, le Vieux des Jours (*Atthik Yomin, Atthikim*). C'est le premier principe, non pas le moteur mais celui qui suscite la Manifestation ultérieure. Car dès l'origine, une origine qui est aussi ancienne que l'Ancien, se produit une sorte de « retrait », de « contraction », le *Zimzum* qui laisse la place à l'Emanation suivante. Mais le retrait de Dieu ne s'est pas accompli sans abandonner dans l'espace ainsi découvert un résidu (*reshimou*) de sa Lumière. Quand l'influx divin revient en force, cette Lumière se mue en un irrépressible principe d'expansion. Elle prend l'aspect de l'Homme Céleste, de l'Anthropos des gnostiques chrétiens. Cette première émanation est *l'Adam-Kadmon*, revêtu des dix attributs divins, les dix Sephiroth.

Adam-Kadmon est comparable au Logos-Anthropos des gnostiques. C'est le Verbe, la Parole jaillie de la Lumière dès les débuts du monde. Il porte en lui le projet absolu de tout ce qui existera ensuite. Il est à la fois le Plan et le Planificateur. Mais bien sûr, selon les livres et selon les exégètes, son caractère plus ou moins abstrait va différer. Tantôt il sera presque aussi insaisissable que l'Aïn-Soph dont il émane directement, tantôt il prendra des allures plus concrètes d'Homme macrocosmique. C'est ainsi que le livre *Shiur Koma* le décrit de manière tout aussi anthropomorphique qu'hyperbolique. Il y apparaît comme un Démiurge formidable. Le *Shiur Koma* (la mesure du corps de Dieu) affirme que « la hauteur de ses talons est de 30 millions de parasanges ». Et de décrire sa chevelure, sa barbe, etc., toujours avec le même souci de gigantisme.

On ne peut dire d'Adam Kadmon et des Sephiroth qu'ils jouent un rôle d'intermédiaires entre l'Aïn-Soph et l'homme terrestre. Ils occupent plutôt une fonction d'écran. Les Sephiroth sont en Dieu même ce que l'homme peut saisir de Dieu. Ils sont à la fois des attributs et des idées, des modes d'être et des modes d'agir, des « éons »pour tout dire, mais des éons liés entre eux par le corps d'Adam Kadmon qu'ils revêtent. Ils sont le vêtement commun qui habille à la fois l'Aïn Soph, l'Homme Céleste et d'une certaine façon l'homme terrestre lui-même. Pour ainsi dire, ils constituent les échelons de l'échelle qui relie le microcosme au macrocosme. Rien ne saurait exister qui ne trouve un écho correspondant dans l'échelle séphirothique. Chaque Séphira se démultipliant à son tour en dix Sephiroth inférieures et chacune de ces dernières se décomposant de la même façon en dix figures, selon le modèle des Sephiroth d'en haut, l'Arbre séphirothique se projette à l'infini en une forêt d'arbres identiques. Cette forêt est le Jardin, le *Pardes*. Mais l'accès du *Pardes* n'est pas facile et sans danger. Le *Talmud* relate l'aventure arrivée aux quatre *rabbis* qui accédèrent ensemble au Verger mystique. Seul Rabbi Akiba ben Joseph en ressortit comme il était entré ; pour les trois autres, Rabbi ben Azaï mourut, Rabbi ben Zoma devint fou et Rabbi ben Abouya rejeta la foi de ses pères.

Les noms symboliques et traditionnels de chaque Sephira couvrent en réalité toutes les modalités de tous les attributs. La première est *Kether* (la Couronne) par laquelle apparaît pour la première fois la notion d'infini opposée à l'expérience du fini. Sans être pour autant une personnification, Kether est une conceptualisation de Dieu et, à ce titre, un « visage », celui qui, réuni aux deux Sephiroth suivantes (*Hochma*, la Sagesse et *Bina*, l'Intelligence) formera le « grand visage » (*Arich Anpin*) ou « *longamine* ». La Sagesse est mâle, positive, c'est le Père ; l'Intelligence est féminine, passive, c'est la Mère. La première est la force d'expansion, la deuxième la force de concentration. Les sept autres Sephiroth sont, dans l'ordre : *Hesed* (la Grâce ou la Clémence), *Geboura* (la Rigueur), *Thiphereth* (la Beauté), *Netzah* (la Victoire), *Hod* (la Gloire), *Yesod* (le Fondement) et *Malchut* (le Royaume). La Beauté et le Fondement réunis, constituent le « petit visage » (*Seir Anpin*), le Microprosope ou le Roi, tandis que la dernière Sephira, *Malchut* (le Royaume) est assimilé à la Matrone ou à la *Shekkinaah* elle-même, c'est-à-dire l'Immanence ou la Présence. Mais le Royaume est aussi le siège de *Knesseth Israel*, la Communauté d'Israël symbolisée par le Sabbat (le Sabbat est ici comparable à l'Ekklêsia gnostique). C'est dans l'espace de *Yesod* (le Fondement) qu'attend le *Sadik*, le Messie qui viendra restaurer Israël dans sa gloire. Enfin, représentées verticalement, les Sophiroth sont divisées en deux « colonnes », celles de la Miséricorde et de la Rigueur, qu'un groupe central vient réconcilier.

Le « *Zohar* » explique que la première manifestation cosmologique (et cosmogonique) a été l'étincelle divine primordiale apparue dans l'espace laissé libre par la contraction du *Zimzum*. Une série grandissante de points lumineux se nourrissant les uns des autres aboutit à l'ensemble de la manifestation d'Adam Kadmon. Cette lumière (*Aor* ou *Or*) est en relation avec le Verbe et nous cache la nature réelle de l'Ancien des Jours. Quand la lumière est revenue en force, expliquent les Lurianistes (Ecole de Luria, à Safed), elle a eu pour effet de briser les vases qu'étaient destinées à être les Sephiroth et elle s'est répandue sans ordre dans le monde. Cette « brisure des vases » (*chevirat ha kelim*) isola chaque Sephira, en fit un point isolé et correspond à l'époque du *Tohu*. Les mythiques rois d'Edom, qui vivaient dans ce temps pré-génétique, ne purent supporter l'éclat de la lumière et disparurent. Eparse dans le monde, cette lumière se répandit en tout sens et certaines de ses parcelles sont restées dans le monde, mêlées aux « écorces » (*kelipoth*) de la matière et du mal. Cependant une lumière nouvelle jaillit du front d'Adam Kadmon. C'est elle qui, depuis ces débuts du monde, change les Sephiroth en *parsufim*, c'est-à-dire en visages divins accessibles aux hommes. Quant aux parcelles de lumière restées dans la matière, elles seront réintégrées par les œuvres des élus en vue d'obtenir la restitution (*tikkun*) de l'état originel.

Cette doctrine du *tikkun* est liée, bien entendu, avec celle, qui semble relativement récente, du *gilgul* ou de la transmigration des âmes. Pour que la restitution soit accomplie au sens totalisant du mot, il faut que toutes les âmes aient achevé leurs *gilgulim*, leurs réincarnations successives. Malgré ce que les inconditionnels de l'antiquité de la Kabbale pourront prétendre, cette doctrine du *gilgul* paraît assez récente dans le *corpus* de la Kabbale. Elle pourrait bien dater du Moyen Age et des contacts entre mystiques juifs et mystiques chrétiens plus ou moins imprégnés de Catharisme. La croyance à la métempsycose semble assez éloignée du fondement religieux du génie du peuple juif.

En matière d'anthropologie proprement dite, l'homme dans son état terrestre possède une âme une et trine. *Nephesch* est l'âme végétative et animale ; *Ruach* (l'Air) est le terme intermédiaire psychospirituel et intellectif entre *Nepesch* et *Neschama* (le Souffle) qui est l'étincelle d'en haut et l'élément purement pneumatique. Le corps est *Gouph*. Naturellement, tout un système de correspondances existe entre l'homme, le Cosmos et les Séphiroth. On l'a déjà dit, plus compliqué encore est l'inextricable réseau de correspondances, d'échos et d'affinités entre les lettres de l'alphabet hébraïque en tant que telles, les nombres qu'elles expriment, leurs divers assemblages, etc.

C'est par le jeu de ces correspondances qu'on comprend le rôle et la fonction attribués à ces mystérieuses entités qui sont l'ange *Metatron* et d'autres hiérarchies angéliques et génies de la Kabbale pratique — et magique. C'est ainsi que *Metatron*, dont le nombre est 314, est en relation d'une façon ou d'une autre avec *Shaddaï* (Tout Puissant), dont le nombre est le même. *Shaddaï* est le nom donné à Dieu quand il s'est révélé à Abraham et à Jacob. Mais cela ne signifie nullement qu'il y a identité entre *Metatron* et *Shaddaï*, l'analogie numérique, dans ce cas particulier, fait de Metatron une sorte de théophanie, de *kabod* ou d'enveloppe de Dieu quand il s'adresse directement aux hommes. Dieu transcendant est inaccessible à l'homme, y compris le prophète ; pour se manifester, il adopte une « forme » éthérée et sans doute lumineuse, mais d'une lumière atténuée. *Metatron* assume cette forme, car il est « l'Ange de la Face ». Plus mystérieux encore, il est aussi le *Sâr ha ôlam* (le prince du monde, non pas de « ce monde », titre réservé à Satan) et *Sâr ha gadol* (Grand prêtre).

A ce titre, celui de roi-pontife, il peut être comparé au roi d'Agartha, ce « roi du monde » dont le mystérieux et symbolique royaume est souterrain, tout comme l'est *Luz*, la « cité bleue » enfouie à la base de la non moins symbolique échelle de Jacob. René Guénon [1] fait encore remarquer que *luz* est aussi ce petit os

---

1. René Guénon : *Le Roi du Monde*, Paris, 1958 (Gallimard).

impérissable, situé à la base de la colonne vertébrale, qui, dans la tradition hébraïque, est destiné à assurer la résurrection des corps. L'analogie est transparente avec la *kundalini* hindoue, dont la remontée le long des *chakras* (centres de force psycho-spirituels), étagés le long de la colonne vertébrale procure l'immortalité par l'accès du sage (du yogi) dans *Brahmapura*, la « ville » de Brahman.

L'ange *Mittatrûn* existe aussi dans la tradition islamique, mais c'est à *Eblis*, l'ange rebelle qui refusa de se prosterner devant Adam, que les Yesidis, petite secte islamique du Kurdistan, assignent cette fonction de recteur du monde. Le refus d'Eblis ne fut, en effet, qu'un refus d'obéissance et non pas, comme le croient les orthodoxes, un acte d'orgueil. Seul Dieu lui semblait digne d'adoration ; à Dieu seul revenait le suprême hommage. C'est pourquoi Eblis fut pardonné et fut chargé de veiller au bon maintien de ce monde. N'est-il pas « l'ange-paon », celui qui a les sept colorations de la parfaite spiritualité ? Un rôle semblable était réservé à Elias-Artista par les Rose + Croix.

Les hiérarchies angéliques de la Kabbale (qui sont sensiblement les mêmes que celles adoptées par l'Eglise romaine) sont en correspondance avec les dix Sephiroth lumineuses dont est revêtu Adam Kadmon, l'Homme Céleste. Cependant il existe aussi une hiérarchie identique, une sorte de colonne séphirothique ténébreuse qui, elle, sert de manteau à l'Adam Infernal, *Adam-Belial*. Ce monde infernal est gouverné par *Samael*, le plus puissant des anges déchus. Or, par un certain et complexe jeu de lettres, de nombres et de correspondances, Metatron est aussi, dans certains cas, Samael lui-même, face lumineuse et face d'ombre à la fois.

Bien entendu, on retrouve dans la Kabbale la vieille tradition hermétiste et gnostique de l'homme microcosme reproduisant les traits et les mécanismes d'une Nature Eternelle macrocosme. Les descriptions anthropomorphiques du *Longamine* (le Long Visage, *Arich Anpin*) en sont un exemple typique. Les différentes parties du corps de l'homme terrestre et celles du corps mythique d'Adam Kadmon sont en étroite corrélation par le pont indispensable du système séphirothique et sa distribution anatomique ; au fur et à mesure de son développement, la Kabbale pratique y adjoindra un large réseau de correspondances astrologiques et théurgiques.

Il n'est pas possible dans ce court chapitre d'entrer dans tous les détails qui caractérisent la Kabbale ; néanmoins l'étude approfondie de ce vaste système métaphysique, mystique et parfois magique permet de reconstituer la logique intime et les mécanismes secrets du Gnosticisme. Avec l'Ismaélisme chiite, la Kabbale en est un des derniers rameaux vivants authentiques. Et, certes, un des plus aboutis. S'appuyant sur la Loi et la tradition mosaïques, qu'elle ne remet pas en question, elle a été assez forte pour braver le temps et demeurer vivante deux millénaires durant.

Introduite en Europe médiévale, d'une part par les Juifs *sépharades* d'Espagne et du Midi de la France et d'autre part par les florissantes communautés *askenaz* d'Europe centrale, de Pologne et d'Ukraine, la Kabbale se partage deux tendances : la formule purement spéculative et métaphysique qui fut surtout l'apanage de la Diaspora sépharade quelque peu latinisée ; l'expression plus franchement mystique et magique, « pratique », comme on dit, du milieu askenaz dont le Hassidisme est le représentant le plus attachant. Compte tenu de ces deux tendances, l'influence de la Kabbale sur l'hermétisme occidental et l'ésotérisme chrétien a été déterminante. Réduite à une sorte d'hermétisme christianisé, ayant en outre subi probablement l'influence des sociétés initiatiques islamiques avec qui elle fut en contact par les Croisades, s'alimentant sans doute encore aux sources plus ou moins taries de traditions locales, la pensée ésotérique de l'Occident était un peu comme un corps sans squelette. Elle trouva un riche aliment nouveau dans la gnose hébraïque. Elle renoua ainsi avec le courant gnostique, obscurci par la brillante spéculation chrétienne des scolastiques — car le Moyen Age fut une grande époque d'approfondissement et de rationalisation métaphysique pour l'Eglise devenue maîtresse du monde civilisé. L'influence de la Kabbale sur les hermétistes et les alchimistes fut telle qu'on verra bientôt apparaître en Europe une version chrétienne de cette gnose pourtant typiquement hébraïque. Beaucoup plus tard, au XVIIIe siècle, Martinez de Pasqually exposera dans tous ses détails une véritable Kabbale chrétienne qui deviendra ensuite l'évangile secret de l'Occultisme moderne.

XIII

LA GNOSE DANS L'ISLAM

L'extraordinaire essor de l'Islam a débuté sur les lieux mêmes où le Gnosticisme avait été le plus florissant : en Mésopotamie ou sur ses confins, en Syrie et en Egypte. Très vite il va hériter et s'assimiler la pensée gréco-orientale et son goût pour la spéculation métaphysique et proprement gnostique. Au message réformateur du Coran viendront s'ajouter les investigations du néo-platonisme, voire du vieux pythagorisme. L'irruption islamique sur la scène gréco-orientale est fulgurante. En moins d'un siècle après l'Hégire (622 ap. J.-C.), l'empire arabe, parti de La Mecque et de Médine, couvre la majeure partie du Moyen-Orient, l'Afrique du Nord et l'Espagne ; même si elle ne tarde pas à faire sécession avec le chiisme, la Perse est islamisée. Pendant toute l'époque médiévale et jusqu'aux débuts des temps modernes, l'Islam gère spirituellement l'héritage hermético-gnostique et néo-platonicien de cet immense empire que l'Europe du Moyen Age s'habitue dès lors à considérer comme « l'Orient ». Les alchimistes, les hermétistes arabes ont à cette époque un prestige qui n'est égalé (et pas toujours) que par celui des kabbalistes juifs. Et jusqu'à nos jours « l'Orient » reste symboliquement la terre mythique d'où viennent la Lumière et le Message.

On a trop souvent tendance à ne voir dans l'Islam que l'aspect rigide et « légalitaire » d'une religion prêchée une fois pour toutes et toute entière contenue dans les versets du Coran tels que le Prophète les reçut de l'Ange (Gabriel). Certes, cet aspect légalitaire existe et la grande majorité des musulmans sunnites s'y tiennent sans chercher plus loin. On se limite à la *charî'a,* c'est-à-dire à la rectitude de la lettre. Mais beaucoup de musulmans, notamment les grands philosophes de l'époque expansionniste et les chiites, tout comme d'ailleurs des sunnites en vue et les soufis, se sont attachés aussi, parfois en priorité, à la *haqîqa,* c'est-à-dire au vrai sens spirituel contenu dans la lettre. Cette double tendance est commune à toutes les grandes religions révélées. Certains se contentent du sens exotérique (*zahir*), d'autres vont plus loin et approfondissent l'abyssale signification ésotérique (*bâtin*). A partir de ce *bâtin* et compte tenu de l'héritage gréco-oriental on découvre toute une gnoséologie de l'Islam.

On sait quelle fut l'influence de la conquête arabe sur l'Europe médiévale. C'est aux érudits de l'Islam qu'on doit la restitution d'un vaste panneau de la pensée grecque, jusque-là mal connue. Si Platon et son école restaient familiers aux Chrétiens d'Europe — souvent d'ailleurs par le biais du Gnosticisme décadent et de l'Hermétisme — Aristote échappait à toute investigation sérieuse, ses ouvrages ayant été perdus. Ce sont les Arabes qui les retrouvèrent et les traduisirent et c'est à partir de ces traductions arabes que les Latins introduisirent la pensée aristotélicienne dans la Scholastique. Ce monument que fut la *Somme* de saint Thomas d'Aquin (1226-1274) n'aurait pas été possible sans l'intervention arabe.

Déjà en Perse, deux siècles auparavant, Avicenne (*Ibn Sîmâ*, 980-1037) avait rédigé tout un système conçu à partir des idées d'Aristote et des apports nouveaux du Néo-Platonisme et de l'Augustinisme chrétien. Ses commentaires furent très en vogue auprès des docteurs d'Occident. En Espagne, puis à la cour du Khalife du Maroc, le philosophe arabe Averroès (*Ibn Rochd*, 1126-1198) écrivit à son tour une vaste série de « Commentaires » sur la doctrine d'Aristote. Les Scholastiques en tinrent grand compte, désignant Averroès comme le Commentateur par excellence. Il y eut des écoles averroistes en terre chrétienne. On n'ignore pas enfin l'influence qu'exerça la pensée d'Ibn-Arabî sur Dante et ses contemporains.

On ne peut ici établir un catalogue, même approximatif, des grands philosophes de l'Islam. Il suffira de rappeler qu'avec l'expansion rapide de la domination musulmane en Orient et en Afrique du Nord, ces *falâsifa*, pour la plupart hellénisants, établirent le lien entre le dur et pur message de l'Islam et l'héritage gréco-oriental plus ou moins néo-platonicien, plus ou moins gnostique et plus ou moins christianisé de l'époque. On attribue aux cercles chrétiens nestoriens les premières traductions d'ouvrages grecs sur lesquels les *falâsifa* fondèrent leurs recherches métaphysiques, alchimiques et scientifiques. Ayant rompu avec l'Eglise de Rome, les Nestoriens bénéficièrent de la protection des Khalifes et prospérèrent en Asie Mineure. On dit même que ce que le Prophète Mohamed connut du Christianisme, il l'apprit d'un moine nestorien. L'occultation de la doctrine chrétienne de la nature divine du Christ au profit de sa seule humanité, qui caractérise le Nestorianisme, explique peut-être la tolérance des docteurs islamiques à l'égard des Nestoriens. Quoi qu'il en soit, ces derniers jouèrent un rôle non négligeable dans l'élaboration de la gnose islamique (*'irfân*). Bien installé en Mésopotamie et en Perse, le

Manichéisme, de son côté, a contribué à faire passer les antiques traditions gnostiques dans l'ésotérisme (*bâtin*) musulman. C'est en grande partie par son truchement et par celui des Mandéens (Sabéens) que l'influence déterminante de l'Hermétisme et de l'astrologie s'est faite sentir chez les chiites iraniens et ismaéliens en particulier — encore que ces doctrines aient trouvé place chez les sunnites plus attachés au prophétisme légalitaire, même si elles furent combattues et condamnées par les Khalifes et les farouches défenseurs de la *Sunna*, c'est-à-dire de la codification définitive des traditions orthodoxes de l'Islam.

Un personnage prestigieux et éminent, le mystérieux « Geber » des Latins, semble avoir été l'expression la plus complète de ces tendances réunies. Sa réputation emplit tout le Moyen Age, aussi bien chrétien que musulman. Les Scholastiques tout autant que les alchimistes et les hermétistes de l'Occident chrétien n'ont cessé de se réclamer de lui, de sa science de la nature, de ses connaissances métaphysiques. Geber est bien entendu un nom latinisé, celui de *Jâbir ibn Hayyân* qui aurait vécu au VIIIe siècle (IIe Hégire) et aurait été l'élève du VI° Imâm, l'Imâm Jafar. On lui doit, à lui ou à son école, le cas n'est pas encore tranché, près de trois mille traités, embrassant tout l'ordre de la connaissance de son temps. Sa doctrine de « La Balance » reste inégalée. Par la Balance on mesurerait la « quantité » d'Ame que renferme chaque objet de la Nature. Elle permet de découvrir ce qui est occulté dans ce qui apparaît, de séparer le caché du manifesté, en d'autres mots de libérer l'âme emprisonnée dans la Nature. Tout le secret des opérations alchimiques est ainsi contenu dans la science de la Balance.

« Tu libéreras le subtil de l'épais », ces maîtres mots de la Table d'Emeraude, voilà la clef des vraies transmutations. Et c'est encore à l'ésotérisme musulman qu'on doit justement cette fameuse *Tabula smarag-*

dina. Elle vient en effet terminer le *Livre du secret de la Création,* écrit au IXᵉ siècle par un auteur musulman anonyme (qui emprunta pour l'occasion le nom d'Apollonius de Tyane).

L'ésotérisme musulman est sans doute un des plus riches du monde. Il s'articule, si on peut établir une division aussi arbitraire, autour du soufisme, qui est une pratique à caractère initiatique, et du chiisme, qui est une gnose — surtout le chiisme ismaëlien. Mais évidemment, dans la réalité, pour le mystique et pour l'initié, pratique et gnose sont inséparables. Le soufisme chiite en est un exemple.

La plupart des cercles ou confréries (*turuq*) soufies sont en territoire sunnite, bien qu'il existe des confréries chiites. L'orthodoxie sunnite (de laquelle se réclame la grande majorité des musulmans) est rigide. Le Prophète n'a fait que transcrire les paroles exactes de l'Ange Gabriel ; il n'y a rien à y ajouter, ni à en retrancher. C'est en fait la Parole de Dieu et on n'altère pas ce qui est de Dieu. Seuls *la Sunna* et ses *hadith,* la tradition orale et les actes et commentaires du Prophète, sont habilités à compléter légitimement l'enseignement écrit contenu dans le Coran. Cette codification a « fermé la porte *Istihid,* la porte de l'interprétation individuelle. La Parole ou la Plume (*Qalam*) de qui nous tenons le Coran et, par extension, la Sunna a été créée 50 000 ans avant toute Création, avant même le Covenant qui lie l'homme à Dieu. Ce qui appartient au Qalam est sacré et intangible. Le Coran possède un prototype céleste qui est la « Tablette bien gardée » (*Lawh al-' mahfuzh*) et la Plume qui l'a tracée est antérieure à toute autre manifestation. Allah ordonna à la Plume : « Ecris ! » et la Plume transcrivit la Science et la Création et tout ce qui existe ».

Aucune addition ultérieure ne saurait être tolérée et les quatre grandes écoles de Droit canonique, celles des *Hanifites,* des *Malikites,* des *Chafiites* et des *Han-*

balites, veillent au respect de la *Charî'a*, qui est la voie légataire juste. Il n'y a pas de place légitime pour les spéculations métaphysiques et pour l'ésotérisme (*bâtin*) ; c'est le *zahîr* (exotérisme) qui est ici prééminent.

C'est dans ce contexte intransigeant que le soufisme sunnite s'est développé. Le terme « soufi » viendrait du mot *suf* qui veut dire *laine* et serait une allusion au manteau de laine que portent les soufis. Cet ésotérisme actif serait, selon certains auteurs, le prolongement naturel de la tradition mystique véhiculée par les sectes euchytes et messaliennes en Asie Mineure. Ces sectes, en effet, mettaient davantage l'accent sur la prière et la méditation mystique que sur le dogmatisme religieux. L'union avec Dieu était le but final recherché au terme de pratiques dont on retrouve la trace chez les Hésichastes grecs. Mais il convient de rappeler que ces méthodes sont universelles et nullement limitées aux seules sectes gnostiques du bassin méditerranéen. Pour ce qui concerne l'origine historique du soufisme, d'autres auteurs penchent pour une influence chiite, ce qui paraît plus logique. Mais il est probable que les deux opinions se complètent. Le point d'appui religieux, en tout cas, est musulman, quoique teinté de néo-platonisme. Mais le terrain reste le même : c'est celui de la Gnose. Les pratiques soufies étaient déjà répandues en Syrie, en Iran, en Egypte. La danse extatique, la récitation rythmée et systématique de syllabes sacrées, les pratiques respiratoires, le *samâ* et le *dhikr* ont été pour ainsi dire reçus comme un legs antique par l'Islam mystique. La Gnose (*'rfân*) qui aboutit à l'union avec Dieu est aparentée à son tour avec la *ma'rifa* (connaissance) soufie qui, à terme, débouche sur l'extinction (*fanâ*) du Moi dans l'Unité indifférenciée.

C'est au terme d'initiations reçues dans le cadre de la *tariqa* (confrérie) que le mystique parvient à l'état de *fanâ*; dans cet état l'identification avec la divinité est telle que le célèbre *al-Hallâj* a pu se risquer à proférer les affirmations qui lui valurent d'être accusé de monisme, d'ennemi de l'Islam et d'être crucifié. Le « Je suis Toi » pourrait bien être interprété comme « Je suis Lui, je suis Dieu », blasphème épouvantable pour un musulman orthodoxe pour qui Allah est seul, inaccessible, le Prophète lui-même n'ayant pu s'en approcher qu'à la distance « de deux longueurs d'arc ». Pour le mystique, le *wali*, l' « ami de Dieu », la Divinité est tout, nous ne sommes à l'origine, avant la Création, que des idées de Dieu. Par la *ma'rifa*, c'est-à-dire par la connaissance, l'homme peut accéder à la science intime des choses divines. Tout commence par le désir nostalgique de connaître Dieu. Ce désir, cet effort vers la connaissance intime de la Divinité, c'est le *wagd*. D'étapes en étapes, on atteint l'état de *wugûd* qui est la « disparition ». Celui qui parvient à cet état oscille entre deux plans : celui de la « sobriété » (*sahw*) dans lequel le moi persiste et exprime Dieu — car Dieu remue en lui ; celui de l'ivresse (*sukr*) dans lequel le moi est aboli. Telles sont, en raccourci, les différents paliers qui, dans l'ascension mystique, mènent à l'état définitif de *wali*, d'« Ami de Dieu ». C'est parce que le Prophète de l'Islam, Mohamed fut lui-même un *wali*, le plus grand des *awliyâ*, qu'Allah lui envoya l'Ange qui lui révéla le Coran et mit un sceau définitif au cycle de la Prophétie.

Une hiérarchie occulte, assez compliquée, mène au « pôle » (*qutb*) mystérieux, intermédiaire entre l'homme terrestre et son prototype céleste, sorte d'Anthropos gnostique islamisé. La répartition des âmes s'ordonne de bas en haut autour des 300 *nubakâ*, des 40 *abdâl*, des *umanâ*, des 4 *amûd*, pour atteindre enfin le *qutb*. Les sept pôles secondaires sont au centre des « sept Terres », c'est-à-dire des sept cieux planétaires. Au Pôle suprême (*El-Qutbel-Ghawth*) correspond le *qutb* terrestre caché, qui, à sa mort, est automatiquement remplacé par le *wali* qui vient immédiatement après lui dans la hiérarchie. Le *qutb* a pour assesseurs des vicaires qui ne le connaissent pas, mais qu'il connaît ; il a le pouvoir de paraître et de disparaître à volonté. Le *qutb* terrestre appartient à la lignée spirituelle de Salmân le Perse, le Pur, l'Etranger de qui le Prophète a dit « qu'il était de la maison ». Salmân est parfois considéré comme le *hojja* de Mohamed, en quelque sorte son initiateur et son interlocuteur occulte. Il correspond à la lettre *sin*, une des trois lettres symboliques fondamentales avec l'*ayn* et le *mim*. Or le *sin* est aussi la lettre de Gabriel, l'Ange, et certains lui donneront la prééminence sur le *ayn*, l'Imâm, et le *mim*, le Prophète. C'est dire la position de pôle authentique occupée par Salmân le Perse. Par contre Simnâni pense que c'est dans l'ascendance paternelle d'*Uwais Qarani* qu'il faut chercher la hiérarchie cachée du *qutb*, car c'est à *Uwais*, qui ne vit jamais le Prophète, que ce dernier légua son *manteau*.

Ibn-Arabi (1182-1260, Hégire : 560-638) fait une distinction entre le « Sceau de la *Walâya* absolue », qui est l'Amour divin et le « Sceau de la *walâya* mohamédienne », qui est celle de la Prophétie. Dans son ouvrage *Fusûs al-hikam*, Ibn Arabi présente les Noms divins comme des archétypes conçus comme « prophètes ». Chacun de ces noms-archétypes correspond à un attribut de la divinité immanente dans le monde. Tous ces « verbes » se retrouvent au sein du Verbe suprême, le Logos qui est la réalité mohamédienne et dont Mohamed est effectivement le « Sceau ». « Sceau terrestre, « Sceau » de la Loi. L'autre Sceau, qui est occulté, est justement celui des *awliyâ*, le « Sceau » de l'Amour.

Les hommes, pour leur part, manifestent l'ensemble des Noms divins, sans lesquels ils n'auraient aucune existence. Par contre, les anges ne manifestent qu'un *seul* Nom. C'est pourquoi le mystique peut redevenir cet Homme parfait (Anthropos) qui est l'image de Dieu puisque, en lui, coexistent les quatre-vingt-dix-neufs noms.

C'est donc par ses Noms (ses attributs) que Dieu manifeste son immanence. Il n'est pas directement impliqué dans la Création, soit que le Qalam « crée la Création », soit, comme l'enseignent les Ismaéliens, que la Raison universelle fasse office de Démiurge. Mais Dieu absolu reste transcendant. Nul ne peut l'approcher au-delà d'une limite de « deux arcs », que le Prophète lui-même ne put franchir lorsqu'il fut « ravi de la Mosquée Sacrée à la Mosquée Très Lointaine ». Ces deux « arcs » constituent le *qabâ quausain*, l'approche maximum de l'essence divine.

C'est dans l'Islam chiite, le chiisme ismaélien tout particulièrement, qu'on retrouve le courant de pensée gnostique à l'état pur. L'imâmisme déjà comporte en soi-même toute une gnoséologie, la personne de l'Imâm apparaissant comme une théophanie, une sorte de personnalisation de la *walâya*, la présence sur terre du « Sceau de l'Amour divin ». Les Imâms historiques (douze pour les uns, sept pour les autres) tout autant que « l'Imâm caché » d'aujourd'hui sont des « lumières », comme des émanations provisoirement temporelles du Plérôme divin. L'Imâm caché possède une fonction eschatologique et peut être identifié au Paraclet des millénaristes chrétiens. Quant à l'Ismaélisme, il introduit dans la pensée islamique une véritable gnose cosmogonique. Gnose attribuée aux enseignements des Imâms. Le chiisme représente, en gros, la fin du cycle de la Prophétie et l'apparition du cycle de la *Walâya*, c'est-à-dire de l'Amour et de la Connaissance de Dieu. L'accent passe de la *charî'a* (légalisme canonique) à la *haqîqa*, c'est-à-dire à la vraie signification spirituelle de l'Islam.

Vu de l'extérieur, le chiisme ne serait qu'un schisme, du moins à l'origine. C'est sur une contestation quant à la succession légitime du Prophète que se serait constituée la dissidence chiite. La *Chia* ou *Schia*, le « parti » (d'Alî) estime que trois Khalifes, *Abou Bahr*, *Omar* et *Othman*, qui succédèrent à Mohamed avant l'élection finale d'*Alî* (le beau-fils du Prophète) n'avaient aucune légitimité, pas plus que ne fut légitime ensuite le khalifat du fils de *Mo'awiya*. C'était, disent les chiites, à *Hosaïn*, frère d'*Hassan* (et comme lui, fils d'Alî) que revenait ce siège. Les chiites duodécimains (12 Imâms), majoritaires en Iran, ne reconnaissent donc que les douze Imâms de la famille d'Alî. Ces Imâms furent les seuls héritiers légitimes du Prophète. Le douzième Imâm ne mourut pas, il disparut mystérieusement vers 873, au fond d'un puits aux environs de Bagdad, prétend la légende. Il reviendra à la fin des temps sous la forme du Mahdî. Les chiites ismaéliens (septimaniens), pour leur part, s'en tiennent à sept Imâms. C'est à partir du sixième Imâm que commença la série des « Imâms cachés », car le monde ne pourrait continuer d'exister sans la présence quelque part d'un Imâm. C'est dans cette optique du rôle prééminent et fondamental (dans le sens de fondement réel) que les Ismaéliens réformés d'Alamût donnent la préséance à l'Imân sur le Prophète.

On n'insistera jamais assez sur cette primauté des Imâms. Ils sont en relation avec la cosmologie et l'astrologie, les douze Imâms du chiisme duodécimain correspondant aux maisons du Zodiaque, tandis que les sept Imâms de l'Ismaélisme expriment naturellement un lien avec le système planétaire de l'astrologie classique. Le Prophète lui-même a reconnu la position particulière occupée par Alî, le premier Imâm de son cycle. « Que Dieu prenne soin après moi d'Alî et des héritiers de ma postérité, car ils sont les Guides (...) Ils ont le même rang que moi, quant à ce qui est d'être digne de ma succession et de l'Imâmat. » D'ailleurs chacun des grands prophètes qui précédèrent

Mohamed eut ses douze Imâms — qu'on pense aux douze Apôtres de Jésus.

Les Imâms eux-mêmes n'ont pas craint de souligner le caractère angélique de leur fonction : « Dieu nous a créé de la Lumière (*nûr*) de sa sublimité », affirme le VI° Imâm. « Face de Dieu », l'Imâm représente ici-bas le seul moyen d'atteindre cette limite des « deux arcs », cette frontière spirituelle à partir de laquelle le croyant, dans le cas particulier le *wali*, connaît ce qui peut être connu de Dieu. Ils sont les élus et les continuateurs des prophètes, les « Seuils » qui mènent vers la Divinité. Peut-être pourrait-on dire que les Imâms sont les émanations terrestres de la *walâya*, de l'Amour divin et de la Connaissance divine, les témoins archangéliques de l'unicité de Dieu ?

Cette unicité qui est aussi la garantie de la transcendance absolue de Dieu, les théologiens ismaéliens entendent la préserver selon une méthode qui reste tout à fait dans le cadre de la Gnose classique. Dieu ne crée pas directement le monde et son immanence nécessaire ici-bas n'intervient que par le tamis d'intermédiaires. Dieu absolu reste, en effet, au-delà de « sa révélation ». En tant que déité, il est inconnaissable, y compris pour lui-même. Il n'a rien à connaître. Car la connaissance et la conscience d'être ne sauraient être obtenues que par ce qui limite le connaissant. Par ce qui constitue son « horizon » (*hadd*), horizon au-delà duquel il ne peut aller. La pure déité elle-même a besoin de se doter d'une sorte de limitation pour se révéler à elle-même. Et du moment où elle se limite, elle cesse d'être la pure déité pour devenir « Dieu révélé », c'est-à-dire « l'archange Logos », la Première Intelligence du Plérôme. Mais cette Première Intelligence est limitée par le haut, car elle sait qu'elle ne peut explorer le fond, l'essence même du Principe dont elle procède. Ce Principe est pour elle, comme pour nous, ni être, ni non-être, ni rien qui puisse être connu, car lui seul est sans limite. C'est donc la Première Intelligence-Logos qui, dans la gnose ismaélienne, est Allah, le Dieu révélé.

A partir de la Première Intelligence toute une série de limites (*hadd*) s'étagent. Elles s'étendaient d'abord de la Première à la Troisième Intelligence, chacune étant la limite de l'autre en ordre descendant et chacune aspirant ardemment à connaître l'autre, dans l'ordre ascendant. La Première Intelligence est identifiée au *Qalam*, tandis que la Deuxième est *Lawh* (la Tablette). La Première correspond au Prophète sur la Terre, la Deuxième à l'Imâm. Quant à la troisième, elle est l'Adam Céleste (*Adam-rûhânî*), le prototype archangélique de l'humanité.

Mais une « Chute » va se produire, elle sera imputable à la révolte de la Troisième Intelligence : la faute d'Adam dans le Ciel. Car, dès avant les temps, la Première Intelligence, Allah, lança une « Convocation » à toutes les formes lumineuses qui peuplaient le Plérôme (cette « Convocation éternelle » a pour répondant sur la Terre, dans notre cycle, la « Convocation ismaélienne »). Si la Deuxième Intelligence se rendit à l'appel de la Première (dont elle est d'ailleurs le premier Emané), la Troisième refusa. Ebloui par sa propre nature lumineuse, « elle se concentra en elle-même », comme aurait dit Louis Claude de Saint-Martin, et refusa la limite (*hadd*) d'en-haut, que constituait la Deuxième Intelligence. En quelque sorte Adam céleste pécha par orgueil et se voulut au-delà des limites nécessaires instaurées par le Dieu révélé.

Il reviendra de sa « stupeur », il se repentira et rejettera loin de lui, dans le monde inférieur qui en sera infesté, l'ombre du tentateur Eblîs. Mais il était trop tard. Le « temps de sa stupeur » a été occupé par l'apparition de sept autres Intelligences et l'Adam céleste a ainsi été rétrogradé au dixième rang du Plérôme. Entre lui et le Premier Emané (la

Deuxième Intelligence) il y a désormais les « Sept Chérubins », les « Sept Verbes divins » qui ont d'ailleurs pour tâche de l'aider à redevenir lui-même et à reprendre son rang. Ces sept Intelligences rythment le temps cyclique de la prophétie et de l'Imâmat.

Cependant chacune des Intelligences du Plérôme comporte son propre plérôme avec des formes angéliques innombrables, ses « puissances », pour employer la terminologie gnostique. Les « puissances » de l'Adam céleste l'avaient suivi dans sa révolte ; elles se sont révoltées contre lui quand, repentant, il a voulu à son tour leur faire entendre la grande Convocation. Cette révolte a eu pour effet d'introduire les Ténèbres dans le plérôme adamique. C'est pourquoi, tout comme l'Ormuzd zoroastrien, la Troisième Intelligence a été forcée de leur tendre un « piège ». C'était le seul moyen de faire dévier et de mettre un frein à cet enténèbrement. L'Intelligence se fit Démiurge et créa le Cosmos et l'univers physique. Les membres de son plérôme, effrayés par la Ténèbre qui envahissait leur être, tentèrent de s'en arracher et le triple mouvement qu'ils exécutèrent dans ce but donna naissance aux trois dimensions de l'espace cosmique. Enfin, au terme des sept cycles millénaires des planètes apparut le premier homme terrestre et ses compagnons, naissant de la Terre comme des plantes.

Ce premier Adam terrestre doit toutefois être distingué de l'Adam céleste, son prototype (qui est aussi l'Ange Gabriel, le révélateur du Coran) et de l'Adam de notre cycle actuel. Le premier Adam terrestre, archétype de l'Adam biblique, a été transféré dans le Plérôme où il occupe la place laissée libre par l'Adam Céleste. Ce dernier est remonté lui-même d'un degré au-dessus. Ainsi, de cycle en cycle, quand la Troisième Intelligence aura retrouvé sa place initiale au troisième rang, se terminera le Grand Cycle (360 000 fois 360 000 ans, selon certains) qui scellera la restauration à leur place de l'Ange et de l'humanité. Ce sera l'ultime Résurrection des Résurrections (*Qiyâma al Qiyâma*) [1].

Bien que résumé abusivement, ce court survol de la théosophie ismaélienne à l'époque médiévale démontre de façon péremptoire la pérennité de la Gnose sous sa forme islamisée. L'Ismaélisme, comme le chiisme duodécimain, ne sont pas des religions du passé. Religions vivantes, elles sont pratiquées de nos jours par des dizaines de millions de musulmans en Iran, en Asie Mineure, en Inde et en Afrique. Islamisée et d'une certaine manière organisée, l'héritage gnostique que ces doctrines nous transmettent est peut-être plus intéressant encore que celui de la Kabbale hébraïque. A travers ces religions, à travers la claire pensée de ces philosophes et de ces penseurs de l'Islam, on comprend mieux le fil directeur des hypothèses et des spéculations des gnostiques chrétiens des premiers siècles de notre ère.

La Gnose à l'état pur, ce que nous avons appelé le courant de pensée gnostique, demeure à la base de toute la spéculation métaphysique et mystique des religions monothéistes. Ni le Christianisme, ni le Judaïsme ou l'Islam n'ont pu s'en tenir absolument à l'écart. On verra dans les chapitres suivants que ce qui est devenu la théosophie occidentale et, plus tard, assez péjorativement « l'occultisme » en sont profondément imprégnés à leur tour.

---

1. *Cf.* à ce sujet, Henri Corbin : *Histoire de la Philosophie Islamique*, Paris, 1964.

XIV

DE l'ALCHIMIE A LA THÉOSOPHIE

Si, comme on l'a dit, le contact avec la Kabbale hébraïque et la théosophie de l'Islam ont eu un effet déterminant sur la forme qu'allait prendre l'ésotérisme de l'Occident, il n'en est pas moins vrai que cet ésotérisme possède son originalité propre. Il ne saurait être confondu avec d'autres courants traditionnels liés à d'autres formes d'expression religieuse. Chrétien par la force des choses, il est lui aussi porteur de l'héritage grec, ou plutôt gréco-romain — ce qui d'ailleurs le rattache directement à l'hermétisme dont il n'a cessé de se réclamer. Des « religions de mystères » de la Grèce et de Rome, il a conservé le goût (ou le besoin) du regroupement au sein de cercles initiatiques secrets. Il n'y a sans doute pas de solution de continuité entre les antiques associations de métier de l'Antiquité et celles qui leur succédèrent au Moyen Age. Ces mêmes associations qui, par le biais du Compagnonnage continuent d'exister aujourd'hui. La chaîne initiatique n'a pas été rompue. Si matérialiste qu'elle soit devenue de nos jours, si coupée intellectuellement de ses origines antiques qu'elle apparaisse maintenant, la Franc-Maçonnerie et les cercles qui en dérivent (Martinisme, Rosicrucianisme, etc.) demeurent ainsi les prolongements directs de ces métallurgistes grecs affiliés aux « Mystères de Dionysos », ou encore de ces « *tignarii* » (charpentiers) romains groupés en *collegia* puissantes. Les réminiscences du Pythagorisme abondent dans le symbolisme maçonnique. Le lien entre les deux saints Jean, patrons de la Maçonnerie, et Janus bi-frons, le maître des solstices et lui-même patron des associations de travailleurs de Rome, est évident. L'apport postérieur de la Kabbale ne l'est pas moins et apparaît dès les grades « bleus » (apprentis, compagnons et maîtres) : la distribution des dix officiers de la loge correspond à celle des dix *Sephiroth* de la Kabbale ; le rappel de la construction du Temple de Salomon avec les colonnes *Jakin* et *Booz* ; les nombreux termes hébreux (souvent estropiés) sont choses familières aux Maçons des grades dits inférieurs — en fait les seuls grades authentiquement maçonniques, les « hauts grades » s'étant ensuite greffés artificiellement sur l'ancienne Maçonnerie « opérative ».

La Maçonnerie et le Compagnonnage restent sans doute les derniers grands vestiges de l'ésotérisme initiatique médiéval en Occident ; on est néanmoins certain qu'il existait parallèlement d'autres cercles, purement « spéculatifs » et philosophiques, notamment parmi les alchimistes. Le legs gnostique et hermétiste n'avait pas été abandonné comme en témoigne la littérature de l'époque. Plus tard les invasions arabes, suivies des Croisades, mirent les cercles initiatiques d'Occident en contact avec leurs homologues arabes, les *turuq* musulmans. Ces *turuq* étaient de véritables sociétés initiatiques opératives, fortement influencées par les doctrines encore vivantes en Orient islamisé des Pythagoriciens et des néo-platoniciens. De plus, on l'a souligné dans le chapitre précédent, la théosophie de l'Islam triomphant exerça une réelle fascination sur le Moyen Age. On peut penser que les Templiers contribuèrent à la faire mieux connaître, au moins dans les cercles qui étaient sous leur dépendance. Dante, qui connut les livres d'Ibn Arabî, appartenait à un tiers-ordre templier, la *Fede Santa*, ce qui est révélateur.

Enfin, pour mieux situer l'ésotérisme occidental, on doit tenir compte de l'apport local des religions, des croyances et des mythes qui existaient avant la conquête romaine et la prise en charge religieuse du Christianisme. L'ésotérisme de l'Occident médiéval s'est développé à partir de ces prémices peut-être un peu floues. Il était réservé à l'Hermétisme et à la Kabbale de lui donner la cohérence nécessaire. Il serait toutefois injuste de négliger la part de l'intuition individuelle et collective des mystiques et des théosophes du terroir. Ce fut sans doute en réalité l'apport le plus important.

La grande affaire du Moyen Age occulte fut, comme on sait, la quête alchimique. L'art des transmutations, le passage du plomb à l'or, l'élixir de longue vie hantent l'esprit des chercheurs et des pêcheurs d'au-delà. Certains sont attirés par la puissance et les pouvoirs miraculeux qu'on imagine indissociables du Grand Œuvre. L'or et la longévité, quoi de plus tentant ? D'autres sont plus sagement émerveillés par la transmutation spirituelle et la promesse de la vie éternelle par l'union avec la Nature. L'Hermétisme devient inséparable de l'Alchimie ; c'est dans les paroles et les aphorismes étranges du Trismégiste qu'on espère découvrir la clef de l'indispensable Connaissance. Quand les Arabes et le grand « Geber » (*Jâbir*) auront transmis à l'Occident la Table d'Emeraude, cette fameuse *Tabula smaragdina* attribuée à Hermès, ce sera presque du délire et les grimoires auront tendance à prendre le pas sur les spéculations purement théoriques et philosophiques. Mais l'Hermétisme est frère jumeau du Gnosticisme et le terrain est ainsi tout préparé pour recevoir l'ensemencement de la très gnostique Kabbale hébraïque. Mais l'or qu'on espère fabriquer à partir de ces nouvelles connaissances, l'or prodigué par ces prestigieux *rabbis* sera d'une autre nature que le métal jaune tant désiré : il sera spirituel et mystique. Intellectuel et métaphysique aussi.

En attendant, les « souffleurs » s'en donnent à cœur joie. Cornues et athanors sont répandus dans toute l'Europe ; on les trouve à Londres et à Paris, à Rome et à Prague, en Sicile et en Espagne. En terre islamique aussi car les Arabes passent pour être les plus savants de tous les alchimistes. Ne sont-ils pas installés sur les lieux mêmes où prit naissance l'Hermétisme ? N'occupent-ils pas l'Egypte, la légendaire patrie de Thot, le véritable Hermès, le grand Trismégiste ? C'est à Marie l'Egyptienne qu'on doit le « bain-marie », à Geber qu'on doit le mot élixir (*al-iksir*) et les meilleures recettes pour dégager le subtil du solide. Renfermés sur eux-mêmes et à propos de qui on raconte tant de choses étranges, les Juifs, de leur côté, doivent posséder d'incroyables secrets. Pour être bon alchimiste il convient d'être bon hermétiste et savant érudit kabbaliste. A ces qualités s'ajoutent souvent les relations privilégiées avec les savants du monde arabe établis en Espagne et en Afrique du Nord. Tel sera le cas du bienheureux Raymond Lulle (1235-1315) dont on dit qu'Arnauld de Villeneuve lui enseigna l'alchimie. Il écrivit un ouvrage sur la Kabbale et entretint des relations avec les Arabes tout en guerroyant contre eux. Ne lui attribue-t-on pas « l'or duquel on voict encore aujourd'huy, en la Tour de Londres, les fagots qu'il bastit et donna au Roy Edouard lors vivant ? » Nicolas Flamel ne fut pas en reste et, meilleur patriote, selon la légende, donna à M. Cramoisy, ministre des « requestes » du Roi Charles VII, « un matras de sa poudre ». Né en 1330, Flamel mourut en 1417 (certains affirment qu'il n'est pas mort et on l'aurait aperçu au début de ce siècle en Turquie !). Il aurait appris la science sacrée d'un livre dû à « Abraham, Juif, prince, prêtre, lévite, astrologue et philosophe ». Ce livre était dédié, naturellement, à « la nation des Juifs que l'ire de Dieu a dispersée dans les Gaules ». Un ange, et un certain « maître Canches » l'aidèrent à déchiffrer le grimoire. Mais les alchimistes les plus actifs, les « souffleurs » les plus convaincus se trouvaient en Europe Centrale ; ils occupaient tout un quartier de Prague. Les Latins, eux, étaient plus portés sur la théosophie et la compréhension intellectuelle des mystères des transmutations.

L'intermède du raz de marée cathare en Italie du Nord et dans le Midi de la France ne semble pas avoir changé grand-chose à l'ésotérisme chrétien déjà mis en place en Europe. Au contraire, il se peut que le manichéisme mitigé des Parfaits n'ait fait que renforcer les tendances gnostiques reçues de la Kabbale. En réalité, l'ésotérisme chrétien sortira enrichi de l'épisode cathare. Mais c'est vers la même époque que l'Ordre du Temple est dissous (1307) et le grand maître Jacques de Molay livré aux flammes (1314). Etrange coïncidence, c'est entre 1180 et 1230 que sont *rédigées* les différentes versions de l'initiatique légende du Graal. En Italie, Dante écrit sa *Divine Comédie ;* cette vaste fresque ésotérique est très proche, on le sait maintenant et on l'a souligné plus haut, des visions du mystique musulman ibn Arabi. Lié à l'ordre du Temple par la *Fede Santa,* tiers-ordre templier, Dante meurt en 1321. Toujours durant cette période qui commence vers 1230 pour se terminer à l'orée du XIVe siècle, vers 1320, et qui compte une centaine d'années tout au plus, Moïse de Léon rédige le *Sepher ha Zohar :*

la kabbale s'officialise si on peut dire. Que s'est-il passé dans ce court laps de cent ans ? Ce qui est certain c'est que les dernières bases de ce qui sera l'ésotérisme de l'Occident sont jetées solidement à partir du XIV⁰ siècle. Les hermétistes des siècles suivants, les Rose-Croix et les théosophes futurs s'en contenteront pour bâtir leurs plus audacieux systèmes.

Les livres et les textes ne manquent pas. Ils sont innombrables, aussi curieux que poétiques. Aux dix-huit traités du *Corpus Hermeticum* et de l'*Asclepius*, c'est-à-dire aux textes classiques de l'Hermétisme, s'ajouteront bientôt les innombrables grimoires des philosophes et des souffleurs du Moyen Age et de la Renaissance. Mais conçu à partir de la quête alchimique, on ne s'étonnera pas de voir cet ésotérisme s'exprimer au moyen d'une langue essentiellement « chymique » et astrologique. Les métaux et les astres sont en effet en correspondance ainsi que tous les acides qui seront découverts par les « chymistes ». Saturne est, bien entendu, une planète, mais c'est aussi le plomb, qui lui-même est l'homme ou l'âme animale. « *L'esprit tire l'âme du corps, et l'âme unit le corps et l'esprit ensemble. Ensuite la matière devient comme de la poix fondue, puis insensiblement d'un noir très noir... c'est ce que les philosophes ont appelé la tête de corbeau, leur plomb, ou Saturne, et les ténèbres cimmériennes. Puis la matière devient blanche ; c'est la lune, et la teinture blanche, pour l'argent, l'huile de talc, et la matière pour faire des perles de la manière que l'enseigne R. Lulle... Ensuite la matière devient verte, puis rouge. C'est alors la salamandre qui vit dans le feu, c'est-à-dire le soufre incombustible (...) En l'imbibant avec le mercure des philosophes, on le multiplie.* » Ainsi s'exprime la préface de la *Bibliothèque des Philosophes*. Et de nous donner des détails sur ce mercure des philosophes qui est la « *femelle* », sur « *l'eau pontique* » et « *leur vinaigre très aigre* ».

Ce texte est relativement très simple, très clair en comparaison de ceux contenus dans des traités plus anciens, tel que *la Tourbe des Philosophes, le Guide Charitable, l'Interruption du sommeil cabalistique*, etc.

Ce n'est qu'au siècle des Lumières, avec la Maçonnerie occultiste, que cette vaste littérature hermétique, adoptera un langage plus accessible. De quoi s'agit-il en fait ? C'est simple, de réaliser le Grand Œuvre, c'est-à-dire de réanimer la parcelle de lumière divine, cette âme spirituelle (que les gnostiques appelaient pneumatique) enfouie dans la prison de la matière. Cette prison matérielle pouvait être aussi bien le corps humain que n'importe quel objet de la Nature, les métaux par exemple. C'est ce qui explique la ferveur des « philosophes » fascinés par l'or. Pour ceux qui se consacraient à la seule quête spirituelle, il ne s'agissait pas tellement de supprimer purement et simplement la prison matérielle afin de libérer l'âme ; au contraire, l'art des transmutations devait avoir pour but de sublimer la matière, de l'illuminer en quelque sorte, de la « *teindre* ». Le plomb deviendra or (n'est-il pas déjà de l'or inversé) ; l'homme prendra visage de surhomme. Il sera cet « *enfant magnipotens* » dont parlent les grimoires. Il se haussera au plan de l'androgyne archétypique, mâle et femelle à la fois, et triomphalement. Il deviendra ce *re-bis* dont Basile Valentin donnera une image symbolique au XVe siècle. Cette « chose double » qui, déjà, tient le compas d'une main et l'équerre de l'autre et dont les pieds écrasent le Dragon du chaos primordial.

Ce parachèvement s'accomplira au moyen de la régénération de l'esprit (Mercure) par l'âme pneumatique (le Soufre) afin de transformer la matière individuée en corps glorieux (le Sel sublimé). Ainsi, tout dépend de la régénération du Mercure devenu enfin ce « Mercure rectifié » des philosophes. Si le thème de la transmutation glorieuse du corps est contraire aux thèses gnostiques pour qui la matière est essentiellement mauvaise, il est proche de la doctrine judéo-chrétienne de la résurrection glorieuse des corps. Mais c'est ici-bas que nos hermétistes souhaitent se transmuer en surhommes. L'élixir de longue vie qui permet de ne point mourir a été au moins aussi recherché que la transmutation métallique. Cet « or potable » ne saurait être découvert qu'au travers des innombrables correspondances qui existent entre l'homme terrestre-microcosme et le *Corpus-Mundi-*macrocosme. La *Table d'Emeraude* attribuée à Hermès Trismégiste et « restituée » par les Arabes est là pour témoigner de l'analogie de ce qui est en bas avec ce qui est en haut. Elle l'affirme :

1) Il est vray, sans mensonge, très véritable.

2) Ce qui est en bas est comme ce qui est en haut, et ce qui est en haut est comme ce qui est en bas, pour faire les miracles d'une seule chose.

3) Et comme toutes choses ont été et sont venues d'un, ainsi toutes choses sont nées dans cette chose unique, par adaptation.

4) Le Soleil en est le père, la Lune en est la mère, le vent l'a porté dans son ventre, la terre est sa nourrice.

5) Le père de tout le Télesme est ici ; sa force est entière si elle est convertie en terre.

6) Tu sépareras la Terre du Feu, le subtil de l'épais, doucement avec grande industrie.

7) Il monte de la terre au ciel et derechef il descend sur terre et reçoit la force des choses supérieures et inférieures.

8) Tu auras par ce moyen toute la gloire du monde et toute obscurité s'éloignera de toi.

9) C'est la force forte de toute force, car elle vaincra toute chose subtile et pénétrera toute chose solide.

10) Ainsi l'univers a été créé.

11) De ceci seront et sortiront d'innombrables adaptations desquelles le moyen est ici.

12) C'est pourquoi j'ai été appelé Hermès Trismégiste, ayant les trois parties de la philosophie du monde. Ce que j'ai dit ici de l'opération du Soleil est accompli et parachevé.

La *Tabula smaragdina* renferme le fameux *Kybalion*, c'est-à-dire les sept lois fondamentales d'Hermès. Les hermétistes européens, émerveillés, racontaient que le texte de la Table avait été gravé sur une émeraude retrouvée dans le tombeau légendaire du Trismégiste ; les Arabes, disait-on, l'avaient retrouvé dans un document du IVe siècle et gracieusement transmis aux cercles hermétistes d'Occident. En réalité, on sait qu'elle termine le *Livre du Secret de la Création* dû à un auteur musulman anonyme du IXe siècle. Quant au texte gravé sur une émeraude, peut-être faut-il y voir une allusion à l'émeraude détenue par Fatima, la fille du Prophète Mohamed et l'épouse d'Alî, le premier Imâm des chiites.

Le père de tout le Télesme atteint la force de sa plénitude quand celle-ci est convertie en terre. La terre dont il s'agit ici n'est autre chose que l'homme terrestre individuel qui, par conséquent, détient tout le pouvoir du principe supérieur qui est « ici », c'est-à-dire dans l'homme même. Il n'est plus nécessaire de se libérer de la prison du corps, il suffit de séparer les principes, de séparer la Terre du Feu, le subtil de l'épais, pour dégager l'homme de son ancrage terrestre. Alors il montera au ciel et le ciel redescendra en terre avec lui. Ainsi l'unité primordiale du Télesme sera rétablie, le « Un le Tout » restauré et le chaos primitif, de nouveau contenu dans le cercle parfait constitué par le serpent qui se mord la queue.

Dans le chaos primordial tout existe à l'état de potentialité : le Soleil, la Lune, le Ciel et la Terre y sont contenus sous une forme principielle. Le chaos est le Père et la Mère, la Matrice, le Dragon, l'Abîme, l'Œuf, la Matière Première, la Quintessence des quintessences. Mais l'état chaotique dans l'âme est aussi le Venin qui dissout. En tant qu'Eaux, le chaos rappelle ces « eaux mercurielles » de la « Fontaine Terrible » dont parle l'alchimiste Bernard de Trévise. Seul le « roi du pays » peut se baigner dans cette fontaine, car elle le connait bien et « luy elle », car jamais « ce roy ne passe par ici qu'elle ne le tire à soi ». Ce roi, c'est le principe actif, celui qui a le pouvoir de « teindre » les eaux et de les féconder. C'est le séparateur du Chaos, celui qui l'organise. Il est le point solaire dans le cercle, le Soufre, c'est-à-dire l'âme spirituelle. Au plan supérieur, cette âme est l'*anima mundi*, le Soi universel à la manière de l'Atmâ hindou. Ce Soufre est représenté astrologiquement par le signe du Bélier, le premier signe du Zodiaque et pour ainsi dire la première manifestation du Soleil dans son cycle annuel.

L'action du principe solaire actif détermine d'autres mouvements dans le Chaos. Un nouveau principe apparaît qui tire à soi tout ce qui reste de potentialités ayant échappé à la première détermination de type solaire. Le Chaos se reconstitue cette fois sous le signe féminin et passif de la Lune. Le Soleil règne sur le Soufre, premier principe actif ; la Lune étend son influence sur le Mercure, principe passif. Le Soufre est igné, le Mercure est humide. C'est ce Mercure lui-même qui est la Fontaine, la Mère ou la Matrice. Les potentialités réveillées par l'action du Soufre se virtualisent au niveau du Mercure.

Cependant comme la Fontaine « tire à soy le roy du pays », le Mercure attire le Soufre qui le féconde et cette fécondation produit un précipité : le Sel. Ce dernier élément est placé sous le signe de Saturne qui est à la fois le Temps et une sorte d'écho du chaos primordial. Le Sel constitue de la sorte le dernier terme de la répartition trinaire de toutes choses puisqu'il contient les deux autres principes, c'est-à-dire le Soufre et le Mercure. Pour les alchimistes, ce Sel est « la pierre brute », la matière première de l'Œuvre. En langage simple, le Sel est l'homme individuel en qui se cache le secret du retour à l'universel. Car « ce qui est en bas est comme ce qui est en haut » et l'homme-microcosme est un raccourci de la manifestation universelle. Il réunit à lui seul tout le mystère du Télesme.

Ainsi l'homme porte en lui le secret du « Un le Tout ». Mais il n'atteindra la puissance, la « force forte de toute force » que par la connaissance intime de cet Un primordial, en s'y assimilant étroitement. Ce retour à l'unité est en tout point semblable à la réintégration des âmes pneumatiques du Gnosticisme classique. Mais la tâche n'est pas facile car la matière est « fixée ». C'est parce qu'elle s'est fixée d'une certaine manière dans le plomb et d'une autre manière dans l'or que les deux métaux se différencient. Il n'y a pas de barrière d'essence véritable entre le plomb et l'or. Il n'y en a pas entre l'âme individuelle et l'âme universelle. Pas de différence de *qualité* mais un dosage différent de *quantité* — de quantité d'âme s'entend. Libérer l'âme de l'or et celle du plomb, ce sera donc rétablir leur absolue parité. Il n'existera plus aucune différence entre eux, ils ne seront plus ni or, ni plomb, mais simple matière première. Il s'agit donc pour l'alchimiste de rompre l'enchantement du fixe, de restituer ainsi aux choses leur état primordial indifférencié. Par ce moyen la voie sera ouverte à toutes les possibilités de transmutation, aussi bien sur le plan matériel pour le souffleur en quête de richesses et de puissance, que sur le plan spirituel pour le mystique.

L'essentiel de l'œuvre de transmutation consistera par le fait à dissoudre (*solve*) la chose déjà fixée pour en rassembler ensuite les éléments épars dans un nouvel arrangement (*coagula*) puis à recommencer l'opération autant de fois que nécessaire pour obtenir finalement l'arrangement parfait, à l'image du macrocosme ou du macrourane (grand ciel) en état d'équilibre. La dissolution, pour le mystique du moins, est en tout point identique à la mort et au retour aux ténèbres du Chaos, tandis que le rassemblement (*coagula*) qui suit est une résurrection et un retour à la lumière. L'alternance du *solve* et du *coagula* définit tout le mouvement de l'opération alchimique, sur le plan métallique comme sur le plan spirituel. Cependant il s'agit en tout premier lieu de découvrir le dissolvant, l'agent du Grand Œuvre. Les philosophes et les auteurs de grimoires lui donneront divers noms : ce sera « *la menstrue* », l'*Azoth*, l'*Alkaest*, qui tuent et séparent le fixe. Métalliquement, l'Alkaest est réputé dissoudre et purifier le Mercure intermédiaire en le débarrassant de ses « scories ». Spirituellement, c'est le serpent symbolique qui se fraie un chemin à travers les sept centres énergétiques du corps subtil et fait irruption dans l'intellect. Celui qui brûle et détruit la grande illusion de l'ego.

Si les « chymistes » consacraient leurs efforts à découvrir un dissolvant matériel, les mystiques cherchaient dans l'ascèse et la méditation spirituelle le merveilleux *Alkaest*. Ils lui donnèrent des noms symboliques qui sont toujours en usage dans les cercles initiatiques contemporains. Tel est le V.I.T.R.I.O.L. ou V.I.T.R.I.O.L.U.M. dont les lettres sont les premières des mots : *Visita Interiora Terræ, Rectificandoque, Invenies Occultum Lapidum* auxquelles, dans le second cas, on ajoute *Veram Medicinam* (la Vraie Médecine) : c'est en visitant l'intérieur de la Terre, et en la rectifiant, qu'on découvre la Pierre occulte... et la vraie médecine. Telle encore l'inscription traditionnelle au sommet de la Croix du Christ au Calvaire : I.N.R.I. Ce mot serait composé des initiales de *Igne Natura Renovatur Integre*, la nature est renouvelée intégralement par le Feu. Ceci pour le sens ésotérique, le sens exotérique étant, comme on le sait, *Jesus Nazararaeus Rex Judaeorum*.

Tout ce travail de séparation du fixe, du rassemblement ensuite des éléments épars exige de longs efforts et la mise au point de méthodes bien adaptées. Deux méthodes étaient préconisées : la *voie humide* et la *voie sèche*. La première méthode était considérée comme la plus lente et la plus sûre ; elle consistait à suivre en tout point l'ordre établi des opérations. Chaque dissolution devait être suivie de « lavages » successifs et la mort initiatique devait précéder logiquement la résurrection finale. Par la *voie sèche*, plus rapide et plus brutale, c'était au contraire l'illumination qui provoquait la mort initiatique du vieil ego. L'adepte attaquait de front, sans s'être au préalable dépouillé de tous ses appétits égoïstes. Mais quoi qu'il en ait été des avantages comparés des deux méthodes, en fin de parcours, lorsque le principe féminin passif représenté par la Lune était enfin réuni au principe mâle, actif, le Soleil, la nature androgyne de l'Homme primordial était censée rétablie. Ce re-Bis, cette « chose double » était placée désormais sous le signe du Mercure rectifié ou, pour employer la terminologie gnostique, de l'âme psychique devenue pneumatique. C'était la fin du Grand Œuvre, la participation à la toute-puissance et à l'ineffable joie du Telesme.

Cette extrême schématisation des idées et des procédés de l'Alchimie occidentale serait incomplète si on passait sous silence les innombrables symboles et correspondances astrologiques, anthropologiques et métalliques qui constituent la panoplie habituelle des systèmes occultistes. On citera d'abord l'Arbre aux sept fruits ou aux sept branches qui parfois est dédoublé en principe naturant et en principe naturé, *Arbor solis* et *Arbor lunae*. Les sept fruits ou les sept branches symbolisent comme de juste les sept cieux planétaires, mais ils sont aussi en relation étroite avec les sept centres d'énergie subtile que l'Inde appelle les *chakras*. Comme on l'a laissé entendre, ces centres sont en liaison avec les sept planètes de l'Astrologie classique géocentrique. L'Allemand Gichtel (un disciple de J. Boehme) les départage ainsi : Saturne est dans le cerveau, Jupiter sur le front, Mars dans les poumons, le Soleil dans le cœur, Vénus dans l'estomac, Mercure à la hauteur du foie et la Lune dans les intestins. En outre, Gichtel situe le Feu dans le cœur, l'Eau dans le foie, la Terre dans les poumons et l'Air dans la vessie [1]. Par contre Belot place « le Soleil dans la teste, la Lune et Vénus dans les bras dextre et sénestre, Jupiter à l'estomach ». Dans la Nature, ces planètes ont encore d'autres correspondances. C'est ainsi que le Soleil correspond au chêne, à la renouée et à l'héliotrope ; la Lune au noyer, à la cristostale et à l'iris ; Mercure à l'olivier, à la quintefeuille et à la genièvre ; Vénus à la myrte et à la verveine ; Mars au houx, à l'arnica et à la bruyère ; Jupiter au bouleau, à la jusquiame et à la menthe ; Saturne au pin, à la fougère et au pavot. Ces mêmes planètes ont un lien avec les principaux métaux, les gemmes et les couleurs du prisme. Cependant ces correspondances varient d'un auteur à l'autre, à l'exception de quelques constantes.

Robert Fludd semble être celui de ces auteurs qui reste le plus proche des traditions et des observations anciennes. Il donne, dans son *Utriusque Cosmi Historia*, une série de correspondances zodiacales dans le corps humain qui semble avoir été reprise telle quelle et développée ensuite à partir des clefs contenues dans le *Martyrologium des Heiligen* et le *Composte et Kalendrier des Bergers*, dont la rédaction remonte à la fin

---

1. Gichtel : *Theosophica Pratica*.

du XVe siècle. Peu nous importe les divergences entre les auteurs, ce qui compte c'est l'énorme masse de ces correspondances (et de ces authentiques observations). Elles permettaient la mise à jour d'une science thérapeutique réelle, dont Paracelse fut un des grands témoignages, et qui est à l'origine de l'homéopathie contemporaine.

Sous l'influence de la Kabbale, ces correspondances métalliques, astrologiques, anthropologiques, végétales et géologiques (pour résumer) trouveront un écho dans les noms divins, les hiérarchies angéliques et les passages de l'Ecriture, les Psaumes notamment. Il en résultera une théurgie devenue traditionnelle et un art des pentacles et des talismans extrêmement développé.

Ainsi tout se tient et ce qui se passe dans le microcosme a une résonance dans le macrocosme et vice versa. De l'homme à Dieu et de Dieu à l'homme la route est continue. Et pour autant qu'on peut le savoir, les étapes le long de cette route s'articulent sur de très secrètes pratiques d'initiation. Des centres initiatiques ont existé dont on retrouve la filiation approximative jusque dans les grimoires et auxquels les chroniqueurs du Moyen Age font allusion. Certains alchimistes, comme certains magiciens et mystagogues de l'époque, se réclament indifféremment d'Hermès Trismégiste, de Pythagore, Socrate, Platon, Aristote, Salomon, Apollonius de Tyane et, on s'y attend, de « Geber, roi des Arabes ». C'est avec la Renaissance qu'on commence à retrouver les traces historiques de ces centres plus ou moins organisés autour des confréries de métier. Ces convergences se rejoindront enfin pour éclater au grand jour avec la Fraternité des Rose + Croix et les nombreuses sectes qui sortent brusquement de l'ombre au moment où les « francs métiers » *opératifs* demeurés très fermés sur eux-mêmes vont laisser la place à la Franc-Maçonnerie *spéculative* officielle. Une Maçonnerie occultiste et théurgique va occuper un moment le devant de la scène pour ensuite rentrer de nouveau dans l'ombre. Le nouvel occultisme sera et reste très typiquement gnostique.

Les alchimistes et les hermétistes du début du Moyen Age sont demeurés anonymes. Il faut attendre la fin de l'époque médiévale et le début de la Renaissance pour connaître nommément ces fameux « philosophes », comme on les appelait. Si Lulle est du XIIIe siècle, Nicolas Flamel, le plus célèbre des alchimistes, ne meurt qu'au commencement du XVe. Cornélius Agrippa (1486-1535) passe pour avoir été le fondateur d'une « Communauté des Mages » qui pourrait avoir été à l'origine de la Fraternité des Rose + Croix. Citons encore l'Abbé Thritheim, Guillaume Postel, Pic de la Mirandole, tous personnages aussi attachants les uns que les autres et appartenant tous à la Renaissance. Ces grands pionniers de la théosophie occidentale amorcent en quelque sorte l'offensive rosicrucienne.

C'est en 1614 que la Fraternité des Rose + Croix se manifeste pour la première fois au grand jour. Dans un très court laps de temps, entre 1614 et 1616, paraissent les célèbres *Fama Fraternitatis Rosae Crucae* et la *Confessio Fratrum Rosae Crucis*, suivis des *Noces Chymiques de Christian Rosenkreutz*. Au moins les *Noces* sont l'œuvre de Jean Valentin Andreae, qui appartenait par ailleurs au « Chapitre de Cassel », cercle initiatique fondé en 1609 par le comte Maurice de Hesse-Cassel. Ce cercle se situait, pense-t-on, dans la lignée de cercles plus anciens tels que la *Communauté des Mages* de Cornélius Agrippa ou encore la *Militia Crucifera Evangelica*, créée en 1598 par Simon Stubion. En 1622, les Rose + Croix font placarder les murs de Paris et proclament leur existence et les buts altruistes qui sont les leurs. A Paris, à Londres, à Amsterdam et en Allemagne, on ne parle que d'eux. Ils sont tout de suite célèbres. Cependant la vie de la Fraternité sera relativement courte ; elle se fond très vite dans la Franc-Maçonnerie spéculative, apparue officiellement en 1717 en Angleterre. Plus précisément, la Rose + Croix ou ses représentants les plus en vue, comme Ashmole, adhèrent à la Maçonnerie opérative (de métier), à Londres notamment, et contribuent probablement à la faire évoluer vers sa forme spéculative (philosophique) ultérieure et définitive. Désormais la Fraternité n'a plus sa raison d'être, elle s'est noyée dans une institution initiatique plus vaste et plus universelle. La légende veut que les derniers Frères, déçus par les querelles et les rivalités des différentes obédiences maçonniques, se soient retirés en Inde.

La doctrine rosicrucienne est elle aussi fondée sur le concept d'une Chute. L'homme, créé parfait, image raccourcie du Verbe, a été soumis à une épreuve et n'a pas su y résister. Dès lors les Ténèbres extérieures se sont jointes aux Ténèbres pré-existantes dans le principe divin et la Lumière s'est trouvée emprisonnée. Les Ténèbres ont envahi le monde et l'œil de l'homme lui-même reste enténébré en plein jour. Mais le rachat est possible. Pour y parvenir, l'adepte allumera le « *sixième candélabre* », car, avec l'apparition de Maria dans le plan divin et sa descente dans le monde sous l'aspect de Sophia, la nature de l'homme est devenue quintuple. Le sixième luminaire est destiné à compléter cette nature quintuple et à ouvrir l'œil intérieur. Sa vraie lumière luira alors et l'adepte obtiendra la connaissance qui permet de lire le Livre M., c'est-à-dire le *Liber Mundi*. Il possédera la Pansophie qui est la science universelle. C'est au moyen de cette science dévoilée à l'initié, que les Frères guérissaient tous les maux et parlaient toutes les langues, car le Livre M. est le livre de la Nature et de l'immanence de Dieu dans le monde.

Robert Fludd (1574-1637), qui à n'en pas douter

appartint à la Fraternité, quoiqu'il se refusât à le dire, conçoit l'univers comme reposant sur une base trinaire ; c'est la Trinosophie à laquelle le fameux comte de Saint-Germain consacra plus tard un ouvrage. La Monade éternelle, sans rien perdre de son unicité et de sa transcendance, possède les trois dimensions : le point, le carré et le cube. Cette multiplication de l'Un par l'Un assure la préservation de l'Unité. Le plan divin est composée du Père, du Fils et du Saint-Esprit à qui il convient d'adjoindre Maria. C'est la Chute qui détermina la descente de Maria dans le monde. Et cette ingérence de Sophia provoque la présence du quinaire dans le microcosme.

Le Verbe divin est triple lui aussi : il est Sauveur, Créateur et Loi. La Vierge, l'Eglise et l'Ame sont ses trois épouses dans le ciel, sur la terre et dans l'homme. C'est le Verbe qui est le « *sixième candélabre* », le sénaire qui illumine l'âme de l'adepte dont il est l'époux secret. Fludd indique encore qu'il y a trois régions du Macrocosme : la région empyrée, la région éthérée et la région élémentaire. De même la Trinosophie compte trois hiérarchies ascendantes d'anges : Teraphim, Seraphim et Cherubim. Trois hiérarchies correspondantes d'anges déchus existent parallèlement.

Armés de la connaissance trinosophique, attentifs et libérés de nos passions, rompus à la méditation mystique, nous avons le moyen de déchiffrer le *Liber Mundi*. Nous y découvrirons quelle est notre vraie place dans le Macrocosme. Du même coup nous apprendrons à connaître notre vraie nature et nous apercevrons l'étincelle de lumière divine en nous, ce « *sixième candélabre* » justement. Le *Liber Mundi* n'est pas seulement le livre de la Nature, il est encore et surtout la révélation de la science sacrée et de la théosophie, car chaque chose dans ce monde microcosmique est une empreinte laissée ici-bas par la Création primitive qui précéda la Chute. Cette empreinte porte naturellement la marque du Verbe créateur. Elle est de Dieu.

Fludd, Khunrath, Michel Maïer, etc., furent de grands précurseurs. Les idées développées par eux, les diagrammes et les riches planches qu'ils laissèrent parfois, nous introduisent de plain-pied dans la pensée si profonde de Jacob Boehme qui sera, pour sa part, le père de la théosophie moderne et l'initiateur d'une authentique Gnose nouvelle. Vers la fin de la Renaissance, l'Alchimie et l'Hermétisme laissent le champ libre à la Théosophie. Il y aura encore, en plein siècle des Lumières et jusqu'à présent, des alchimistes en peine de Pierre Philosophale, anxieux d'or et de poudre de projection, mais c'est désormais la pure quête spirituelle qui prédomine.

XV

JACOB BOEHME ET SES SUCCESSEURS

Jacob Boehme (1575-1624) est né dans les environs de Görlitz, en Silésie. Il aurait été initié par un maître demeuré inconnu et se consacra très jeune à l'étude de la Bible. Ses commentaires et son enseignement secret lui attirèrent des disciples en même temps qu'ils suscitèrent la méfiance des autorités ecclésiastiques. Ses ennemis ne tardèrent pas à le citer devant les instances supérieures de la ville de Dresde et espéraient bien le faire condamner. Boehme cependant parvint à se disculper, mais mourut la même année.

Jacob Boehme, qu'on a nommé le « cordonnier de Görlitz » à cause du métier qu'il exerçait, ou encore le « Philosophe teutonique », a laissé une œuvre considérable dont une partie seulement fut publiée de son vivant, tandis que d'autres traités le furent ensuite par les soins de ses disciples. Ces derniers ont dû posséder de nombreux textes manuscrits dont certains sont restés inédits à ce jour.

L'influence que Boehme exerça fut et reste considérable. Outre ses disciples immédiats, comme Gichtel, nombreux furent ceux qui, après sa mort, reprirent son enseignement, traduisirent ses livres et en firent l'exégèse. Durant les deux siècles qui précédèrent la Révolution, la pensée boehmiste fit l'objet de la réflexion passionnée de théosophes comme John Pordage, Jane Lead, Fehrer et William Law, en Angleterre ; de Swedenborg, en Suède ; de Louis Claude de Saint-Martin et sans doute de Martinez de Pasqually en France. Les philosophes comme Spinoza, Hegel, Feuerbach et Newton s'intéressèrent de leur côté aux doctrines boehmistes. Sa théorie de la Nature Eternelle se reflétant dans la volonté de la « Vierge Sophia », cette sorte de primauté de l'Idée ou du Plan éternels cadre en effet fort bien avec les doctrines idéalistes de la philosophie pré-marxiste. De nos jours encore nombreux sont les auteurs qui ont consacré et qui consacrent des ouvrages à Jacob Boehme et à son message.

Il est certain, en effet, qu'en tant que système gnostique pur, personne jusqu'à aujourd'hui n'a pu égaler Jacob Boehme. Parfaitement cohérente, sa vision philosophique et théosophique constitue un tout qui se tient, qui ne connaît ni faille, ni oubli. Elle a de plus le mérite de se passer de mythologie par trop abracadabrante et de rester dans un contexte chrétien relativement orthodoxe.

Parlant du drame de la Chute (chap. III), nous avons résumé en quelques mots, et au risque d'être particulièrement obscur, la doctrine boehmiste des deux Chutes, la « pré-mondaine » et l'« adamique ». Il nous faut y revenir et tâcher d'expliciter la pensée extrêmement complexe de Jacob Boehme. Elle est tout entière construite autour de la notion de « déité » et de celle, complémentaire, de l'opposition dynamique des contraires. En outre, comme nous avons eu l'occasion de l'écrire, la dialectique boehmiste ressortit souvent à la psychologie, voire aux méthodes phénoménologiques. La « déité » de Boehme est une notion traditionnelle du Gnosticisme classique ; elle sert avant tout à préserver absolument la transcendance divine confrontée avec le monde fini de la manifestation cosmique ou encore angélique et terrestre.

Cette notion de « déité », Maître Eckhart l'avait déjà analysée en profondeur deux siècles auparavant. Il l'avait complété dans des pages inoubliables concernant le rapport Dieu-homme : « *Dieu et la déité sont aussi différents l'un de l'autre que le ciel et la terre (...) Dieu opère, la déité n'opère pas, elle n'a rien à opérer (...) Dieu et la déité diffèrent par l'agir et le non-agir* (...). Enfin, pour ce qui est de l'homme face à Dieu : « *Dans cet être de Dieu où Dieu est au-dessus de tout être et de toute distinction, j'étais moi-même, je me voulais moi-même, voulant créer l'homme que je suis.* » Ce sont là de maîtres-mots qu'un Jacob Boehme (et je pense aussi à Spinoza) ne pouvaient faire que siens. Il y a donc une sorte de plan éternel, de virtualité pré-mondaine. Une volonté de manifestation parcellaire. Ce plan pré-existant, cette espèce de terroir privilégié et attendant l'ensemencement futur, Jacob Boehme l'appellera la Nature Eternelle et en trouvera l'image parfaite dans la Vierge Sophia qui est la Sagesse divine.

Dans la terminologie boehmiste, la déité c'est « l'*Ungrund* », le « fond de l'être divin », qui n'est ni fondement, ni cause de rien. C'est l'Absolu qui est hors de portée de toute réalité sensible ou même logique. Echappant à toute personnification, la déité reste inconcevable pour elle-même et ne peut même pas se connaître, car elle n'a rien à connaître. C'est une Essence, ce n'est pas une Substance, un fond d'être et non pas un être. C'est dans ce fond d'être, cette non-existence, ce rien que Dieu s'enracine. Cependant on doit distinguer cet *Ungrund* de l'*Urgrund*, fondement et cause dernière des choses, et de l'*Abgrund*, l'abîme ardent et sans fond.

Néanmoins il existe une volonté potentielle dans l'*Ungrund*. Cette Volonté est celle de se connaître soi-même, c'est une volonté de conscience pour ainsi dire. La déité a besoin de se manifester à soi-même, et un désir infini et éternel d'auto-révélation existe ainsi dans l'obscurité sans fondement de l'*Ungrund*. Cette Volonté commence donc par produire un « miroir » dans lequel la déité indistincte se reflète sous une forme trinaire : la Trinité classique. En réalité, c'est donc la Trinité, c'est-à-dire l'Existence qui fonde phénoménologiquement l'Etre dans la déité. C'est son agir qui détermine l'acteur.

Au sein de la Trinité, le Père est la Volonté même de l'*Ungrund*, sans cause, ni fondement ; le Fils est la Volonté éprise du désir de se connaître soi-même ; le Saint-Esprit est l'expression des deux aspects personnifiés de la Volonté. Il y a une *priorité ontologique* entre l'apparition de la Trinité et celle de la Nature Eternelle engendrée par la Volonté du Père, mais co-éternelle à Dieu. En effet, éternellement produite, cette Nature Eternelle est éternellement cachée en Dieu. Mais elle aussi possède en quelque sorte son « miroir » en la personne de la Vierge Sophia, qui est l'image parfaite des splendeurs divines cachées que la Volonté du Père tend sans cesse à manifester. Sophia joue un rôle pré-éminent dans le processus de la Création. Elle agit comme une sorte de révélateur de l'éternel et indicible plan divin. Elle apparaît comme une manière de Démiurge virginal chargé d'extraire les idées de Dieu et de les imprimer à la Nature Eternelle en perpétuelle gestation. On pourrait dire d'elle qu'elle est la projection de la Volonté divine dans la Création autonome — car il était dans le plan divin de doter sa Création de libre arbitre.

S'engendrant soi-même au sein de l'*Ungrund*, la Trinité fait face à l'image parfaite de la Volonté du Père, la Sagesse divine, la Sophia virginale, archétype exemplaire de la Nature Eternelle. Tel est le cercle divin, ontologiquement antérieur à la Création.

Passons justement à la Création. Elle ne se produit pas au hasard, elle est entièrement tissée dans la Nature Eternelle et, comme on l'a dit, *inspirée* par la Vierge Sophia, qui, comme indiqué plus haut, est l'image parfaite de la Volonté créatrice du Père. A partir du plan de la Nature Eternelle, la Création se produit au moyen du jeu de principes antagonistes : la lumière et les ténèbres, le bien et le mal, l'amour et la colère (la rigueur). L'opposition dialectique de ces contraires est éminemment dynamique et créatrice. Cette dialectique est à la base du processus de toute manifestation. Rien ne peut exister qui ne soit le produit de l'opposition et de la rencontre de principes contraires.

La projection de la Trinité dans la Nature Eternelle a déterminé l'apparition de deux ternaires qui se partagent six des sept « formes », « propriétés », « forces » ou « mères », soit : l'Astringence, l'Amertume, l'Angoisse, les Ténèbres, la Force et le Feu obscur, qui constituent le ternaire de gauche ; la Douceur, la Lumière, le Son (ou le Ton), la Gloire et l'Amour, qui forment le ternaire de droite. Le premier ternaire, celui du Feu, manifeste le Père, Dieu de Rigueur. Le deuxième est celui du Fils et de la Lumière. La « septième forme » est placée sous le signe du Saint-Esprit, lequel assure l'union harmonieuse entre le Feu et la Lumière, entre la Rigueur et l'Amour. Cette « septième forme » est l'*Essence* ou le *Corps*.

Au Saint-Esprit est réservée une fonction fondamentale. Il est la « Mer de Cristal », le « Corps », la « *Semence* » où les six « formes » des ternaires supérieurs se rejoignent et se réunifient afin de produire un effet dynamique de *fabrication*. On le voit de nouveau, le processus est dialectique et apparaît comme une « négation de la négation » des « formes » opposées, débouchant sur l'apparition du Cosmos. Telle est la vie interne de la Nature Eternelle, perpétuel miroir de Dieu. Son « corps », sa « Sagesse » virginale est Sophia, projection féminine du Fils engendré par le Père. C'est *la* Sainte-Esprit des anciennes gnoses.

Au début il n'existait ni bien, ni mal dans la Nature Eternelle. Il n'y avait qu'un ternaire de Rigueur et un ternaire d'Amour, le Feu obscur et la Lumière tous deux contenus dans le corpus de la Nature Eternelle. C'est à partir de ces prémices que se sont déroulées les étapes successives de la Création. Ces étapes se succèdent mais se produisent dans un seul et même « lieu » — le détail est d'importance. Est apparu d'abord le monde angélique. C'était un monde destiné à la perfection, car les anges concentrent en eux-mêmes les principes opposés du Feu obscur et de la Lumière, mais chez eux la Lumière, c'est-à-dire l'Amour, voile la Rigueur. Cependant ils sont détachés de Dieu et dotés de libre arbitre. Ils ont ainsi le moyen d'agir et de choisir librement et, s'ils le désirent, contre l'intention de Dieu. Autrefois ils avaient un « roc » et c'était Lucifer (dont le nom signifie justement « le porteur de Lumière »). C'était le premier des anges. Mais, usant de leur libre arbitre, ce même Lucifer et une partie des anges choisirent une voie égocentrique ; ils se « concentrèrent dans leur propre présence », comme le dira plus tard Louis Claude de Saint-Martin. Ils provoquèrent ainsi un déséquilibre qui brisa l'harmonie de la première étape de la Création, ils en rompirent la perfection bien balancée entre Amour et Rigueur, Feu et Lumière. C'est ainsi que le Feu obscur fut dévoilé, ce qui eut pour conséquence la terrible catastrophe de la Chute « pré-mondaine ».

La Chute des anges rebelles a actualisé le principe ténébreux, l'a fait passer à l'état d'existence active. Les rebelles ont de ce fait instauré le désordre dans la Nature Eternelle et, à la place du « Royaume de Lumière » que Dieu avait souhaité, est apparu un « monde ténébreux, informe et vide », une sorte d'antithèse de la Nature Eternelle selon l'esprit de Sophia. Aucun espoir de rachat futur n'était à envisager car, n'ayant pas de corps physique, les anges ne peuvent se reproduire. Ils sont immortels, mais ne possèdent pas de lignée au sein de laquelle aurait pu apparaître un Sauveur. Ils ne pouvaient non plus être anéantis puisqu'ils procèdent de la Nature Eternelle. C'est pourquoi la Sagesse divine dut faire intervenir une deuxième Création destinée à rectifier et à restaurer l'harmonie originelle. Avec cette nouvelle Création débute le Temps car elle se terminera par la restauration finale de l'état angélique primordial. Cette Création a été accomplie à l'aide des « sept esprits » et a duré « six jours ». Cela sous-entend qu'il y eut un jour pour chacune des « forces » des deux ternaires, celui de la Rigueur et celui de l'Amour et que la septième « force », le Saint-Esprit en tant que conciliateur des principes opposés, préside au septième jour, celui du repos.

La première expression de cette deuxième Création fut Adam. Androgyne, détenant les deux aspects igné et lumineux de la Nature Eternelle, Adam fut créé parfait. Il était destiné à sceller la Création, à restaurer l'harmonie. Hélas ! jouissant lui aussi du libre arbitre, il n'a pas su résister aux embûches de Lucifer. Satan l'a tenté dans son orgueil et il a succombé à la tentation. Lui aussi s'est « concentré dans sa propre présence » et de nouveau les principes libérés du feu et des ténèbres sont apparus, accompagnés cette fois du principe de la *mort*. La faute adamique a donc introduit la mort dans l'éternité de la Nature Eternelle, provoquant ainsi une catastrophe encore plus grande que la première.

Mais tout n'est pourtant pas irrémédiablement perdu. Le Christ, présence réelle du Fils, est venu à son tour accomplir la Rédemption. C'est le « nouvel Adam », à la fois Dieu et Homme. Il nous a assumés et nous a montré la voie. L'âme, en s'unissant au Christ, en anéantissant sa propre volonté égocentrique dans celle du Rédempteur, peut recouvrer l'équilibre originel et passer de l'état ténébreux à l'état lumineux. Jacob Boehme a consacré une part importante de son œuvre à cette mystique rédemptrice.

Le langage boehmien n'est pas facile. Il est à « tiroirs », comme on dit. Un monde de données astrologiques, plus ou moins symboliques, y côtoie de larges incursions dans la terminologie alchimique. Jacob Boehme n'eut pas de visions, comme Swedenborg, du moins il n'en fit pas état ; il fut néanmoins le plus grand et le plus extraordinaire des « voyants » de son époque. L'œuvre boehmienne est vaste. Ses disciples immédiats l'ont sans doute parachevée après sa mort en publiant les manuscrits qu'ils détenaient, tout en les complétant en y incorporant peut-être des enseignements oraux du maître. Sûrement aussi en y adjoignant les fruits de leurs propres recherches. Ce siècle fut en effet riche de ferveur religieuse et de controverse réformiste, il le fut encore davantage par la quête ésotérique héritée des longues et parfois obscures spéculations des alchimistes et des hermétistes des siècles antérieurs. L'apport de disciples comme Gichtel à l'œuvre de Boehme est typique à ce point de vue. Son système des correspondances n'est pas toujours traditionnel, mais il n'en constitue pas moins une des clefs de l'ésotérisme pratique d'aujourd'hui.

On a dit plus haut l'influence qu'eut Jacob Boehme sur le théosophe français Louis Claude de Saint-Martin et on y reviendra. Il semble cependant avéré que le premier maître de Saint-Martin, Don Martinez de Pasqually, a été en contact lui aussi, au moins en partie, avec la pensée du « cordonnier de Görlitz ». « Excellent mariage que celui de notre première école et de notre ami Boehme », écrit Saint-Martin. Et il ajoutera que Martinez de Pasqually avait « *la clef active de tout ce que notre cher Boehme expose dans ses théories* ». Qui était Martinez de Pasqually ?

On l'a dit tour à tour juif portugais ou syrien, espagnol ou tout simplement français. René Guénon se demande s'il n'a pas été l'adepte de quelque centre initiatique caché d'Afrique du Nord, qui l'aurait ensuite mandaté pour diffuser sa doctrine en France et en Occident ? Ses origines et ses débuts restent mystérieux. Selon des recherches effectuées par Mme de Brimont aux Archives départementales de la Gironde, Jacques Livron Joachim de la Tour de la Case Martinez de Pasqually serait tout simplement né à Grenoble en 1717. Son père était espagnol et sa mère française. Martinez de Pasqually mourut en 1774, à Saint-Domingue (Haïti) où il s'était rendu pour des affaires personnelles et où il fonda un cercle des Philadelphes. Si on en juge par son aspect extérieur et l'idée que s'en fait le peuple haïtien, la Maçonnerie de l'Ile a été fortement imprégnée par ses idées et sa doctrine secrète.

Se réclamant d'une patente maçonnique, rédigée en anglais et délivrée à son père le 20 mai 1738 par « Le Grand Maître de la loge de Stuard », Don Martinez fonde, en 1754, à Montpellier, le Chapitre « Les Juges Ecossais ». Ensuite il voyage à travers la France et on le retrouve à Toulouse où il est membre d'une loge. C'est à Foix, où il est affilié à la loge Josué que Martinez de Pasqually crée le premier temple « Cohen ». Mais c'est à Bordeaux que « l'Ordre des Chevaliers Elus Cohen » verra définitivement le jour, probablement en 1761. L'ordre comprend à l'origine, douze membres, dont un prêtre catholique, le P. Bullet. Enfin Martinez confère le titre de S.I. ou S.J., Supérieur Inconnu ou Souverain Juge, à cinq de ses principaux disciples.

On n'entreprendra pas de décrire l'ordre dans tous ses détails et tous ses grades. Contentons-nous de savoir qu'aux grades *bleus* de la Maçonnerie traditionnelle s'ajoutaient deux classes, l'une dite du Porche et l'autre des « Degrés du Temple » (de Zorobabel). Enfin, coiffant tous les grades, il y avait une classe secrète, celle des Réaux-Croix, et peut-être un grade plus secret encore, celui des Grands-Réaux. La grande affaire des Elus Cohen était l'évocation des Puissances célestes afin de lutter à leurs côtés contre celles des Ténèbres. Quant aux Grands Réaux, on suppose qu'ils avaient le pouvoir d'évoquer le Christ de Gloire, considéré comme une « forme réintégrée » du « Grand Architecte des Mondes ». On appelait discrètement cette Puissance supérieure entre toutes : la Chose.

Martinez de Pasqually a exposé sa doctrine dans le livre intitulé *Traité de la Réintégration des Etres*. Cette doctrine est une gnose judéo-chrétienne fortement influencée par la Kabbale et la pensée de Jacob Boehme. Le fondateur des Elus Cohen l'aurait tenue de sa famille, qui elle-même l'aurait héritée des Juifs torturés par l'Inquisition en Espagne. Naturellement, rien n'est moins prouvé. Par contre, on y retrouve les idées gnostiques qui nous sont devenues familières, le tout teinté de kabbalisme et d'hébraïsme. Le mot « cohen » signifie prêtre en hébreu. Il est certain cependant que Martinez de Pasqually ne connaissait pas la langue hébraïque, ce qui oblige à se poser des questions.

Selon la doctrine martinésiste, Dieu n'a pas créé le monde. Ce dernier est l'œuvre d'un Démiurge qui n'est autre que l'Adam Kadmon de la Kabbale. Adam Kadmon est donc « l'Architecte des Mondes », pour employer un terme cher aux Francs-Maçons, mais il est aussi l'Esprit de Dieu et l'archétype céleste de l'Homme, l'Homme céleste ou le Verbe-Logos. C'est par sa première création, l'Adam terrestre, son reflet, que s'est accomplie la Chute.

Reprenant à son compte une idée cathare (et boehmiste), Martinez explique que Dieu avait créé auparavant un monde angélique céleste. Les anges de cette Création antérieure devaient, leur mission accomplie, réintégrer la nature divine et perdre ainsi toute personnalité séparée. Certains d'entre eux s'y sont refusés, ce sont les anges rebelles, les puissances du mal que les Elus Cohen doivent combattre sans répit avec l'aide des anges demeurés fidèles. Pour accomplir le plan divin, Dieu a suscité Adam-Kadmon qui n'est autre que son Esprit même (la « Pensée de Dieu », dira Saint-Martin dans son « *Ecce Homo* »). Le plan de Dieu qu'Adam Kadmon devait réaliser c'était l'Homme archétype, unique et glorieux. Mais ce premier Homme s'est laissé prendre aux prestiges des puissances du mal, il a succombé à la tentation et a voulu créer à son tour. Mais le « premier Adam » n'était pas Dieu et sa création est imparfaite. C'est notre univers. Toutefois, comme dans tous les systèmes gnostiques, une parcelle de la Lumière divine était contenue dans Adam Kadmon, il nous l'a transmise de génération en génération. Par nos œuvres nous devons aider à la réintégration de la lumière divine et, tant que nous n'avons pas personnellement accompli cette tâche, nous sommes condamnés à nous réincarner. Quand enfin toute la lumière aura été réintégrée, ce sera la fin du monde. Ce genre de doctrine nous est bien connu, nous l'avons rencontré tout au long de cet ouvrage.

Le processus de la Création (donc de la Chute) débute avec la partition d'Adam. Il sépara son côté gauche de son côté droit et donna ainsi naissance à la

Femme, *Isha*. Il la posséda ensuite et la vie et la division se répandirent sur la terre. Pour remédier à cette création imparfaite, il convient donc de rétablir l'unité oiginelle et de reconstituer en chacun de nous l'Androgyne primordial. Nous y parviendrons en redécouvrant les « trois piliers » de la Maçonnerie initiatique : la Sagesse, la Beauté et la Puissance. Nous deviendrons ainsi ces « hommes parfaits » qui seuls ont le pouvoir de rendre sa forme primitive à Adam Kadmon. Nous accomplirons l'œuvre de la Réintégration de l'Homme.

Mais Dieu a suscité dans la descendance du premier Adam, en parfaite continuité de conscience avec lui et comme son prolongement glorieux, un Nouvel Adam en la personne du Christ. Ce nouvel Adam, Martinez l'appelle d'un nom significatif : le Réparateur.

Les Cohen se livraient à des pratiques théurgiques. C'était d'ailleurs le but même de la création de l'Ordre. Dans l'esprit de Martinez de Pasqually, l'Elu Cohen doit travailler à la Réintégration des âmes et ne peut se livrer à cette tâche qu'avec l'aide des esprits supérieurs déjà réintégrés. La pneumatologie martinésiste est complexe et s'étend sur les trois plans traditionnels : divin, céleste et terrestre. Elle comporte des Esprits Majeurs et des Esprits Mineurs, des Mineurs élus et des Mineurs réconciliés (ces derniers étant les âmes délivrées du cycle des réincarnations successives). Dans ce système occultiste, les anges et les génies de la Kabbale se rencontrent avec ces grands guides désincarnés qui sont Elie, Moïse, Melchisedeq ou encore Henoc (qui est l'anagramme de Cohen).

La Théurgie martinésiste n'est pas morte, elle est encore pratiquée de nos jours. La tradition et la filiation « Cohen » a été préservée. Après la mort du maître et la mise en sommeil de l'Ordre, des groupes « martinistes » apparurent çà et là en Europe, en Russie notamment où Joseph de Maistre les a connus. La tradition veut que le secrétaire et le disciple préféré de

Don Martinez, le marquis Louis Claude de Saint-Martin ait de son côté transmis l'initiation martinésiste (ou martiniste) à des personnages isolés qui l'auraient transmise à leur tour. En 1884, Papus (le Dr Gérard Encausse) et Chaboiseau, qui avaient reçu cette initiation « d'homme à homme », créèrent un Ordre martiniste qui est encore en activité. D'autre part une filiation « maçonnique » des Elus Cohen n'aurait jamais cessé d'être assurée par le canal des Chevaliers Bienfaisants de la Cité Sainte, du Rite Ecossais Rectifié. Créé par Jean-Baptiste Willermoz (1730-1824) à Lyon, en 1778, l'Ordre des Chevaliers Bienfaisants comptait des membres Cohen et réunissait plusieurs tendances de la Maçonnerie occultiste et illuministe du temps. Il pouvait se réclamer d'influences « templières » et « rosicruciennes » venues d'Allemagne. Un grand absent cependant : Louis Claude de Saint-Martin, vite dégoûté des pratiques maçonniques, mais toujours fidèle, c'est lui-même qui le dit, à l'initiation « Cohen ». Il est certain que les Chevaliers des « cercles intérieurs », anciens « Réaux » ou non, se livraient à des pratiques théurgiques d'évocation ; quelques-uns auraient même été en contact avec « la Chose ». Quant à Willermoz lui-même, il n'eut pas ce bonheur et le regretta beaucoup. Il dut se rabattre, vers le milieu de sa prodigieuse carrière maçonnique et occultiste, sur les bons offices d'un médium écrivain, Mme de Vallière, qui lui transmettait les communications reçues d'un mystérieux « Agent Inconnu ». Mais bientôt des querelles éclatèrent et Willermoz fut privé de ces messages de l'au-delà, par ailleurs assez tendancieux. Quant à « l'Agent », il semble qu'il choisit de mettre fin à ses communications en 1799.

Plus âgé que Willermoz, Dom Pernety (1716-1802) fut, pour sa part, un fervent hermétiste avant de fonder à son tour son Ordre connu sous le nom des « Illuminés d'Avignon ». Moine bénédictin, il étudia l'Hermétisme et l'Alchimie pendant un séjour à l'Abbaye de Saint-Germain-des-Prés. Il y découvrit notamment les travaux de l'abbé Lenglet-Dufresnoy publiés en 1742. Dom Pernety écrivit lui-même un « *Dictionnaire Mytho-hermétique* », puis s'en alla en voyage aux Iles Malouines en compagnie de Bougainville. De retour en France, il abandonna la vie monastique et se retira en Avignon où il introduisit son rite hermétique au sein de la loge maçonnique dite « des Sectateurs de la Vertu ». Puis, en butte aux attaques de l'Eglise, il se réfugia en Allemagne où il fut probablement en contact avec les Maçons occultistes de la « Stricte Observance Templière ». La Maçonnerie allemande de cette époque était traversée par un fort courant illuministe, se réclamant des Templiers et de la Rose + Croix. Elle était férue d'alchimie et croyait ferme à l'art des transmutations métalliques. Son influence, et celle de Swedenborg sur Pernety ne furent pas négligeables.

Rentré en Avignon en compagnie du comte Grabianka, Dom Pernety voulut y faire entendre le message que lui avait confié « la Sainte Parole » au cours de visions de type très proches de celles de Swedenborg. Les Illuminés d'Avignon devaient avoir pour tâche de susciter le futur royaume de Dieu, dont Grabianka aurait été le chef temporel et Pernety le chef spirituel. C'était en 1784. Hélas ! le royaume de Dieu devait être éphémère ; Grabianka et Pernety se querellèrent et le comte s'en fut en Russie où il mourut en prison. Resté en Avignon, Dom Pernety assista dans la tristesse au complet déclin de son Ordre. Il semble probable qu'une certaine présence « Cohen » a existé chez les Illuminés. Des rites « swedenborgiens » ou se prétendant tels existent encore qui sont fortement imprégnés d'hermétisme et de théurgie.

Dans ce vaste ensemble qu'on est en droit de considérer comme le courant de pensée gnostique des temps modernes, on ne peut dissocier le message si précieux de Louis Claude de Saint-Martin de celui de Jacob Boehme et de Martinez de Pasqually. Disciple lucide de l'un et de l'autre, traducteur et commentateur du premier, secrétaire du second, initié Cohen, Réau-Croix, Saint-Martin a laissé une œuvre jusqu'ici inégalée sur le plan théosophique par la clarté et la rigueur de la pensée.

Né à Amboise le 18 janvier 1743, le marquis Louis Claude de Saint-Martin fut d'abord avocat, puis militaire au Régiment de Foix, avant de rencontrer son premier maître, Martinez de Pasqually. On ne retracera pas ici sa carrière maçonnique qui d'ailleurs le déçut profondément : « *Tout le régime maçonnique devient chaque jour pour moi plus incompatible avec ma manière d'être et la simplicité de ma marche* », écrit-il à Willermoz. Mais il a soin de préciser qu'il reste « lié » comme Cohen et par l'initiation. Peut-être a-t-il été initié aussi à un « Ordre des Philosophes Inconnus », issu d'une ancienne confrérie connue sous le nom des « Frères d'Orient » ? On l'a dit. Toujours est-il que Saint-Martin écrira sous le pseudonyme de « Philosophe Inconnu ».

Ses principaux ouvrages : *Des Erreurs et de la Vérité*, *Le Tableau Naturel des rapports qui existent entre Dieu, l'Homme et l'Univers*, *L'Homme de Désir*, *Ecce Homo*, *Le Ministère de l'Homme Esprit*, *Le Crocodile*, etc. ont marqué de leur sceau le spiritualisme français et tout ce qui s'y rattache à l'étranger. La clarté et la limpidité du langage du « Philosophe Inconnu », l'ampleur de ses recherches et l'acuité de son intuition métaphysique, et enfin la profondeur et l'authenticité de sa vision mystique lui ont permis de rendre accessible à tout « homme de désir » des idées jusque-là restées dans l'obscurité de l'abstraction et du symbole. Cependant Saint-Martin reste bien dans le cadre de cette antique tradition dans laquelle la Gnose plonge ses racines. *Le Crocodile* en est un exemple typique : sur un mode qu'il souhaite plein de « gaieté », l'auteur fait le récit de la lutte qui oppose le Bien et le Mal. Ce combat homérique, qu'il dit se passer sous le règne du roi Louis XV, est, bien entendu, de tous les temps. C'est en réalité une transposition à peine masquée de la guerre mythique entreprise par les forces des Ténèbres contre celles de la Lumière. On pourrait croire ce récit emprunté à un vieux texte manichéen. Pourtant, il ne faut pas s'y tromper, dans son œuvre théosophique, le « Philosophe Inconnu » a bien soin de préserver l'unité de Dieu. Sa pensée reste boehmiste.

Louis Claude de Saint-Martin est mort à Aunay, près de Paris, en 1803.

Il serait fastidieux de donner la liste de tous les théosophes assoiffés d'occultisme qui conservèrent allumé le flambeau de la vieille Gnose en Europe du XVIIIe au XXe siècle. Ils furent nombreux en France, en Grande-Bretagne, en Allemagne ou en Italie. On citera pour mémoire le Polonais Wronski (1778-1853), qui s'efforça de fournir une explication, ou plutôt une interprétation « scientifique » de la théosophie classique et de la Kabbale. Son disciple, Eliphas Lévi (« l'abbé » Constant, 1810-1875) fut membre d'une association rosicrucienne et s'adonna à l'occultisme pratique et à la Kabbale. On lui doit un *Dogme et Rituel de Haute Magie*. Toujours en France, Stanislas de Guaita (1861-1897), disciple de Fabre d'Olivet, écrivit une œuvre considérable qu'on a trop tendance à oublier. Son ami Papus (Dr Gérard Encausse), qui mourut durant la Première Guerre mondiale, a, pour sa part, laissé une œuvre monumentale extrêmement riche et diverse. Il fut sans doute le maître moderne de l'occultisme tout en demeurant attaché aux données traditionnelles, notamment celles contenues dans la Kabbale qu'il « christianisa » résolument. L'Austro-Hongrois Rudolf Steiner (1861-1925) fit, dit-il, la rencontre d'un « maître inconnu », puis d'autres « hommes extraordinaires par leur spiritualité » et, à partir de là, fonda son propre mouvement spiritualiste et occultiste : « l'Anthroposophie ». Son Goetheanum, à Dornach en Suisse, abrite encore ses disciples.

La liste est interminable de ceux qui, depuis deux mille ans, perpétuent la vieille tradition ésotérique en Occident.

CONCLUSION

CONCLUSION.

Nous avons accompli un long voyage. Sans doute n'avons-nous pas jeté l'ancre dans tous les ports, abordé tous les rivages. Il s'en faut. Deux mille ans de ferveur et de questions, de réponses plus ou moins claires, plus ou moins balbutiantes. Deux mille ans de continuité aussi dans l'hypothèse comme dans la solution poposée. Deux mille ans à quoi s'ajoutent des siècles, peut-être des millénaires, de traditions et de mythes demeurés inédits, transmis par voie orale, de bouche à oreille. C'est cela la Gnose.

Peut-on dire que le Gnosticisme méditerranéen, combattu et condamné, honni par l'Eglise chrétienne ne représente qu'un accident, un épiphénomène dans cette immense fresque traditionnelle ? Sur le plan pur et froid de l'Histoire, la réponse ne peut qu'être affirmative. Mais sur l'autre plan, celui de la quête passionnée du mythe divin, on ne peut isoler le Gnosticisme comme une simple erreur de parcours. Les Valentin, les Basilide et leurs successeurs, y compris les Manichéens et ceux de l'Islam épris de *bâtin* (ésotérisme) ne sont pas des accidents. Ils expriment quelque chose qui les dépasse : la vraie Gnose, toujours elle. Ils per-

sonnifient la grande hypothèse, l'éternelle question du
« qui » et du « quoi » ?

Pour nous, matérialistes du XXᵉ siècle, cela peut sembler dépassé sans autre intérêt qu'historique. Pour eux, les spiritualistes, les mystagogues pris à leur propre jeu, les fervents de l'au-delà, pour ceux de nos contemporains que les refus d'investigation de la Science officielle ne satisfont pas, la grande question reste posée. D'où vient ce monde, où va-t-il ? Que signifie-t-il ? Infiniment bon, tout puissant, impeccable, pose-t-on le fait Dieu, le problème ne fait que se compliquer aux yeux du croyant. La prétendue bonté parfaite de ce Dieu se heurte à la maladie, la cruauté, les mille catastrophes inhérentes à cette Nature. A quoi tout cela rime-t-il ? Pourquoi tout cela ? Et pour qui ?

On l'a écrit à plusieurs reprises au cours de cet ouvrage, les religions monothéistes ne peuvent expliquer Dieu et le monde sans le recours à une certaine gnoséologie. Dieu unique étant posé comme une abstraction et un axiome à la fois, il demeure que le monde et la Nature existent, eux, tout à fait concrètement. Dieu transcende le monde, dira-t-on, mais quand même ce monde est là et bien là, posant un terme à cette pure transcendance. La divinité la pénètre de toute part, elle y est immanente, répondra-t-on ; oui, mais dans ce cas Dieu est partie prenante à toutes les limitations, les horizons bouchés, les turpitudes du Cosmos et de la Nature. La transcendance est malmenée. C'est alors qu'apparaît la Gnose avec ses intuitions et sa mythologie, car seule elle permet de résoudre la contradiction fondamentale, l'apparente incompatibilité de la transcendance et de l'immanence divines. Elle dresse les indispensables et artificielles limites spirituelles sans quoi tout le système s'écroulerait.

Dès le Moyen Age, les Chiites ismaéliens l'avaient bien compris, qui avancèrent l'hypothèse d'une hiérarchie ascendante et descendante de limites (*hadd*), la dernière « limite », celle du Dieu manifesté, embrassant toutes les autres et les transcendant tout en se heurtant elle-même, Allah en personne, à l'ultime voile : celui de sa propre « déité » impersonnelle et sans conscience. La même conception de l'unité divine sera reprise, sous une autre forme, avec d'autres mots, par Jacob Boehme.

Mais qu'on ne s'y trompe pas, les grandes religions polythéistes elles aussi ont à résoudre un problème analogue. Et en fin de compte leurs dieux multiples et évanescents, du plus grand au plus petit, sont appelés à se résorber en fin de cycle dans l'impersonnalité du Dieu incréé, le *Brahman*. On peut affirmer à juste titre que les croyances de l'Inde védique tout autant que celles de l'Hindouisme moderne n'ont de sens métaphysique que par l'ésotérisme qui s'y rattache. De *Purusha*, l'Atmâ, l'âme des âmes, à l'homme terrestre, le tissu est sans couture. Mais on ne peut prendre conscience de ce contexte moniste que par la connaissance ésotérique. Et tout ésotérisme est en dernier ressort une gnose. Et toute véritable gnose est une *pratique* initiatique.

Il est bien certain que le Gnosticisme historique, avec ses sectes nombreuses et ses délires mystiques, est parvenu, non seulement à obscurcir la pure intuition gnostique, mais l'a davantage encore rendue détestable aux yeux des Chrétiens de l'Eglise primitive. Pourtant à travers ses balbutiements mêmes et ses extrémismes, le Gnosticisme a contribué à exprimer une importante partie de la Gnose universelle. Peut-être d'ailleurs en saurons-nous davantage sur les vraies options des grandes sectes quand nous disposerons d'une documentation originale plus complète. Les promesses de Khénoboskion ne doivent pas être méconnues et celles d'autres découvertes ne sauraient non plus être exclues.

En tout cas, que ce soit tant sur le plan ésotérique que sur le plan exotérique, les grands thèmes de la pensée gnostique restent d'actualité au sein des cercles religieux et spiritualistes. Peut-être s'expriment-ils en termes différents, plus modernes et plus nuancés, mais le schème demeure le même, à quelques exceptions près. Le Dieu unique s'hypostasiant dans les émanations qu'il engendre seul, nous est familier. Même si par opportunisme et pour sacrifier au scepticisme contemporain, les Eglises ne mettent plus guère l'accent sur la Chute ou la Faute originelles, elles n'en continuent pas moins d'adhérer à ce mythe traditionnel. Chute des anges rebelles et faute adamique n'ont pas disparu de l'enseignement officiel, l'exorcisme et le baptême sont là pour en témoigner. Inexprimée sur le plan dogmatique, la croyance gnostique à l'étincelle de Lumière divine emprisonnée dans les Ténèbres de la Matière, reste enracinée dans le cœur des mystiques. C'est la clef qui ouvre la serrure ouvragée de toute l'ascèse mystique. Libérer la Lumière, réintégrer ainsi le Plérôme (ou le Paradis) par l'union mystique avec la divinité, telle demeure la voie sacrée qui s'offre à l'âme pneumatique.

Et puis, l'hypothèse est si tentante ! Elle s'accorde parfaitement avec les affirmations les plus dénuées d'intention métaphysique de la Science officielle. Elle laisse la porte ouverte aux spéculations les plus audacieuses de ceux qui souhaitent concilier leur foi et leurs connaissances matérialistes. Un monde en gestation vers la Réintégration de l'ordre et de l'équilibre originels, c'est le fond de la pensée du R.P. Teilhard de Chardin et de ses disciples. C'est une hypothèse qui n'est nullement en désaccord avec les lois de l'Evolution. Que le moteur de cette gestation — et de cette montée vers un point Oméga — soit justement l'étincelle de Lumière (de Pensée) enclose dans la Nature et dans l'homme particulièrement, un esprit religieux ne pouvait pas ne pas le penser. Gnosticisme hérétique, cette hypothèse ? Non, gnose tout simplement — et point hérésie. La preuve : l'Eglise romaine s'en méfie, elle se garde pourtant de condamner de manière péremptoire.

On reprochera au Gnosticisme historique la fantaisie de ses mythes : Eden au corps de serpent, Eve séduite par les Archontes, Adam encorné avant d'être sodomisé, la Vierge Marie concevant Jésus par l'oreille (à cause du Verbe !), la gigantesque tapisserie des demi-dieux, des archontes et des « premiers-nés de l'Eau », les lascives prounikos, à nos yeux d'hommes du XXe siècle, ce débordement d'imagination peut sembler grotesque. Il l'est en apparence. Mais si on isole le récit du mythe pour ne retenir que le symbolisme qu'il cache, on comprend mieux ce que voulaient exprimer ces hommes des premiers siècles de notre ère. Avec leurs moyens et dans le cadre de la vision du temps, celui des apocalypses et des textes à mots couverts. Jean de Patmos lui aussi a vu tomber des étoiles « absynthes » et monter de la mer des dragons. Et d'étranges cavaliers...

Des centaines de millions de Chrétiens d'aujourd'hui se contentent du récit de la Genèse pour expliquer la Création. Josué arrêtant le soleil, les trompettes de Jéricho, l'âne parlant de Balaam, tout ce folklore est contenu dans l'Ecriture que les Eglises ne rejettent pas, bien au contraire. Le mythe est de tous les temps et de tous les lieux, il n'étonne que les naïfs.

Un grand perdant toutefois au long de ces vingt siècles de décantation de la pensée gnostique : le Démiurge. Certes, on le retrouve parfois comme « Grand Architecte de l'Univers ». Celui-là est un bon démiurge, une sorte d'Adam Kadmon ou de Raison Universelle bâtissant les mondes pour la plus grande gloire de Dieu et le bien des hommes. Mais c'en est fini du formidable Ialdabaoth et de ses acolytes archontiques. Ils ont cédé la place. Ils sont désormais hors circuit, effacés par l'ombre brûlante de Satan-Lucifer et de ses hordes démoniaques. L'Eglise a tué le Démiurge et a gonflé artificiellement le Diable. Certes, le Diable, Satan ou Lucifer, quel que soit son nom, n'a pas créé le monde. Mais il le hante, il le gouverne contre Dieu, il en est le prince. « Prince de ce monde », n'a-t-il pas l'inconcevable pouvoir de « contrer » Dieu sur « sa terre » ? De rivaliser de ruses avec les plus rusés, d'obscurcir la Création au point de contraindre la divinité à la défensive ? Au fond, Satan-Lucifer n'est qu'une transposition chrétienne de l'ancien et puissant Démiurge des sectes gnostiques.

Par contre la croyance antique, pythagoricienne et gnostique, à la métempsycose connaît de nos jours un regain d'intérêt. Sous l'influence des doctrines hindoues dont l'étude est à la mode aujourd'hui, grâce aussi aux spectaculaires expériences des spirites de la fin du XIXe et du début du XXe siècles, les « esprits » sont en grande vogue. Au moins dans les salons et les officines. Alourdis par leur *karma*, ils ne se décident pas à s'élever jusqu'au paradis ou à descendre directement en enfer. Ils voltigent autour de nous avant de trouver chaussure à leur pied et de se réincarner. Car il s'agit ici beaucoup plus de « réincarnation » que de vraie métempsycose. Curieusement, quand ces esprits errants se réincarnent enfin et que la mémoire revient aux réincarnés, c'est toujours de princes, de personnages célèbres qu'il s'agit. Les Marie-Antoinette et les Napoléon se comptent par milliers. C'est à croire que les petites gens ont tous accompli leur salut et n'ont par le fait pas de *karma* à purger. Fidèle gardien de la Tradition, René Guénon a lumineusement dénoncé *L'Erreur Spirite* dans un de ses meilleurs livres [1].

---

[1] René Guénon : *L'Erreur Spirite*, Editions Traditionnelles, Paris.

Mais qu'importent au fond les interprétations erronnées et les recours abusifs au message antique de cette Tradition tant respectée par ailleurs par des hommes comme René Guénon, justement. L'important c'est de constater que l'héritage traditionnel (dans le sens herméneutique du terme) n'a pas été totalement dilapidé. Il serait vain, bien sûr, d'ignorer les adaptations tendancieuses ou encore cette manie du « scientisme » dont on s'efforce fâcheusement et trop souvent de doter le mythe ou l'intuition spirituelle. C'est un signe des temps, c'est le règne moderne de la Quantité, au détriment de la Qualité, comme dirait René Guénon encore. Et les occultistes contemporains ont leur bonne part dans cette vision fausse du problème gnoséologique. Il reste qu'un authentique retour au courant de pensée gnostique traditionnel se manifeste activement de nos jours. Toute une littérature, sérieuse celle-là, en témoigne. La Gnose au sens guénonien du terme, comme le Gnosticisme historique n'ont pas fini de fasciner historiens et « hommes de désir ».

LEXIQUE RECAPITULATIF
de certains noms et de certains mots difficiles
contenus dans cet ouvrage.

Abgrund : (Jacob Boehme). L'abîme ardent et sans fond.
Abrasax ou Abraxas : Mot magique des basilidiens valant 365.
Achamoth : nom hébreu de la Sagesse après la Chute.
Adonaï : nom hébreu de Dieu.
Aeon : voir Eon.
Agapé : Amour, agapes.
Agératos : celui qui ne vieillit pas.
Agnosia : la non-gnose, l'ignorance ; par extension : le retour à l'unité indifférenciée.
Alêtheia : la Vérité.
Adam-Kadmon : l'Homme céleste de la Kabbale.
Adam-Bélial : l'Homme infernal de la Kabbale.
Adam-protoplaste : selon la Kabbale, l'Adam biblique, l'archétype de l'homme.
Aïn-Soph : terme judaïque désignant l'infini sans visage.
Allogène : étranger.
Anthropos : l'Homme céleste des Gnostiques.
Apatôr : celui qui n'a pas de père, qui n'est pas engendré.
Archonte : chef des génies.
Atthik-Yomin (Kabbale) : l'ancien des jours ; Dieu infini.

Authadês : le dieu du mal, le cruel.
Autopatôr : celui qui s'engendre lui-même.
Avatâra : incarnation de Vishnou (Inde).
Barbêlo : mot hébreu signifiant Dieu en quatre personnes ; autre nom de Sophia-Prounikos.
Brahma-Prajapati : (Inde). « Le seigneur des êtres créés », Dieu créateur.
Bythos : l'Abîme insondable.
Chakras : (Inde). Centres neuro-spirituels du corps.
Charis : la Grâce.
Christos : l'Oint.
Cosmogonie : naissance et évolution du Cosmos.
Décade : dizaine.
Démiurge : Architecte de l'Univers, le créateur du monde du mélange (Mixis).
Dodécade : douzaine.
Docétisme : hérésie concernant la double nature de Jésus-Christ, le caractère divin dominant sur l'humain.
Dynamis : force créatrice.
Ekklêsia : l'Eglise en tant qu'assemblée des croyants.
Elohim : (hébreu) les Dieux, le Dieu.
Elpis : Espérance.
Ennoïa : la Pensée.
Entéléchie : la puissance en action par rapport à la puissance passive.
Ennéade : neuf émanations divines de l'Egypte antique.
Enthymêsis : la Réflection.
Eon : ou Aeon, esprit éternel émané, conçu aussi comme une « ère ».
Epinoïa : la pensée (ou réflexion) dans le sens de la décision.
Epoptie : Vision.
Gêtê : (Iran). La « création **gêtê** du mazdéisme est conçue comme temporelle, matérielle et corruptible, par opposition à la « création **ménok** » intemporelle et incorruptible.
Guematria : (Kabbale). Mystique et interprétation des nombres dans leur relation avec les 22 lettres de l'alphabet hébreu.
Hadd : (Islam). La limite de la connaissance du divin.
Hebdomade : cercle des sept planètes.

Heirmarménê : le Destin.
Hêlios : le Soleil.
Hénôsis : l'union.
Hénotês : l'unité.
Hestôs : celui qui se tient debout éternellement.
Homousios : consubstantiel.
Horos : la Limite.
Hypertripneumatoï : les hypertrispiritualisés.
Hylique : matériel actif.
Hypostase : Personnalité distincte : il y a en Dieu trois hypostases : le Père, le Fils et le Saint-Esprit.
Ialdabaoth : mot hébreu signifiant le « fils du chaos ». Nom attribué au démiurge gnostique des Valentiniens et d'autres sectes.
Iahvé : nom hébreu de Dieu.
Immanence : Présence de Dieu dans le monde, dans l'âme humaine notamment.
Irfân : (Islam). La Gnose islamique.
Isha : la femme.
Jivâtmâ : (Inde). L'âme individuelle par opposition à l'Atmâ, l'âme universelle.
Jnana-Yoga (Inde). Le Yoga de la connaissance (la Gnose).
Kundalini : (Inde). Force spirituelle et dynamique symboliquement située au bas de la colonne vertébrale. On la représente sous la forme d'un serpent lové sur lui-même.
Kyrié : le Seigneur.
Logismos : le Raisonnement.
Logos : la Parole, le Verbe.
Macroprosope ou Longamine : (Kabbale). Le « Long Visage ».
Macrocosme : le grand monde.
Maya : (Inde). L'Illusion.
Ménok : (Iran, Mazdéisme). La création « ménok » est la création intemporelle, pure et incorruptible, par opposition à la création « gêtê ».
Metatron : l'ange de la Face du judaïsme ; le Mittatrûn de l'Islam.
Microcosme : petit monde.
Mixis : le Mélange.
Monogénês : le Fils Unique.

Naas : nom hébreu du serpent.
Noûs : l'esprit en tant que fondement de la pensée.
Ogdoade : le cercle de la huitaine.
Onoma : le Nom.
Ouroboros : le « serpent qui se mord la queue » ; symbole de l'unité.
Ophis : le serpent.
Pardes : le jardin, le paradis (hébreu).
Paraklêtos : le Paraclet, le défenseur ou encore « l'invoqué ». Nom donné au Saint-Esprit. Un des éons du système valentinien.
Phonê : la Voix.
Pistis : Foi.
Plérôme : la Plénitude ; le cercle divin.
Pneuma : l'esprit.
Pneumatique : spiritualisé.
Propatôr : le pré-Père.
Protripneumatoï : ceux qui ne sont pas encore tri-spiritualisés.
Prounikos : la Lascive : nom attribué à Sophia.
Psychique : qui possède une âme.
Ptah : la Terre (ancienne Egypte).
Purusha : (Inde). L'Homme.
Qutb : (Islam) le « pôle » spirituel.
Re-bis : « la chose double » des hermétistes ; l'androgyne.
Sabaoth : le Dieu hébreu des armées.
Sélênê : la Lune.
Shakti : (Inde). Parèdre féminin actif du dieu. Sa force dynamique.
Shekkina : la Gloire de Dieu (hébreu).
Seth : le « Grand Seth » est considéré parfois comme le « révélateur » de la Gnose cachée.
Sephiroth : (Kabbale). Ce sont les dix émanations qui manifestent Dieu et constituent le corps d'Adam-Kadmon, l'Homme céleste. Les séphiroth (sephira au singulier) sont le plus souvent représentés sous la forme d'un arbre à dix branches, d'où le terme traditionnel « d'arbre séphirothique ».
Sigê : le Silence.
Sophia : la Sagesse.
Sperma : la semence.

Stauros : la croix.
Syzygie : couple d'éons.
Tétrade : groupe de quatre.
Tétraktys : le quaternaire et le retour à l'unité, car $1 + 2 + 3 + 4 = 10 = 1 + 0$.
Thalassa : la mer.
Thanatos : la mort.
Théogonie : génération des dieux.
Transcendance : le contraire de l'immanence ; Dieu hors du monde.
Triade : trinité.
Tripneumatoï : les tri-spiritualisés.
Ungrund : (Jacob Boehme). Le fond de l'être divin ; la « déité ».
Urgrund : (J. Boehme). Fondement et cause dernière des choses.
Zimzum : (Kabbale). Le retrait et la contraction de l'Aïn-Soph infini, laissant place à l'apparition du monde manifesté.
Zoê : la Vie.

BIBLIOGRAPHIE SOMMAIRE

Robert Ambelain : Le Martinisme, Paris (Niclaus) 1946.
   La Notion Gnostique du Démiurge, Paris (Niclaus) 1959.
Bibliophile Jacob : Curiosités des Sciences Occultes, Paris (Garnier) 1922.
A. K. Coomarasawmy : Hindouisme et Bouddhisme, Paris (NRF) 1963.
Henri Corbin : Terre céleste et corps de Résurrection, Paris, 1960.
   Histoire de la Philosophie Islamique, Paris (NRF) 1964.
R. P. Cornelis : La Gnose Eternelle, Paris (Fayard) 1961.
Jean Doresse : Les Livres secrets des Gnostiques d'Egypte.
   L'Evangile selon saint Thomas, Paris (Plon) 1959.
Eugène de Faye : Gnostiques et Gnosticisme, Paris.
René Guénon : Symboles fondamentaux de la Science Sacrée, Paris (NRF) 1965.
   Le Roi du Monde, Paris (NRF) 1958.
   L'Erreur Spirite, Paris (Edit. Traditionnelles).
Abbé T.-H. Guyot : Dictionnaire Universel des Hérésies et des Erreurs, Paris (Putois Cretté, édit.), 1860.
Hippolyte de Rome : Philosophoumena ou Réfutation de toutes les Hérésies, trad. française de A. Siouville, Paris 1928.

Jean Herbert : La Spiritualité Hindoue, Paris (Albin Michel).
Serge Hutin : Les Gnostiques, Paris (coll. « Que sais-je ») 1963.
D. Howlett : Les Esséniens et le Christianisme, Paris (Payot) 1958.
Jacques Lafaye : Quetzalcoatl et Guadalupe, Paris (NRF) 1974.
René Le Forestier : La Franc-Maçonnerie Templière et Occultiste, Paris, (Aubier), 1970.
Hans Leisegang : La Gnose, trad. de l'allemand, Paris (Payot) 1951.
Eliphas Lévi : Dogme et Rituel de Haute Magie, Paris (Germain Baillière, édit.) 1861.
Hervé-Masson : Dictionnaire Initiatique, Paris (Belfond) 1970.
Mgr Léon Meurin : La Franc-Maçonnerie, Synagogue de Satan, Paris (Victor Retaux) 1893.
Marijan Molé : Les Mystiques Musulmans, Paris (PUF).
Papus : La Cabale, tradition secrète de l'Occident, Paris (Niclaus) 1937.
H. C. Puech : Où en est le problème du Gnosticisme ? (Revue de l'Université de Bruxelles, 1934-35) ; Le Manichéisme, son fondateur, sa doctrine, Paris (Musée Guimet, Bibliothèque de diffusion, tome LVI), 1949 ; La Gnose et le Temps, Zurich (Rasher Verlag) 1952.
« En quête de la Gnose », Paris (Gallimard) 1978.

TABLE DES MATIERES

Avant-propos 9

PREMIÈRE PARTIE : LE GNOSTICISME MÉDITERRANÉEN ET SES RAMIFICATIONS 17

    I. La gnose dans la tradition universelle .. 19
   II. Le courant de pensée gnostique 27
  III. Le drame de la chute 37
  IV. Le démiurge et la création du monde 58
   V. La récupération de la lumière et les voies du salut 76
  VI. Du microcosme au macrocosme : les trois mondes 94
 VII. Les sectes et les écoles 109
VIII. Les sectes et les écoles (II) — Les adorateurs du serpent 143
  IX. Les Manichéens 161
   X. Le merveilleux périple de saint Thomas .. 171

DEUXIÈME PARTIE : LES PROLONGEMENTS DE LA GNOSE 183

XI. Le triomphe du christianisme primitif .. 185
XII. Une gnose hébraïque : la Kabbale 198
XIII. La gnose dans l'Islam 211
XIV. De l'alchimie à la théosophie 225
XV. Jacob Boehme et ses successeurs 244

CONCLUSION 261
LEXIQUE RÉCAPITULATIF 271
BIBLIOGRAPHIE SOMMAIRE 279

ACHEVÉ D'IMPRIMER LE
4 FÉVRIER 1982 SUR
LES PRESSES DE LA
SIMPED A ÉVREUX POUR
LES ÉDITIONS DU ROCHER
A MONACO

Numéro d'impression : 7016
N° d'édition : Section Commerce et Industrie Monaco : 19023
Dépôt légal : février 1982